111 GRÜNDE, DEN SSV JAHN REGENSBURG ZU LIEBEN

Tobias Braun

111 GRÜNDE, DEN SSV JAHN REGENSBURG ZU LIEBEN

Eine Liebeserklärung an den großartigsten Fußballverein der Welt

WIR SIND DER ZWÖLFTE MANN, FUSSBALL IST UNSERE LIEBE!

INHALT

WIR LIEBEN DEN SSV JAHN – VORWORT **9**

1. DER JAHN **11**
Weil die Jahnelf seit 111 Jahren Fußball spielt · Weil der Jahn schon immer der Jahn war und immer der Jahn sein wird – Weil sich der Jahn jünger macht, als er ist. Und zwar aus Tradition! – Weil der Jahn Rekordpokalsieger ist – Weil der Jahn den Klassenerhalt in der 2. Bundesliga schaffen könnte – Weil der Jahn Relegation kann – Weil das Wappen nicht am Reißbrett entstanden ist – Weil auch der Jahn fast in die Bundesliga aufgestiegen ist – Weil der Jahn Rekordaufsteiger der 3. Liga ist – Weil der Jahn aus Scheiße Gold macht – Weil die Jahnelf für Teamgeist steht – Weil Jahn ein alter Mann mit Bart war – Weil der Jahn auch was für die Jugend macht

2. MÜNCHEN, KARLSRUHE, RÜSSELSHEIM **43**
Weil Wunder wahr werden, Teil 1 – Weil 30.000 gegen Fürth kamen – Weil wir nicht aufgeben – Weil der Jahn die Löwen versenkt hat – Weil Peter Martin viermal in dieselbe Ecke sprang – Weil ein Spiel nun mal 90 Minuten dauert – Weil Wunder wahr werden, Teil 2 – Weil sechs manchmal fünf zu viel sind – Weil auch zwei Relegationsgegner kein Problem sind – Weil Weiden kein Gegner mehr war

3. DIE TRAINER DER JAHNELF **69**
Weil der König von Giesing beim Jahn noch erfolgreicher war – Weil Dortmunds Kapitän Regensburgs Jahrhunderttrainer ist – Weil beim Jahn große Karrieren beginnen – Weil Super-Mario (natürlich) auch den Jahn abgestiegen hat – Weil das Wappen wichtiger ist als der Spieler – Weil der

beste Jahn Wiener Schule war – Weil Franz Smuda gerne Sülze isst – Weil Klaus Sturm den Jahn aus der Bedeutungslosigkeit zurückholte – Weil es ein Fehler sein kann, den Jahn zu verlassen

4. HELDEN IN SCHWARZ-WEISS **97**
Weil Hans Jakob mehr als 1.000-mal das Jahntor hütete – Weil in Karlsruhe ein Tor fiel – Weil der Ball im Winkel hängen blieb – Weil Alfred Kohlhäufl für Manfred Ritschel kam – Weil Hans Meichel über ein halbes Jahrhundert beim Jahn war – Weil der dicke, unverwüstliche graue Wollsweater auch 38-mal international getragen wurde – Weil 164 Zentimeter nicht vor 850 Spielen schützen – Weil Peter Stokowy mit in die Regionalliga ging – Weil Georg Held der »Held des Tages« war

5. HERZBLUT UND LEIDENSCHAFT **113**
Weil der Turmfunk das beste Fanradio der Welt ist – Weil auch Topmodels Jahnfans sind – Weil die Jahnfamilie gegen Eindringlinge zusammenhält – Weil auch ein Papst Jahnfan ist – Weil auch Journalisten Jahnfans sind – Weil die Jahnfamilie auch in den dunkelsten Stunden zusammenhält – Weil der Jahn die Eisbären gerettet hat – Weil es den Turmfunk schon 1949 gab – Weil es nicht einmal Geld für Büroklammern gab – Weil auch Lateinlehrer Jahnfans sind – Weil die Fans wirklich der 12. Mann sind – Weil der Jahn Brücken baut – Weil es einfach zu einfach ist, Bayern-Fan zu sein – Weil der Jahn eine Familie ist – Weil wir den Jahn jeden Tag aufs Neue lieben – Weil ohne das Team hinter dem Team nichts geht

6. RIVALITÄTEN **147**
Weil der Jahn die Nummer eins der Stadt ist – Weil der Jahn Augsburg den Aufstieg versaut hat – Weil der Jahn schon immer gut gegen die Bayern aussah – Weil die Derbys mit Burghausen immer vorentscheidend waren – Weil das Spiel gegen Ingolstadt kein Derby ist – Weil der Jahn die Nummer eins in der Oberpfalz ist – Weil die Jahnelf auch den Club geschlagen hat – Weil Siege am Ronhof gute Omen sind

7. HELDEN IN FARBE 169
Weil Vereinstreue noch wichtig ist – Weil Andi Geipl die schnellste Gelbe Karte der Bundesligageschichte sah – Weil jedes einzelne Gegentor ärgerlich ist – Weil Düsseldorf für'n A**** ist – Weil der Trainer Michi Fersch frei gab – Weil Stefan Binder besser ist als Timo Werner – Weil Petr Stoilov den Jahn zum Sieg schiss – Weil man Mersad Selimbegović nicht wütend machen sollte – Weil die Jahnelf auch Doktoren im Team hat

8. TYPISCH JAHN! 189
Weil der SSV einen Spieler verpflichtete, den die Liga (noch) nie gesehen hat – Weil Antenne Bayern zwar keinen Spieler finanzierte, aber drei Punkte brachte – Weil die Turm-Uhr um exakt 10.35 Uhr stehen blieb – Weil Tim Erfen nicht Timothée Atouba ist – Weil Vertrag nicht immer gleich Vertrag ist – Weil es ohne Pass keine Punkte gibt – Weil manches Geheimnis besser ungelüftet bleibt – Weil der Jahn ein Chaosverein war – Weil Komfort überbewertet wird – Weil es manchmal nicht ohne Sauerstoffzelt geht – Weil nicht alle wissen, wo das (richtige) Tor steht – Weil Heimspiele in der Fremde kein gutes Pflaster sind – Weil der Jahn fast hops gegangen wäre – Weil gelernt gelernt ist

9. AM TURM 217
Weil der Turm im Jahnstadion stand – Weil der Jahn einst die modernste Tribüne Deutschlands hatte – Weil der Jahn auch im Amateurfußball für Zuschauerrekorde gut ist – Weil der Jahn mehr Zuschauer als Bayern München hatte – Weil das alte Jahnstadion auch ein Olympiastadion war – Weil sich der Jahn würdig von der Prüfeninger Straße verabschiedete – Weil der Jahn Oberisling würdig empfing – Weil Hansi dafür sorgte, dass der Kasten sauber blieb – Weil 10.000 eben nicht gereicht hätten – Weil das Jahnstadion künftig am Turm stehen wird – Weil den Fans die Sicht versperrt war – Weil jede Sekunde zählt – Weil was lange währt, endlich gut wird – Weil die Gründerväter wieder auftauchten

10. DIE SCHLÜSSEL PETRI **239**
Weil Regensburg die schützenswerteste Bundesligastadt ist – Weil Regensburg die nördlichste Stadt Italiens ist – Weil eine Grätsche wichtiger ist als ein Zuckerpass – Weil der Jahn sein eigenes Bier hat und Regensburg das Reinheitsgebot – Weil der Jahn die Nummer eins in Ostbayern ist – Weil der Jahn aus der Oberpfalz kommt – Weil man in Regensburg hängen bleibt

11. MEINE JAHNELF **249**
Weil das Jahnstadion auch aus dem Gästeblock schön ist – Weil ich mich nicht zwischen Frau und Fußball entscheiden muss

ABPFIFF **254**

WIR LIEBEN DEN SSV JAHN

Vorwort

Ich habe mir lange darüber Gedanken gemacht, wie ich dieses Buch beginnen möchte, ohne schon zu viel zu verraten. Obgleich das eine Lüge ist, denn in Wahrheit beende ich es gerade. Wie leitet man eine Liebeserklärung ein, ohne gleich schon die Liebe zu erklären? Nun, man könnte vielleicht Wikipedia zitieren. Oder irgendwie eine neutrale Herleitung herzaubern, beim Urknall anfangen und über die Boston Tea Party und die Französische Revolution zu Karl Liebknecht kommen, was alles nichts, aber auch wirklich gar nichts mit dem Jahn zu tun hat. Oder man akzeptiert einfach, dass das wohl nicht funktioniert.

Der SSV Jahn Regensburg. Für die einen ein Provinzverein aus der tiefsten Oberpfalz, für die anderen der Lebensmittelpunkt. Das gilt im Übrigen nicht nur für die Menschen außerhalb Regensburgs, sondern auch für die innerhalb! Der Jahn scheidet die Geister – die einen lieben ihn, die anderen nicht. Etwas dazwischen gibt es nicht. Die meisten Leser hier werden wahrscheinlich zur ersten Gruppe gehören, aber falls es jemanden aus der zweiten Gruppe gibt, kann er vielleicht überzeugt werden. *111 Gründe, den SSV Jahn Regensburg zu lieben* ist ein liebevoller Versuch, den Jahn zu erklären. Sofern das überhaupt möglich ist, mit seiner langen und vielfältigen Geschichte. Die Jahnelf, wie die erste Mannschaft des SSV Jahn seit jeher genannt wird, spielte schon in der 1. Liga und in der 5. Die ganz großen Titel hat sie nicht geholt, aber sie hat in ihren 111 Jahren viel durchgemacht und erlebt, der SSV hat viele Gegner zu Pflichtspielen empfangen. Namhafte wie den FC Bayern München, den FC Schalke 04 oder den 1. FC Köln und weniger namhafte wie den SC Luhe-Wildenau, den SV Riedlhütte und – kein Scherz – den ESV Rangierbahnhof Nürnberg. Es gab Spieler, die das Jahntrikot trugen und es später weit gebracht haben, und es gab Spieler, die es vorher weit gebracht hatten und dann zum Jahn kamen. Und es gab Spieler, von denen man sowohl davor als auch danach nichts (mehr) gehört hat.

Hierbei handelt es sich aber explizit nicht um eine Vereinschronik, auch wenn die Geschichte der Jahnelf in 111 Episoden ausschnittartig wiedergegeben wird. Es hat keinerlei Anspruch auf Vollständigkeit, auch wenn es das dickste Buch ist, was bisher jemals zum SSV Jahn erschienen ist. Viele weitere Geschichten müssten in diesem Buch eigentlich noch erzählt werden, vieles, was den Jahn liebenswert macht, muss aus Platzgründen aber leider unerzählt bleiben. 111 Gründe? Es gäbe mindestens 1.889 Gründe …

Wir lieben den SSV Jahn heißt die Vereinshymne, und sie sagt eigentlich schon alles aus, was man wissen muss. Wir lieben den SSV Jahn, mit all seinen Macken und mit seinen Erfolgen, aber auch mit seinen Misserfolgen. Das ist auch gut so! Und warum wir den Jahn lieben, wird im Folgenden in 111 Gründen dargestellt. Anzumerken sei hier vielleicht noch, dass sämtliche Zahlen und Statistiken in diesem Buch den Stand der Winterpause der Saison 2017/18 haben. Stichtag ist, während diese Zeilen hier entstehen, das Weihnachtsfest 2017.

Am Ende bleibt mir nur noch eines zu sagen: Forza, Jahnelf!

Tobias Braun

1. KAPITEL

DER JAHN

1. GRUND

Weil die Jahnelf seit 111 Jahren Fußball spielt

Es ist kein Zufall, dass das Buch *111 Gründe, den SSV Jahn Regensburg zu lieben* im Jahr 2018 erscheint, denn heuer feiert der Verein ein Jubiläum: 111 Jahre Fußball beim Jahn! Seit 111 Jahren jagt die Jahnelf nun schon dem runden Leder hinterher. Was gibt es Schöneres, als diese 111 Jahre mit einer Liebeserklärung an den großartigsten Fußballverein der Welt zu feiern? Was gibt es Schöneres, als 111 Gründe aufzuzählen, ihn zu lieben?

Der genaue Geburtstag der Jahnelf ist der 4. Oktober 1907, ein wunderschöner Freitagabend. Das Wetter soll an diesem Tag spätsommerlich warm gewesen sein, spielt hier aber eigentlich keine Rolle. Seit gut einem halben Jahr suchten die jungen Fußballbegeisterten im elf Jahre zuvor gegründeten Verein bereits offiziell nach Interessenten, eine Fußballabteilung mitgründen zu wollen. Bisher hatte es nämlich keine Erlaubnis dazu gegeben, da um die Jahrhundertwende dieser Sport, der von der Insel herüberschwappte, nicht sonderlich gern gesehen war. Jahn Regensburg war zunächst ein reiner Turnverein, deswegen ja auch der Name, doch Fußball hatte schon damals seinen Reiz, vor allem bei den jungen Leuten. Auch die jungen Jahnturner haben in ihrer Freizeit schon länger gegen den Ball getreten, nur eben inoffiziell. Der TV 1861 Regensburg, der erste, große Konkurrent, hatte bereits vier Jahre früher eine Fußballabteilung. Umso größer war die Freude beim Jahn, als im Mai 1907 endlich das Go für die Abteilungsgründung kam!

Im Oktober 1907 war es dann offiziell so weit: Um 20 Uhr trafen sich 16 junge Männer im Café-Restaurant *Union* zur Gründungsversammlung. Einstimmig wurde beschlossen, dass Jahn Regensburg nun eine Fußballabteilung haben sollte. Ein paar kleine Unterschriften ... Dass dieser eigentlich nichtige Akt des Niederschreibens des eigenen Namens der Startschuss einer über 100 Jahre langen Erfolgsstory werden sollte, konnte damals wahrscheinlich niemand ahnen. Sie wollten ja eigentlich nur eines: Fußball spielen!

Im Januar 1908 wurde der Jahn in den Süddeutschen Fußballverband aufgenommen, ab der Saison 1908/09 sollte es schließlich im Spielbetrieb losgehen, damals in der C-Klasse. Im Laufe seiner Geschichte hat der Verein einige Meilensteine erreichen können und positive wie negative Höhepunkte erlebt: 1921 gelang zum ersten Mal der Sprung in die 1. Liga, 1949 spielte die Jahnelf mit dem Aufstieg in die Oberliga auch gegen Gegner außerhalb Bayerns. Wenig später nur, 1965, spielte der SSV erstmals nur viertklassig, um aber in den beiden Jahren danach den ersten von bisher drei Durchmärschen zu schaffen – also zwei Aufstiege in Folge. In dieser Phase klopften die Rothosen auch am Tor der noch jungen Bundesliga! Das waren Zeiten … In den 1990er-Jahren spielte der SSV Jahn Regensburg an seinem sportlichen Tiefpunkt nur noch vor ein paar ausgewählten, handgezählten Zuschauern in der 5. Liga, was wenig vom alten Glanz der Jahnelf hatte. Der finanzielle Tiefpunkt war dann 2005 erreicht, der fast das Ende bedeutet hätte. Doch auch diese schmerzhafte Phase gehört zum Jahn, die Niederlagen sind Teil der Identität, genau wie die Siege und die schönen Stunden. Alles in den vergangenen 111 Jahren ist Jahn Regensburg und gehört zum kollektiven Gedächtnis des Vereins. Nicht zu vergessen die herausragenden Spieler, die das weiße Trikot des Jahn trugen: Allen voran natürlich Nationaltorhüter Hans Jakob, aber auch Gerd Faltermeier oder Manfred Ritschel. Und all die weltbekannten Trainer, die an der Prüfeninger Straße an der Seitenlinie standen! Von Bimbo Binder über Mario Basler und Franz Smuda bis hin zu Heiko Herrlich. Und all das nur, weil 16 Jungs Fußball spielen wollten. Weil 16 Jungs ihrer Leidenschaft nachgingen und sich nicht von irgendwelchen Verboten stoppen ließen. Das Fußballspiel stand und steht im Zentrum von Jahn Regensburg, nicht irgendwelche finanziellen Ziele oder gar ein Konzern. Das war bei der Gründung so, und so ist es bis heute.

111 Jahre Jahnelf! Was 16 Unterschriften nicht alles bewegt haben?! Auch ohne die ganz großen Titel waren die vergangenen 111 Jahre geprägt von den Emotionen der Menschen in und um Regensburg, so wie es in einem Fußballspiel rauf und runter geht, ging es den 111 Jahren der Jahnelf rauf und runter. Sprichwörtlich wie buchstäblich. Der Jahn hat begeistert, von Anfang an. Auf die nächsten 111 Jahre, ihr rot-weißen Jungs!

2. GRUND

Weil der Jahn schon immer der Jahn war und immer der Jahn sein wird

»Der SSV Jahn Regensburg (offiziell: Sport- und Schwimmverein Jahn Regensburg e. V.) ist ein Fußballverein aus der bayerischen Stadt Regensburg.«[1] So heißt es einleitend in der Wikipedia. Ein Sport- und Schwimmverein, der ein Fußballverein ist? Klingt kompliziert, ist es aber nicht. Es zeigt aber, dass der Jahn wie nahezu jeder andere Traditionsverein in Deutschland eine Entwicklung hinter sich hat.

Zwei Fusionen haben die Vereinsentwicklung geprägt: 1924 und 1934. Im Gegensatz zu vielen anderen Clubs hat der Jahn aber nicht absichtlich seine Form verändert, also nicht um vielleicht irgendwelche »Kräfte zu bündeln«[2] (Ingolstadt) oder aus »infrastrukturellen«[3,4] (Wiesbaden) bzw. »marketingtechnischen«[5] (Leipzig) Gründen. Nein, die Fusionen beim SSV kamen immer von außen und wurden erzwungen. Der Jahn an sich existiert ja bereits seit 1886, damals noch als reiner Turnverein, der den offiziellen Namen Turnerbund Jahn Regensburg trug. Dass Sportler und Turner in einem Verein zusammengeschlossen waren, war aber weit in das 20. Jahrhundert hinein manchem aus der Deutschen Turnerschaft ein Dorn im Auge, wie der Fußball an sich. 1923 und 1924 kam es in Deutschland daher zur sogenannten »Reinlichen Scheidung«, die unter anderem auch die Geburtsstunde des FC Schalke 04 oder des FC St. Pauli war. Fußballer und Turner waren nicht mehr in einem gemeinsamen Verein zugelassen, ab dem 28. Februar 1924 auch in Regensburg. Die Turner blieben im TB Jahn, die Fußballer machten sich zusammen mit den Leichtathleten selbstständig und gründeten den Sportbund Jahn Regensburg, kurz SB Jahn.

1934 wurde aus dem Sportbund dann der Sport- und Schwimmverein. Es waren die Nazis, die, wie in allen anderen Bereichen Deutschlands, in den 1930er-Jahren auch den Sport auf den Kopf stellten. Die Vereine wurden gleichgeschaltet, bald nach der Machtergreifung wurden sogenannte »Großvereine« gegründet, um sie besser steuern zu können. Der SB Jahn musste so mit dem SV 1889 Regensburg und dem Schwimmverein Regensburg zum SSV Jahn 1889 Regensburg fusionieren – der Verein also, der noch heute existiert. Bei dieser Fusion berief man sich als Gründungsjahr auf den ältesten der drei Vereine; da der Schwimmverein 1920 gegründet wurde und Sportbund bekanntlich erst 1924 entstanden war, kam die 1889 in den Verein.

Zwei Fusionen von außen, die die Gestalt von Jahn Regensburg merklich verändert haben. Doch eines ist trotzdem immer gleich geblieben, seit 1886: Egal ob TB Jahn Regensburg, SB Jahn Regensburg, SSV Jahn 1889 Regensburg oder wie heute einfach nur SSV Jahn Regensburg, der Jahn war immer der Jahn! Die Fußballabteilung, die Jahnelf, spielt seit 1907 unter dem Namen Jahn Regensburg Fußball. Jahn Regensburg startete 1908 in den Spielbetrieb, Jahn Regensburg trug 1926 das erste Spiel an der Prüfeninger Straße aus und Jahn Regensburg spielte in den 1950er Jahren erfolgreich in der Oberliga. Der Jahn ist und bleibt der Jahn, seit fast 130 Jahren!

3. GRUND

Weil sich der Jahn jünger macht, als er ist. Und zwar aus Tradition!

»1889 – Hey! Hey!« Es gibt diese eine Zahl, die untrennbar mit Jahn Regensburg verbunden ist. Sie steht im Namen des Muttervereins, des SSV Jahn 1889 Regensburg, der auch in weißen Lettern auf der Hans-Jakob-Bande im Jahnstadion zu lesen ist. Sie ist auf vielen Zaunfahnen, auf vielen Schwenkern im Fanblock des SSV zu entdecken. Und sie ist Bestandteil vieler Fangesänge. 1889 ist das offizielle Gründungsjahr des großartigsten Fußballvereins der Welt, die im Laufe der Geschichte veröffentlichten Jubiläumsschriften beziehen sich alle auf diese Zahl. So weit, so bekannt.

Beschäftigt man sich allerdings tiefer mit der Vereinsgeschichte, dann wird einem auffallen, dass der Jahn gar nicht 1889 gegründet wurde, sondern bereits drei Jahre früher, 1886. Nanu? Warum macht sich der Verein jünger, als er ist? Gilt bei Traditionsvereinen nicht: »Je jünger, desto besser?« Nein! Andere Vereine machen das freilich so, die meisten versuchen, so alt wie möglich auszusehen. Der FC Augsburg beispielsweise, der 1969 entstand, hat sich die 1907 in den Namen geschrieben, weil zu dem Zeitpunkt der Vorgängerverein des Vorgängervereins gegründet wurde. Oder der FC Ingolstadt, der sich den Namen des FC Schalke 04 zum Vorbild nahm, in der Hoffnung, man könnte 1904 statt 2004 als Gründungsjahr assoziieren.

Aber nicht der SSV, der macht sich jünger, als er ist. Und zwar aus Tradition! Seit 1934 steht diese Zahl für diesen einen Verein, und auch wenn Jahn Regensburg eigentlich 1886 gegründet wurde, feiern wir das Jahr 1889. Warum? Ganz einfach: Weil wir das seit über 80 Jahren so machen! Ja, auch der Jahn hat sich mehrmals verändert, durch Fusionen leicht veränderte Formen angenommen. Allerdings nie freiwillig – und Jahn Regensburg blieb ja bekanntlich immer Jahn Regensburg. Es ist von daher vollkommen egal, ob nun 1886, 1889, 1907, 1924, 1934 oder gar 2000 das echte Gründungsjahr des Vereins in heutiger Form ist. Offiziell ist es 1889. Und das ist auch gut so, denn: Jahn Regensburg wird seit über 80 Jahren mit dieser Zahl in Verbindung gebracht, sie ist die Traditionszahl des SSV. Unter dem Namen SSV Jahn 1889 Regensburg feierte der Verein seine größten Erfolge in der Erstklassigkeit und weinte die bittersten Tränen in der Landesliga. Unter dem Namen SSV Jahn 1889 Regensburg fielen Zuschauerrekorde, Hunderte und Aberhunderte Spieler trugen das Trikot dieses Vereins, darunter Größen wie Hans Jakob. Die allermeiste Zeit ihres Bestehens war die Jahnelf im SSV Jahn 1889 beheimatet. Und deswegen steht 2019 nicht das 133-jährige, nicht das 19-jährige und nicht das 85-jährige, sondern das 130-jährige Vereinsjubiläum an.

4. GRUND

Weil der Jahn Rekordpokalsieger ist

Jahn Regensburg und Pokalwettbewerbe? Nun, das ist beileibe keine Erfolgsgeschichte. Im DFB-Pokal war meistens (sprich in 15 von 20 Fällen) in der ersten Runde Schluss, und wenn es ins Elfmeterschießen ging (dreimal), verlor der SSV immer. So wie der DFB-Pokal naturgemäß immer eine Chance für Außenseiter bietet und der Jahn im selbigen natürlich auch schon an der einen oder anderen Überraschung beteiligt war (im positiven wie negativen Sinn), gab es auch im Landespokal des Bayerischen Fußballverbandes, der in seiner aktuellen Form seit 1998 unter dem Namen Toto-Pokal läuft, schon die eine oder andere Niederlage, die definitiv in die Rubrik »peinlich« eingestuft werden muss.

Gerade bei der letzten Teilnahme, in der Saison 2016/17, gab es solch ein peinliches Aus: In der ersten Runde war Kreisligist

FG Wendelstein beim standesgemäßen 5:1-Erfolg zwar noch kein Problem, in Runde zwei aber blamierte sich der damalige Drittligaaufsteiger beim Siebtligisten TV Aiglsbach bis auf die Knochen. Aiglsbach liegt in Niederbayern im Landkreis Kelheim und ist ein Ort, den man, bei allem Respekt, als fußballinteressierter Mensch definitiv nicht kennen muss. Für alle, die es sich mal anschauen wollen: Es liegt an der A93 in Richtung München. Aber wir schweifen ab. Die Aiglsbacher waren gerade auf dem besten Wege, die Meisterschaft in der Bezirksliga West zu erreichen, der Jahn trat also als vier Klassen besserer Verein an. Eigentlich eine klare Sache, selbst für die Regensburger B-Elf, die von Trainer Herrlich aufgeboten wurde. Nachdem sie durch die Tore von Markus Ziereis und Haris Hyseni auch schnell mit 2:0 führte, schien der Pfad, den diese Partie gehen sollte, vorgezeichnet.

Doch der spätere Aufsteiger in die 2. Bundesliga ging viel zu fahrlässig mit seinen Chancen um, und der Bezirksligist schaffte kurz nach dem Seitenwechsel den Anschlusstreffer. Okay, das passiert. Aber da der SSV nicht erhöhte, gelang den Hausherren in der vorletzten Minute tatsächlich noch der Ausgleich! Da es im Toto-Pokal keine Verlängerung gibt, musste die Entscheidung im Elfmeterschießen fallen. Die Hoffnung vieler Außenseiter ruht ja bekanntlich auf der Lotterie vom Punkt. Und auch hier schlug das Schicksal eiskalt zu: Der Sport- und Schwimmverein bewies einmal mehr englische Fähigkeiten beim Elfmeterschießen, und der Außenseiter setzte sich durch. Die Blamage war perfekt!

Aiglsbach ... Es gibt noch einige weitere Beispiele von Niederlagen gegen unterklassige Teams, die es jedem Jahnfan eiskalt über den Rücken laufen lassen: 2014/15 verloren die Rothosen im Achtelfinale mit 0:1 bei der SpVgg SV Weiden, ihres Zeichens Bayernligist. Ein Jahr zuvor scheiterte der SSV schon in der 2. Hauptrunde, diesmal sogar bei einem Landesligisten, den Sportfreunden Dinkelsbühl (3:4). Im Wettbewerb der Saison 2002/03 unterlag der SSV dem TSV Gerbrunn (Bayernliga), hier wieder vom Punkt.

Das Überraschende – und Tolle – ist: Der SSV Jahn ist trotz diverser blamabler Pleiten mit sieben Pokalerfolgen Rekordsieger des bayerischen Verbandspokals! 1947, 1948, 2001, 2005, 2010 und 2011 gewann die Jahnelf den BFV-Pokal, 2004 schaffte das zusätzlich die zweite Mannschaft. Das ist auf bayerischem Fußballgebiet absolute Spitze! Zum Vergleich: Die SpVgg Unterhaching kommt nur auf drei Titel, die Würzburger Kickers auf zwei, Schweinfurt 05 auf einen. Und die anderen vergleichbaren Vereine, FC Ingolstadt, FC Augsburg oder Wacker Burghausen? Die stehen allesamt bei null Titeln! Mehr noch: Burghausen ist sogar Rekord-Final-Verlierer. Viermal standen die Oberbayern schon im Endspiel, viermal gingen sie auch als Verlierer vom Platz, allein zweimal gegen die Jahnelf. Die positiven Rekorde halten alle die Weiß-Roten: So ist der SSV auch Rekordfinalist, stand achtmal im Finale. Der Jahn ist zudem der einzige Verein, der seinen Titel verteidigen konnte – und das sogar gleich dreimal: 1948, 2005 und 2011.

Jetzt wartet der Rekordsieger zwar schon seit sieben Jahren auf den achten Titel, allerdings ist der Jahn ja aktuell Zweitligist und nimmt nicht am Verbandspokal teil. Kein Jahnfan dürfte also böse sein, wenn es (aus diesem Grund) noch ein bisschen länger dauert, bis Titel Nummer acht geholt wird. Bis dahin können Haching, Würzburg, Schweinfurt und Co., mittlerweile ja auch der TSV 1860 München, gerne nachziehen.

5. GRUND

Weil der Jahn den Klassenerhalt in der 2. Bundesliga schaffen könnte

Nun ja, das ist auf den ersten Blick nichts Besonderes. Den Klassenerhalt in der 2. Bundesliga schaffen? Das kann theoretisch jeder Verein, der in dieser Spielklasse antritt. Doch die ernüchternden

Fakten zeigen auf einen wunden Punkt: Nach vier Saisons im Fußball-Unterhaus stehen vier sportliche Abstiege. Der SSV Jahn hat noch nie aus eigener Kraft den Klassenerhalt in der 2. Bundesliga geschafft! Das ist insofern bitter, da es von allen Mannschaften, die seit 1974 in dieser Spielklasse angetreten sind, keinen anderen Verein mit mindestens vier Spielzeiten gibt, der nie die Liga halten konnte. Der 1. FC Bocholt, Rot-Weiß Erfurt, der OSC Bremerhaven und die Würzburger Kickers scheiterten je zweimal in zwei Versuchen, Borussia Neunkirchen in drei. Aber die Jahnelf trat vier Mal an – und stieg vier Mal ab.

Es fing ja schon damit an, dass sich der SSV gar nicht erst qualifizieren konnte. Als die Liga 1974 eingeführt wurde, waren die Regensburger einer der heißen Anwärter, die zu den Gründungsmitgliedern gehören sollten. Durch die vernünftigen Ergebnisse in den Regionalligajahren zuvor war der Jahn eigentlich sicher in der zweigleisigen 2. Bundesliga mit dabei, da er für die Fünfjahreswertung, die der DFB für die Festlegung der 40 Mannschaften aufgestellt hatte, ausreichend Punkte geholt hatte. Der SSV hätte einzig und allein den Klassenerhalt in der Regionalliga schaffen müssen. Was natürlich nicht gelang – typisch Jahn! Statt der 2. Bundesliga hieß es also Bayernliga. In der darauf folgenden Spielzeit gewann die Elf von Trainer Aki Schmidt dann aber den Titel und stieg, mit einem Jahr Verspätung, in die neue Liga auf. Doch der Start der Beziehung war holprig. Und es sollte auch nicht besser werden. Es folgen die Versuche der Jahnelf, den Klassenerhalt in der 2. Bundesliga zu schaffen, im Überblick!

Erster Versuch: Es war ein schweres Jahr, die Premieren-Saison 1975/76. Die Jahnelf war von Anfang an im Abstiegskampf und versuchte, mit geringen finanziellen Mitteln, irgendwie in der Liga zu bleiben. Das kennt man ja auch heute noch. Es sollte nicht reichen, nach 36 Spielen stand der sofortige Wiederabstieg bereits fest, am Ende fehlten drei Punkte (mit der 2-Punkte-Regel), um das rettende Ufer noch zu erreichen. Doch am grünen Tisch sollte der Jahn eine zweite Chance bekommen: Der 1. FSV Mainz 05 gab noch vor Saisonende seine Lizenz für die 2. Liga ab und der SSV durfte, trotz Abstieg, in der neuen Saison wieder in der 2. Bundesliga ran. Allerdings wurden die finanziellen Probleme dadurch nicht geringer, im Gegenteil. So eine Zweitligamannschaft war schon damals teuer – und so sollte das zweite Zweitligajahr im Fiasko enden!

Zweiter Versuch: Waren die Oberpfälzer in der Spielzeit 1975/76 noch knapp abgestiegen, weil sie während der Saison immer wieder Kontakt zum rettenden Ufer hielten, so waren sie 1976/77 chancenlos. Den ersten Saisonsieg gab es erst am achten Spieltag, am Ende stand der Abstieg weit vor dem Saisonende fest ... Also kann kurz und knapp festgehalten werden: zweites Jahr, zweiter Abstieg. Das Bittere: Am Ende hätte wieder der Ligaerhalt am grünen Tisch gelingen können, da Röchling Völklingen diesmal seine Lizenz zurückgab. Nicht nur der Jahn hatte also mit dem lieben Geld so seine Schwierigkeiten. Um Völklingens Platz einzunehmen, hätte es allerdings eine um vier Tore bessere Tordifferenz gebraucht. Wäre die Jahnelf beispielsweise am 37. Spieltag beim VfB nur mit 0:4 statt mit 0:8 untergegangen, hätte sie am Ende vor dem FK Pirmasens in der Tabelle gestanden. Ob es der SSV dann aber wieder versucht hätte, steht auf einem anderen Blatt Papier. Die Schulden drückten die Verantwortlichen enorm.

Dritter Versuch: Es dauerte 27 Jahre, bis der SSV Jahn Regensburg wieder versuchen durfte, den sportlichen Klassenerhalt in der 2. Bundesliga zu schaffen. 2003/04 sogar erstmals in der eingleisigen Form. Der Start war allerdings wenig verheißungsvoll. Aufstiegstrainer Günter Sebert wurde völlig überraschend vor Saisonbeginn entlassen, für ihn kam Ingo Peter an die Donau. Dazu wurde der Aufstiegskader ordentlich durcheinandergewürfelt – die ganze Situation war wirklich nicht Erfolg versprechend. Aber trotz allem startete der SSV gut in die neue Saison, spielte gut mit und holte regelmäßig Punkte. Einfach kann aber jeder, da der Cheftrainer mit der Mannschaft nie richtig warm werden sollte, warf Peter hin. Als

Interimslösung präsentierte Club-Boss Groenewold den Trainer der zweiten Mannschaft, Günter Brandl. Der gebürtige Regensburger startete mit zwei 3:0-Siegen und bekam die Chance, den SSV zum Klassenerhalt zu führen. Und es sah weiter gut aus! Der Jahn spielte mit, holte allen Widrigkeiten zum Trotz immer wieder Punkte. Als könne nichts und niemand den Jahnzug aufhalten. Am 27. Spieltag bezwang die Jahnelf dann sogar überraschend Spitzenreiter Nürnberg. Es war der erste Sieg gegen die Franken nach 49 (!) Jahren! Vor ausverkauftem Haus an der Prüfeninger Straße trafen damals früh Michal Kolomaznik und spät Markus Knackmuß zu einem verdienten Heimsieg, der auch höher hätte ausfallen können. Durch diese drei Punkte (es war der dritte Heimsieg in Folge!) stand der SSV mit 36 Zählern auf Rang neun in der Tabelle, vier Punkte vor Burghausen, das auf dem ersten Abstiegsplatz stand. Für viele (okay, die meisten, wenn nicht alle!) war das schon der sichere Klassenerhalt. Es hätte nur noch sechs Punkte gebraucht aus den letzten sieben Saisonspielen, vor allem, weil noch direkte Duelle gegen drei Konkurrenten anstanden: Burghausen, Ahlen und Karlsruhe. Das muss doch zu schaffen sein!? Vor allem, da der historische Sieg gegen den Club Auftrieb verschaffen sollte!

Wie jeder Jahnfan aus schmerzlicher Erinnerung weiß: Es wurde nichts. In den letzten sieben Spielen gab es keinen einzigen Sieg mehr, aus den oben genannten direkten Abstiegsduellen gab es nur einen Punkt. Warum auch immer! Die letzten drei Spiele wurden gar ohne Punkt und Tor beendet! Es waren pure Auflösungserscheinungen ... Am Ende stand der Abstieg – schon wieder! Dabei war der Jahn sooo nah dran, in der Saison lief es so verdammt gut, trotz aller Steine, die dem SSV in den Weg gelegt wurden. Bitter! Auch die beste Zweitliga-Saison aller Zeiten endete im sofortigen Wiederabstieg.

Vierter Versuch: Alles andere als nah dran war der SSV Jahn dann 2012/13. Es war wie verhext: Wie schon neun Jahre zuvor verloren die Rothosen den Aufstiegstrainer und viele Leistungsträger in der Mannschaft. Erfolgscoach Markus Weinzierl ging zum FC Augsburg in die Bundesliga, Stefan Binder, Tobias Schlauderer, Jürgen Schmid oder Mersad Selimbegović beendeten ihre Karriere. Andere Aufstiegsgaranten wie Ronny Philp, Selçuk Alibaz oder Michael Klauß verließen den SSV. Anders als noch neun Jahre zuvor konnte das nicht mehr abgefangen werden. Die bittere, bittere Bilanz: 19 (!) Punkte nach 34 Spielen, gerade mal vier Siege. Nachdem sich Trainer Oscar Corrochano zu Saisonbeginn recht ansprechend geschlagen hatte mit neun Punkten in zwölf Spielen, war die Ausbeute der Nachfolger verheerend! Franz Gerber, der »interimsweise« übernehmen wollte, suchte fast zwei ganze Monate nach einem neuen Cheftrainer für den Jahn (»die Suche musste gewissenhaft verlaufen«[6], so Gerber. Recht hat er, gut Ding will schließlich Weile haben …). In dieser Zeit stand der Sportchef siebenmal selbst an der Seitenlinie und gewann kein einziges Spiel. In der Winterpause übernahm dann Franz Smuda – dessen Bilanz noch desaströser war. Er gewann zwar ein Spiel mit der Jahnelf, 2:0 in Bochum, in den anderen 14 Spielen gab es aber elf Pleiten. So gesehen war Corrochano besser als Gerber und Smuda zusammen, er holte neun Punkte aus zwölf Spielen, die anderen beiden zehn aus 24. Das Krasse daran: Selbst mit dieser unglaublich schwachen Punkteausbeute wäre beinahe schon wieder der Klassenerhalt am grünen Tisch gelungen! Da die Duisburger keine Lizenz bekamen, stieg am Ende nur der Tabellenletzte ab. Hätte die Jahnelf also den SV Sandhausen zu Hause geschlagen, wäre sie möglicherweise vor den Kurpfälzern in der Tabelle gelandet. Aber ausgerechnet in diesem wichtigen Spiel überzeugte der Jahn nicht …

Vier Saisons, vier Abstiege. Mal knapp, mal weniger knapp, meist unglaublich. Der Jahn und die 2. Bundesliga? Das passte bisher gar nicht. Aber er hat es immer wieder versucht, und eine ganze Region hofft, dass dieses eine Kunststück einmal gelingt.

Fünfter Versuch: Springen wir in die Gegenwart, in der eines klar wurde: Geschichte wiederholt sich doch! Was keiner für möglich hielt, wurde am 9. Juni 2017 Wirklichkeit: Heiko Herrlich wechselte nach Leverkusen. Zum dritten Mal nach 2003 und 2012 verließ der Aufstiegstrainer den Jahn! Während Jahns Sportchef Dr. Keller mit Herrlichs Manager einen Anschlussvertrag für die 2. Bundesliga aushandelte, traf sich Herrlich mit Bayer-Manager Völler. Vom Jahn wollte der Trainer nun freilich nichts mehr wissen – und er kehrte 2017/18 in die Beletage zurück. Das gab es doch nicht! Das durfte es nicht geben ... »Ich hab zuerst die Meldung in der Zeitung gesehen, eine Stunde darauf kam dann die Mail vom Verein für uns. Mein erster Gedanke war: Das gibt's doch nicht, schon wieder ein neuer Trainer!«[7], erinnert sich Oli Hein. Wieder war also der Trainer weg – wird also erneut der Abstieg stehen? Zum fünften Mal im fünften Versuch?

Vielleicht – vielleicht aber auch nicht! Die Chancen auf den Klassenerhalt stehen gut. Okay, das war auch 2003/04 so. Aber: Nach der Hinrunde der Saison 2017/18 hatte die Elf von Trainer Achim Beierlorzer 23 Punkte. 2012/13 waren es noch zehn, 2003/04 waren es 21. 1975/76 waren es (umgerechnet und nach 19 Spielen) 18 Zähler, 1976/77 nur 16. Die Jahnelf hat also die beste Zweitliga-Hinrunde ihrer Geschichte hingelegt. »So gut wie nie«[8], titelte sogar der *kicker*. Das hieß es aber auch 2003/04. Das Ende nach diesem unerklärlichen Einbruch im Saisonfinale ist bekannt.

Den Klassenerhalt in der 2. Bundesliga schaffen, das ist normalerweise nichts Großes. Das hat schon fast jeder geschafft, zumindest jeder der aktuellen Zweitligisten, mit Ausnahme eben des SSV. Für Jahn Regensburg wäre es eine Sensation! Endlich diesen einen Fluch zu besiegen, im fünften Versuch endlich aus eigener Kraft diese Liga halten ... Es ist eine Sehnsucht da in Regensburg, ein großes Ziel, das alle erreichen wollen. Und wenn es auch gelingt, wenn der Jahn am Abend des 13. Mai 2018 nach dem Spiel in Bochum über dem einen, wenn möglich auch über dem anderen Strich steht, wäre es der größte Erfolg seit über 60 Jahren! Und je nachdem, wie man den Klassenerhalt in der erstklassigen, aber mehrgleisigen

Oberliga bewertet, vielleicht der größte Erfolg überhaupt in der fast 130-jährigen Vereinsgeschichte. Das würde in der Domstadt mit ziemlicher Sicherheit wie die Meisterschaft gefeiert werden.

6. GRUND

Weil der Jahn Relegation kann

Der Fußball hat feste Regeln. Das sind insgesamt 17 Stück, und die können sich immer mal wieder ändern, was sie eigentlich auch jährlich tun. Daneben gibt es noch gewisse Grundsätze, quasi ungeschriebene Gesetze. Und diese sind unveränderlich. Gary Lineker prägte 1990 ein ganz bekanntes: »Football is a simple game; 22 men chase a ball for 90 minutes and at the end, the Germans win.«[9] Ein weiterer solcher Grundsatz ist, dass Deutschland seine Elfmeterschießen gewinnt. Oder England seine eben immer verliert. Das ist faktisch natürlich nicht richtig, aber es trifft immer wieder zu, fast wie eine selbsterfüllende Prophezeiung, und dann freuen sich alle. So ein ungeschriebenes Gesetz könnte es auch beim SSV geben und würde folgendermaßen lauten: Der Jahn gewinnt seine Relegationsspiele.

Die Relegation ist ein Modus, der wahrlich nicht von jedem Fußballfan geliebt wird, auch der eine oder andere aktive Sportler hat sich schon negativ dazu geäußert. Die Arbeit einer ganzen Saison könnte, so die (berechtigte!) Kritik, mit nur einem schlechten Spiel, ja in nur einer schlechten Minute zunichte gemacht werden. Als Anhänger des Sport- und Schwimmvereins musste man diese bittere Erfahrung aber bisher kaum machen: Wenn man sich nur mal das aktuelle Jahrtausend ansieht, so mussten sich die Regensburger gleich viermal einen Aufstieg in der Relegation erkämpfen – und schafften es: immer! Es scheint sowieso, als ginge es fast nur über Playoffs, denn vier der sechs Jahnaufstiege seit 2000 liefen über Aufstiegsspiele.

Nach der Saison 1999/2000 sollte die 3. Liga, damals noch Regionalliga, von vier auf zwei Staffeln reduziert werden. Jahn Regensburg spielte in der (viertklassigen) Bayernliga und holte sich dort souverän die Meisterschaft vor den fränkischen Mächten Stegaurach und Feucht – doch als Meister stand man wegen der Ligareform nicht automatisch als Aufsteiger in die Regionalliga fest. In einem komplizierten Modell mussten sich die zehn Oberliga-Meister in mehreren Runden mit Drittligisten um wenige freie Plätze in den beiden neuen Staffeln duellieren. Der Jahn bekam es zunächst mit dem SV Sandhausen zu tun, dem Meister der Oberliga Baden-Württemberg. Nachdem das Hinspiel im Hardtwaldstadion mit 2:3 verloren ging, obwohl Regensburg das bessere Team war, gewann der SSV im heimischen Jahnstadion in einem dramatischen Spiel noch mit 4:2 und stand vor dem alles entscheidenden Vergleich mit dem FSV Frankfurt, der in der abgelaufenen Saison 14. der Regionalliga Süd wurde. Behielt die Jahnelf beim 3:2 in Frankfurt noch überraschend die Oberhand, so war der 3:1-Sieg in der Oberpfalz absolut verdient. Damit war die Mannschaft von Trainer Karsten Wettberg in die 3. Liga aufgestiegen und schaffte den direkten Durchmarsch. Im Übrigen sollte Regensburg auch tatsächlich der einzige Aufsteiger in die neue zweigleisige Regionalliga werden, als einziger von zehn (!) Meistern setzte sich der SSV in der Relegation durch.

Die Spielzeit 2011/12 ging gemeinhin als das »Wunder von Karlsruhe« in die Jahngeschichte ein. Nach dem überraschenden dritten Platz in der 3. Liga stand das Team von Erfolgstrainer Markus Weinzierl vor zwei schweren Relegationsspielen gegen den Karlsruher SC. Im Jahnstadion gab es ein 1:1-Unentschieden, im Rückspiel reichte dann ein 2:2, um den Aufstieg in die 2. Bundesliga perfekt zu machen. Erstmals in der noch jungen Relegation zwischen Zweit- und Drittligisten musste eine Mannschaft nicht mal ein Spiel gewinnen, um den letzten freien Platz im Fußball-Unterhaus zu sichern. In neun Jahren danach passierte das auch nicht mehr. Ohne Sieg die Relegation gewinnen? Der Jahn scheint die Relegation wirklich im Blut zu haben!

Da das Abenteuer 2. Bundesliga nur relativ kurz dauerte und es für die Oberpfälzer fast noch schneller sogar in die 4. Liga zurück ging, sahen sie sich einem neuen Problem gegenüber: Um wieder aufzusteigen, war, ähnlich wie 2000, nicht nur die Meisterschaft in der Regionalliga Bayern nötig, sondern erneut Relegationsspiele. Das eine war schon schwer genug, doch der Absteiger wurde seiner Favoritenrolle gerecht und schnappte sich den Platz für die ungeliebte Relegation als Meister vor Wacker Burghausen. Die Auslosung nach der peinlichen 0:1-Niederlage in Buchbach ergab den Meister der Nord-Staffel, der sich später als Wolfsburgs Zweitvertretung entpuppen sollte. Das Hinspiel beim VfL II ging trotz der Unterstützung von 800 Jahnfans mit 0:1 verloren, im Rückspiel musste das Ruder umgerissen werden. Und die Jahnelf zeigte einen ihrer couragiertesten Auftritte der jüngeren Vergangenheit: Von Anfang an dominierte sie Wolfsburgs U21 und hätte schon in der ersten Halbzeit führen müssen, durch die Tore von Andi Geipl per Elfmeter und Kolja Pusch stand am Ende der hochverdiente 2:0-Sieg, der auch höher hätte ausfallen müssen. Allein die Latte wurde dreimal getroffen! Doch das war egal, der SSV Jahn Regensburg bügelte den Betriebsunfall Regionalliga schon nach einem Jahr wieder glatt und schaffte die direkte Rückkehr in die 3. Liga. Im Übrigen waren die Regensburger damit die Ersten (und, erneut, bisher Einzigen), die als Absteiger den sofortigen Wiederaufstieg in die 3. Liga über die Relegation geschafft haben. Das war keiner Mannschaft seit 2013 gelungen und auch nachher niemandem mehr. Nur der 1. FC Saarbrücken schaffte 2015 als Absteiger noch zumindest die Qualifikation für die Aufstiegsspiele, unterlag aber Würzburg im Elfmeterschießen. Der Jahn kann einfach Relegation!

Den vierten und letzten Auftritt auf der großen Bühne Relegation in diesem Jahrtausend hatte Jahn Regensburg im Sommer 2017. Als Drittliga-Dritter wartete der TSV 1860 München, der sich zwei Jahre zuvor in allerletzter Minute gegen Kiel durchsetzte und die Klasse hielt. Aber auch hier behielt der Jahn die Oberhand: Nach dem 1:1 im Hinspiel gewann er, hochverdient, mit 2:0 in der Arena in Fröttmaning.

Vier Relegationen, vier Aufstiege, allein in den vergangenen 18 Jahren! Auch vor der Jahrtausendwende mussten die Regensburger schon den Umweg nehmen, wie 1994 gegen Weiden oder, noch weiter zurück, 1949 gegen Neckarau, Untertürkheim und Kassel. Natürlich gelang es nicht immer, 1997 verlor der Jahn beispielsweise gegen Landsberg in den Aufstiegsspielen zur Bayernliga, aber Ausnahmen bestätigen ja die Regel. Kurz gesagt: Tritt der SSV in einer Relegation an, gewinnt er mit an Sicherheit grenzender Wahrscheinlichkeit. Wüsste Gary Lineker um den kleinen Traditionsverein aus der Oberpfalz, würde er das sicher twittern.

7. GRUND

Weil das Wappen nicht am Reißbrett entstanden ist

Der Vereinsname, das Wappen, die Vereinsfarben. Es gibt einige Aspekte, die für Fußballfans an ihrem Club unveränderbar sind. Zu Recht! Der Fußball begeistert Menschen seit Generationen, die emotionale Verbindung von Fans zu ihrem Verein ist stark. In der Regel wächst man mit einem Verein auf, trägt ein Leben lang das eine Trikot mit dem einen Wappen in der einen Farbkombination. Viele Dinge in einem Fußballverein sind über die Jahre gewachsen, haben eine Entwicklung von besonderer Bedeutung mitgemacht. Alles hat seine Bedeutung: die Farben, das Wappen ...

Das unterscheidet einen Traditionsverein wie den SSV Jahn von anderen Clubs, die Intension des Logos ist eine andere. Juventus Turin beispielsweise hat sein ovales Wappen mit dem Pferd, der

Krone, den schwarz-weißen Streifen und dem Schriftzug »JUVENTUS« das er in der Form nahezu 100 Jahre lang trug, im Sommer 2017 für eine Modernisierung komplett auf den Kopf gestellt. Es geht jetzt um Marketing, um Globalität. Zum Glück hat es den Zorn der Anhänger der »alten Dame« auf sich gezogen – obgleich es die Entscheidung der Vereinsführung bis heute leider nicht beeinträchtigte. Seit Generationen gingen Menschen in Turin zu Juve, diesem einen Verein, dessen Wappen schon die Großväter kannten und liebten – all das ist mit dem neuen Logo weg. Ausgelöscht. Nicht wiederzuerkennen. Was Generationen vorher verband, das schwarz-weiße Trikot mit dem Juve-Wappen, ist dahin. Und der Gründer und Vorstandsvorsitzende des FC Ingolstadt, Peter Jackwerth? Der entdeckte die Vorlage zum Logo seines neu zu gründenden Clubs in einem Parkhaus in Potsdam![10] Das muss man sich mal auf der Zunge zergehen lassen ... Es gab in Ingolstadt zwei traditionsreiche Logos, die man hätte verbinden können, um die Fußballtradition des ESV und des MTV mitzunehmen. Doch man entschied sich für einen völligen Cut auf allen Ebenen.

Beim Jahn ist die Sache dagegen klar: Ein rotes *R* in einem roten *J*, das Ganze in einem weißen, unten ausgerundeten halbrunden Schild (die sogenannte »spanische Form«[11]). Die Stadt und der Verein zusammen in einem Logo kombiniert. Schlicht, elegant und schön! Und damit ist alles gesagt. Der genaue Ursprung ist zwar nicht mehr zurückzuverfolgen, dieses Wappen ist aber seit mindestens 1932 belegt. Seitdem hat sich das Vereinslogo maximal minimal verändert, ähnlich den Wappen anderer deutscher Traditionsvereine wie dem des FC Schalke 04 oder des 1. FC Nürnberg haben sich lediglich die Schriftart und die Proportionen der Buchstaben verändert.[12] (Die negative Variante ist, ähnlich wie auf Schalke, auch möglich.) So soll es sein, und so sollte es auch für immer bleiben! Mit diesem Logo auf der Brust feierte die Jahnelf ihre Erfolge und betrauerte die schmerzhaftesten Niederlagen. Mit diesem Logo sind Generationen von Jahnfans durch gute und schlechte Zeiten gegangen, damit identifizieren sich die Fans. Dieses Logo kennt Fußballdeutschland.

Noch älter als das Wappen sind aber die beiden Farben von Jahn Regensburg: Die sind seit über 100 Jahren Weiß und Rot.[13] Ein weißes Trikot und eine rote Hose sind das klassische und traditionelle Auftreten der Jahnkicker, die deswegen auch Rothosen genannt werden. Am 20. Oktober 1912 war es das erste Mal, dass der Jahn in dieser Kluft auflief, komplett im Weiß und Rot der Stadt Regensburg. Obgleich schon die allererste Jahnelf 1907 ein rot-weiß gestreiftes Trikot trug, als die offiziellen Vereinsfarben noch Schwarz, Rot und Gold waren, die Farben der Turn- bzw. Nationalbewegung.

Bei den Ingolstädtern, um bei diesem passenden Beispiel zu bleiben, sind die Farben ebenso am Reißbrett entstanden, wie deren Wappen. Es wäre eigentlich so einfach gewesen: Die Farben hätten, um einen Bezug zur Stadt herzustellen, Blau und Weiß sein können, oder, um den Bezug zu den traditionellen Stammvereinen herzustellen, Violett, Schwarz und Weiß. Doch man überlegte hin und her, man wollte als ambitionierter Viertligist, dass die Farben nicht denen der anvisierten Kontrahenten ähneln: Wegen der Bayern und des Clubs war Rot tabu, wegen der Löwen hellblau.[14] Am Ende wurden es Schwarz, Rot und Weiß, wo auch immer die am Ende herkamen. Die Farbfindung muss auf alle Fälle abgelaufen sein, wie beim Create-a-Club-Modus im Fußball-Manager!

So etwas passiert beim SSV Jahn hoffentlich nie, dass man sich Gedanken über neue Farben machen muss. Sollte irgendwann irgendeiner mal auf die Idee kommen, dem Jahn wie in Turin ein neues, globales »Outfit« zu verpassen, wird er hoffentlich ganz schnell vom Hof gejagt!

8. GRUND

Weil auch der Jahn fast in die Bundesliga aufgestiegen ist

55 Vereine haben seit Gründung der Bundesliga 1963 im Fußball-Oberhaus gespielt. 55 Mannschaften in 55 Jahren, das ist nicht viel. Die Beletage kommt einer Ruhmeshalle der größten Vereine Deutschlands gleich, wer da gespielt hat, befindet sich in einem elitären Kreis. Die Bundesliga ist ein Traum, vor allem auch für die, die lange nicht mehr oder gar nie dabei waren. Viele versuchen es und einige scheitern nur ganz knapp am größten Triumph der Vereinsgeschichte unter höchst bitteren Umständen. SSV Reutlingen, FK Pirmasens, Schwarz-Weiß Essen, VfL Osnabrück oder SpVgg Bayreuth heißen nur einige der Traditionsvereine, die es beinahe schafften und sich heute noch an diese eine Saison erinnern, in der sie fast in die Bundesliga aufgestiegen wären. Solche Saisons hat natürlich auch der SSV Jahn Regensburg.

Dabei war es eigentlich das Ziel der Oberpfälzer, schon bei der Gründung der ersten bundesweiten Spielklasse mit dabei zu sein. Ein ambitioniertes Ziel, natürlich. Aber als in den 1950er-Jahren erneut ernsthaft über die Schaffung einer Profiliga diskutiert wurde, hatte der Jahn gerade seine beste Zeit in der Oberliga. Als die Bundesliga 1963 dann allerdings endlich kam, war es für den SSV zu spät, Jahn Regensburg spielte nämlich nur noch in der 3. Liga. Folglich sollte es ein bisschen dauern, bis man richtig oben anklopfen konnte.

Im Grunde waren es zwei Jahre, in denen es wirklich knapp war: 1968/69 und 1970/71. In beiden Spielzeiten landete der SSV am Ende nur auf Rang fünf. »Nur« ist hier relativ, da diese fünften Plätze in der zweitklassigen Regionalliga für den Jahn eine starke Leistung darstellen, die bis heute nicht mehr erreicht wurde. Allerdings wurde die Aufstiegsrelegation jeweils knapp verpasst. Kurz zum

Modus: Die 2. Liga war fünfgleisig, es gab keinen festen Aufsteiger (das kennt man ja auch heute zum Teil). Die jeweiligen Meister und Vizemeister der Staffeln qualifizierten sich für die Aufstiegsspiele – es hätte also Platz eins oder zwei in der Süd-Staffel gebraucht, um an der Relegation teilzunehmen.

Nach dem nicht mehr für möglich gehaltenen Klassenerhalt im Jahr 1968, dem »Wunder von Rüsselsheim«, wurde Erfolgscoach Binder bereits zum zweiten Mal von einem höherklassigen Club weggelotst. Auf einen Tipp von Sepp Herberger hin verpflichtete der Jahn den erst 32-jährigen Alfred Schmidt als neuen Trainer. Ein Risiko, so hatte Aki, wie er genannt wurde, gerade erst seine (erfolgreiche) Spielerkarriere beendet. Hinter der Verpflichtung stand ein gewisses Risiko, der Jahn war nämlich seine erste Trainerstation. Ob der gute Spieler auch ein guter Trainer sein würde? Zusätzlich aber wurden die Rothosen ordentlich auf dem Transfermarkt aktiv: Mit Gyula Tóth kam beispielsweise ein Torhüter aus der Bundesliga, der nur wenige Wochen zuvor mit Nürnberg die Meisterschaft holte. Die Saison begann bereits denkbar gut, mit einem 6:0-Auftaktsieg über Aufsteiger ESV Ingolstadt schnappten sich die Regensburger gleich mal die Tabellenführung. Besser kann man fast nicht in eine Saison starten.

Vor allem Tóth sollte ein echtes Faustpfand für den SSV darstellen, besonders in den Heimspielen: In der gesamten Saison kassierte er im Jahnstadion nur sechs Gegentreffer, vor allem die Heimstärke sorgte also dafür, dass die Schmidt-Elf die gesamte Spielzeit über auf Tuchfühlung mit den Relegationsplätzen war. In allen 17 Heimspielen blieb Jahn Regensburg ungeschlagen. Festung Jahnstadion! Die Überschrift hat ja schon ausgesagt, dass es nichts mit dem Aufstieg wurde. Die Auswärtsspiele waren es, die mehr verhinderten. Lediglich drei Auswärtssiege waren am Ende zu wenig, um die zwei, drei, vier Punkte Rückstand auf die Aufstiegsränge zu verkürzen, die die Jahnelf die Saison über immer hatte. Am Ende war es Platz fünf – trotz allem beachtlich!

Dieser Erfolg konnte in der Saison darauf nicht mehr in der Art eingefahren werden, dennoch war der zehnte Platz 1969/70 ein gutes Ergebnis für Jahn Regensburg. Erfolg weckt Begehrlichkeiten, Teil sieben (oder so): Mit Aki Schmidt wurde dem SSV nicht zum ersten (und nicht zum letzten) Mal ein erfolgreicher Übungsleiter weggeschnappt. Der Jahn verpflichtete Heinz Elzner als neuen Trainer, der zuvor bei Ligakonkurrent VfR Mannheim an der Seitenlinie stand. In der Regionalliga-Saison 1970/71 hatte die Jahnelf aber anfänglich Probleme, konnte nicht wie zwei Jahre zuvor von Beginn an oben mitspielen. Es gab zwei Pleiten zum Auftakt – es stand der letzte Platz. Klassischer Fehlstart nennt man das wohl! Doch dann ging es bergauf: Der SSV biss sich oben fest, stand, nach einer kurzen Durststrecke im Winter, im Saisonfinale nur einen Zähler hinter dem KSC, der den zweiten Platz innehatte und damit den ersten Relegationsplatz. Am Ende waren es wieder die Ergebnisse auf fremden Plätzen, die dem Aufstieg im Wege standen – fünf Siege in der Fremde sind zwar mehr als drei, aber weiterhin zu wenig für die Bundesliga. Zehn Auswärts-Niederlagen waren so viele wie bei keinem anderen Team der Spitzengruppe. Der 2:1-Sieg in München bei Bundesliga-Absteiger 1860 sticht heraus und blieb leider die Ausnahme.

Trotz allem blieb dieser zweite fünfte Rang eine Platzierung, die Jahn Regensburg in der 2. Liga bis heute nie wieder erreichen sollte. So nah dran am Aufstieg in die Bundesliga wie 1969 und 1971 war der SSV noch nie und sollte er nie wieder sein. Was bleibt ist der Stolz auf die Jahnelf, die mit ihren geringen finanziellen Mitteln zwei Jahre oben anklopfte! Noch heute sprechen ehemalige Spieler von der »Saison, in der wir fast in die Bundesliga aufgestiegen sind«. Vielleicht gibt es irgendwann ja wieder so ein Jahr. Und, wer weiß, vielleicht gelingt es dem SSV ja tatsächlich auch mal in einer günstigen Stunde, in die 1. Liga zurückzukehren. Es wäre ein Traum!

9. GRUND

Weil der Jahn Rekordaufsteiger der 3. Liga ist

Die 3. Liga ist auf der Zielgeraden ihrer zehnten Saison und feiert damit ein kleines Jubiläum. Zehn Jahre eingleisiger Unterbau der 2. Bundesliga. Herzlichen Glückwunsch! Die meisten sehen die Spielklasse, die 2008/09 in ihre Debütsaison ging, als Erfolgsstory. Auch für die Jahnelf ist die 3. Liga zum Großteil positiv besetzt. Der SSV Jahn war bereits in der ersten Spielzeit dabei, qualifizierte sich 2008 mit Platz neun in der Regionalliga Süd als Aufsteiger gleich für die neu geschaffene Liga.

Und schon in der ersten Spielzeit gab es einen sensationellen Erfolg: Zum ersten Mal im dritten Versuch gelang der Klassenerhalt in einer Profiliga! Diesen Erfolg konnte der stets zu den Abstiegskandidaten zählende Jahn sogar mehrmals wiederholen. In der jüngeren Vergangenheit ist die 3. Liga somit so etwas wie die Heimat des Jahn geworden, in sieben von zehn Spielzeiten war der SSV dabei. Ein durchaus wichtiger Aspekt, denn mit der dritten Profiliga konnte er sich im Profifußball etablieren. Es gibt aber noch einen zweiten Punkt, mit dem Jahn Regensburg in der 3. Liga Geschichte schrieb: Der Jahn ist Rekordaufsteiger der 3. Liga! Schon zweimal schaffte er den Sprung in die 2. Bundesliga – kein anderes Team stieg öfter aus der 3. Liga auf.

Zwar muss sich der SSV den ersten Platz mit drei anderen Vereinen teilen, auch der MSV Duisburg, Erzgebirge Aue und Dynamo Dresden stehen bei zwei Aufstiegen, doch diese Bestmarke steht. Und sie wird erst einmal weiter Bestand haben, denn Paderborn oder Rostock könnten höchstens gleichziehen, frühestens im Sommer 2019 könnte eine Mannschaft den dritten Aufstieg schaffen. Das könnte sogar auch die Jahnelf sein – doch das würde einen Wiederabstieg 2018 bedeuten, und das möchte jetzt natürlich keiner hoffen.

Jahn Regensburg ist Rekordaufsteiger! Eine schöne Zwischenbilanz zum Jubiläum der 3. Liga. Gerne können die Duisburgs und Aues dieser Welt dem Jahn diesen Rang in naher Zukunft streitig machen, wenn das gleichzeitig bedeuten würde, dass der SSV so schnell nicht mehr in diese Spielkasse absteigt.

10. GRUND

Weil der Jahn aus Scheiße Gold macht

Der Jahn hatte nie viel Geld. Er hatte meistens sogar Schulden, aber auch wenn das zur Zeit nicht der Fall ist, gehört Jahn Regensburg immer noch zu den kleinen Fischen im Bundesligateich. Und wenn man ehrlich ist, so wird er wohl nie im Konzert der ganz Großen mitspielen können. Umso erstaunlicher, was dieser kleine Verein aus der Hauptstadt der Oberpfalz da in seiner Geschichte aufs Parkett gelegt hat: Der Jahn hat, und das muss man auch in dieser vulgären Deutlichkeit sagen, stets aus Scheiße Gold gemacht.

Früher, wie heute. Unvergessen die Zweitligasaison 1976/77: Der SSV Jahn stand schon Wochen vor Saisonende als Absteiger fest, beim vorletzten Heimspiel gegen den FC Augsburg kamen gerade noch 500 Zuschauer ins Jahnstadion. Die sahen dann zwar ein sportlich wertloses 5:1 (im Übrigen der höchste Zweitliga-Sieg in der Geschichte der Jahnelf!), doch die Verantwortlichen sollten sich nur über das geringe Interesse ärgern. Direkt nach Abpfiff spazierte kein Geringerer als der Gerichtsvollzieher auf den Platz, um sich der Tageseinnahmen anzunehmen! Die Schulden beim SSV waren so hoch, dass es nichts Wertvolles mehr beim Verein gab, sodass schon aus den Eintrittsgeldern bedient werden musste. 3.000 Mark konnte der Gerichtsvollzieher am 9. Mai 1977 mitnehmen. Diese Situation dürfte alles sagen über die finanzielle Situation bei den Rothosen ... Und das war beileibe kein Einzelfall! »Solche Schwierigkeiten mit dem Geld, die der Jahn hatte, habe ich noch nie erlebt«[15], erinnert sich auch Karsten Wettberg. Sie waren mit einer der Gründe, warum er bei seiner ersten Amtszeit beim SSV 1992 nur wenige Wochen auf dem Trainerstuhl saß.

Wenn man ehrlich ist, so war der Jahn in den vergangenen Jahren eigentlich nicht konkurrenzfähig. Und das nicht nur sportlich. Auch auf organisatorischer Ebene wurde der SSV unprofessionell geführt, in jeder Abteilung gab es eine Baustelle. »Mein Heimatverein, ein Kreisligist, war besser organisiert«[16], beschreibt Johannes Baumeister die Situation, als er 2011 das Amt des Geschäftsführers Finanzen übernahm. Sowohl in der 3. Liga als auch (oder besser: vor allen auch) in der 2. Bundesliga war der Jahn krasser Außenseiter. Und dennoch: Allein in diesem Jahrtausend ist der Jahn dreimal in die 2. Bundesliga aufgestiegen, hat sich nach vielen Jahren im Amateurbereich mittlerweile im Profifußball etabliert. Aus wenig (bzw. teilweise gar nichts) viel erreichen, das funktionierte hier oft. Wahrscheinlich weil im sportlichen Bereich enorm fähige Leute am Werk waren? Mit Markus Weinzierl gab es beispielsweise einen Trainer, der immer alles aus der Mannschaft herausholen konnte, so wenig auch da war. Der Aufstieg 2012 in die 2. Bundesliga gelang ihm mit einer Jahnelf, die zu Recht als Abstiegskandidat in die Saison gegangen war. Doch das war genau sein Ding: Wir gegen den Rest der Welt, das »Jetzt-erst-recht«-Gefühl, das hat immer funktioniert. Mal ehrlich: Was nützt Jammern? Man kann es doch eh nicht ändern! Genau das haben die Aktiven beim Jahn die meiste Zeit verinnerlicht. Sie haben die Situation, die sie vorgefunden haben, akzeptiert und versucht, das Beste daraus zu machen. Vielleicht ist das der Schlüssel zum Erfolg bei Jahn Regensburg? Andere Leute, die nicht akzeptieren konnten, dass es hier ein bisschen anders zugeht, sind beim Jahn deswegen grandios gescheitert.

11. GRUND

Weil die Jahnelf für Teamgeist steht

»Elf Freunde müsst ihr sein!« Was für eine abgedroschene und billige Phrase, die Sepp Herberger da von sich gegeben hat. Ob er diese Weisheit nun erfunden oder kopiert hat[17], ist eigentlich egal, sie ist auf jeden Fall nur etwas für Fußballromantiker und nicht für den täglichen Gebrauch auf Deutschlands Fußballplätzen. Oder vielleicht doch? 1949, also fünf Jahre vor dem Gewinn des WM-Titels, sagte ein gewisser Hans Jakob: »Die erste Pflicht eines Fußballers ist, guter Kamerad zu sein. Ein Spieler kann noch so groß sein, wenn er diese Tugend nicht besitzt, schadet er seinem Verein mehr, als er ihm nützen kann. […] Eine Mannschaft kann aus den besten Einzelkönnern bestehen, wenn der Zusammenhalt fehlt, wird sie nie die Erfolge erzielen, als ein [sic!] Mannschaft mit weniger begabten Spielern, die aber eisern zusammenhalten.«[18] Das sagte er nicht einfach so. Sicherlich war das auch Herbergers Einfluss, unter dem Jakob die Hälfte seiner 38 Länderspiele machte, doch schon in den 1920er- und 1930er-Jahren war Teamgeist etwas, was den Jahn auszeichnete. »Viele Jahre hindurch waren ein vorbildlicher Mannschaftsgeist und ein ausgeprägtes Zusammengehörigkeitsgefühl die Stärke des ›Jahn‹«[19], sagte der Regensburger Rekordspieler.

Vorbildlicher Mannschaftsgeist und ausgeprägtes Zusammengehörigkeitsgefühl als Stärke beim SSV? Wer nicht wüsste, dass Jakob hier von seiner Zeit spricht, der könnte das als Beschreibung der Jahnelf der Gegenwart lesen. Es ist schon bezeichnend, dass einem Verein heute wie vor 70 Jahren dieselben Eigenschaften zugesprochen werden. Doch warum ist Teamgeist bei Jahn Regensburg so wichtig?

Der Jahn hatte nie viel Geld. Die ganz großen Stars gab es bis auf wenige Ausnahmen (meist an der Seitenlinie) nicht. Doch für die Verhältnisse schaffte der SSV immer Großes – durch mannschaftliche Geschlossenheit. Das war zu Hans Jakobs Zeiten so, das war aber auch der Schlüssel zum Erfolg in den vergangenen Jahren. »Das Mannschaftsgefüge hat immer gestimmt«, erzählt Oli Hein, seit 2007 im Verein, stolz, »das war auch notwendig, weil wir in der Liga sonst von den anderen auseinandergerissen worden wären.«[20] Die Rede ist in dem Fall von der Saison 2011/12. Der SSV war als Abstiegskandidat in die Saison gegangen, da aufgrund von finanziellen Schwierigkeiten zum Auftakt nur elf (!) Spieler unter Vertrag standen. Der Etat für die kommende Spielzeit war damit schon komplett aufgebraucht, wie auch immer die Verantwortlichen sich das damals gedacht hatten. Und dennoch stieg der SSV am Ende sensationell in die 2. Bundesliga auf. Der Teamgeist war der Schlüssel zum Erfolg! Wie stark die Geschlossenheit der Aufstiegself von 2012 ist, zeigt sich allein schon an der Tatsache, dass sich das Team selbst heute noch, mehr als fünf Jahre später, in regelmäßigen Abständen trifft. Darunter Spieler, die ihre Karrieren längst beendet haben, wie Stefan Binder und Tobias Schlauderer, Spieler, die mittlerweile woanders ihr Geld verdienen (Patrick Wiegers und Michael Hofmann), oder auch Markus Weinzierl, der Aufstiegscoach.

Wenig Geld ist damals wie heute ein Wettbewerbsnachteil im Profifußball, den der Jahn aber meistens ausgleichen konnte. Für Mersad Selimbegović, als Spieler und Trainer beim Jahn, ist Teamgeist daher unabdingbar. Und er selbst hat immer dafür gesorgt, dass das Team immer im Vordergrund steht: »Mir ist eine funktionierende Mannschaft lieber, als wenn sich alles um zwei, drei Überragende dreht. Ich habe solche Spieler während des Trainings und auch während des Spiels ganz schnell wieder runtergeholt!«[21] Das dürfte unangenehm gewesen sein!

Auch der Durchmarsch 2015–17 stand unter diesem Stern. Der Jahn gehörte 2015/16 in der 3. Liga zwar nicht mehr zu den ganz ärmsten Vereinen, war, was den Etat betrifft, aber immer noch unter dem Liga-Durchschnitt. Wie schon fünf Jahre zuvor lag die Stärke der Jahnelf nicht in der individuellen Klasse, sondern in der mannschaftlichen Geschlossenheit. Der Aufstieg 2017 hatte einige Parallelen zu 2012. Und das wird auch in naher Zukunft noch so sein, in Regensburgern wird das Geld nicht vom Himmel fallen. Der Klassenerhalt in der 2. Bundesliga mit einem der geringsten Etats ist eine Herkulesaufgabe – und nur zu schaffen, wenn in der Mannschaft jeder für jeden alles gibt.

Wofür steht also die Jahnelf? Was ist der Geist von Jahn Regensburg? Das ist, aus der Not geboren, seit jeher der Teamgeist, er liegt in der DNS des SSV. Egal wen man fragt, aktive oder ehemalige Spieler, Fans oder Interessierte: Die mannschaftliche Geschlossenheit beim Jahn sticht heraus. Der Verein konnte nie mit den großen Scheinen um sich werfen, was aber meistens mit der Mentalität aufgefangen werden konnte. Wie heißt es so schön im *Jahn-Lied* von 1969? Es klingt fast wie eine Programmschrift zum SSV Jahn Regensburg: »Eine große Jahnfamilie wollen wir immer sein. In guten wie in schlechten Zeiten treu nur dem Verein. Wir wollen stets zusammenhalten und zusammenstehen, denn dann wird unsere Jahnelf niemals untergehen! SSV! SSV!«[22]

12. GRUND

Weil Jahn ein alter Mann mit Bart war

»Was zur Hölle ist eigentlich ein Jahn?« Wenn Fußballfans das erste Mal mit dem SSV Jahn zu tun haben, dann kommt häufig die Frage: »Warum eigentlich Jahn?« Die meisten Vereinsnamen im deutschen Profifußball sind ja bekannt. Schauen wir nur mal in die Bundesliga: Bayern München? Ja, selbstredend. Borussia Dortmund? Borussia ist der lateinische Begriff für Preußen, das weiß man wohl auch. Eintracht Frankfurt? Geschenkt. Bayer ist ein Chemie- und Pharmaunternehmen und Rasenballsport der Versuch, DFL-Richtlinien zu umgehen.[23] So weit, so gut, einzig bei Werder

Bremen müsste man vielleicht überlegen. Den Regensburgern sei gesagt, dass ein Werder dasselbe ist wie ein Wöhrd. Nur auf Niederdeutsch. Für alle anderen: Dabei handelt es sich um eine Flussinsel, wovon es in der Donaustadt sogar zwei gibt, nämlich den Unteren und den Oberen Wöhrd. Aber wir schweifen ab.

Also: Was ist ein Jahn?

Glaubt man den Regensburger Tageszeitungen in der Nachkriegszeit, so handelt es sich bei Jahn um einen alten Mann mit einem langen, weißen Bart. So wurde der SSV nämlich immer in Karikaturen und Ähnlichem dargestellt, meist dazu mit weißem Hemd, dunkler Hose und Fußballschuhen (dem Jahntrikot eben).[24] Zu den Spielen der Jahnelf gab es kreative Journalisten, die die Partie in einem Bild wiedergegeben haben, die Mannschaften dabei personifiziert. Diese Zeichnung der Rothosen als alter Mann mit Bart kam natürlich nicht von ungefähr, denn so wurde Friedrich Ludwig Jahn, auch bekannt als Turnvater Jahn, meistens abgebildet. Ein bisschen so wie Rübezahl ohne Haupthaar, mit strengem Blick. Wahrscheinlich hat er in seinen späteren Lebensjahren auch tatsächlich so ausgesehen. Aber was hat der jetzt mit dem SSV zu tun?

Der 1778 geborene Jahn war Wegbereiter der deutschen Turnbewegung im 19. Jahrhundert. Er hat die heute olympischen Geräte wie Reck und Barren eingeführt und 1811 in Berlin den allerersten Turnplatz errichtet. Sprich: Der ganze anstrengende Turnunterricht in der Schule ist im Grunde auf dem Mist von Friedrich Ludwig Jahn gewachsen. Kein Wunder irgendwie, dass die jungen Turner 1907 in Regensburg unbedingt eine Fußballabteilung gründen wollten ... Sein Einfluss auf die deutsche Turnbewegung im 19. Jahrhundert ist auf alle Fälle so riesengroß, dass sich viele Turnvereine seinen Namen gaben – wie eben auch Jahn Regensburg.[25] Der TB Jahn Regensburg, wie der Verein 1886 offiziell hieß, war ein reiner Turnverein und steht damit in der Tradition vieler anderer Turnvereine, die sich den Namen des Turnvaters gaben (wie beispielsweise Jahn

München, Jahn Hiesfeld, Jahn Forchheim usw.). Auch Sportstätten (Friedrich-Ludwig-Jahn-Sportpark in Berlin, das Jahnstadion in Bottrop bzw. Neuss ... Allerdings nicht das in Regensburg!) oder Straßen wurden nach ihm benannt.

Der Jahn ist also nach einer bestimmten Person benannt, deswegen ja auch der männliche Artikel (nicht einfach nur Jahn, sondern der Jahn!). Zwar gibt es einige Vereine, die Jahn heißen, Jahn Regensburg ist jedoch der wohl bekannteste und definitiv auch der erfolgreichste deutsche Verein dieses Namens. Und solange die Jahnelf nicht so spielt, wie Jahn offenbar aussah, ist alles gut.

13. GRUND

Weil der Jahn auch was für die Jugend macht

Der Jugend gehört die Zukunft, sagt man ja immer. Beim Fußball gilt das besonders, hier wird gute Jugendarbeit sogar vom Verband gefördert. Aber auch unabhängig von den finanziellen Vorzügen ist es ein Ziel der Clubs, gute Nachwuchsspieler auszubilden. Es gibt wohl keine größere Ehre, als einen Spieler in der ersten Mannschaft zu haben, der aus der eigenen Jugend kommt – auch beim Jahn. Was schafft denn mehr Identifikation mit einer Mannschaft als Spieler aus der Region?

Oli Hein heißt beispielsweise ein Spieler aus dem aktuellen Kader, der ein Eigengewächs ist. Seit 2007 ist er beim SSV Jahn, schon in der U19-Bundesliga trug er 35-mal das Jahntrikot, erzielte zwei Tore. Hein ist das Musterbeispiel erfolgreicher Jugendarbeit beim Sport- und Schwimmverein: Als eines der Toptalente der Region Ostbayern in der Jugend zum Jahn gekommen, die U-Mannschaften durchlaufen und nun Leistungsträger und zum Teil Kapitän Teil der Jahnelf. Auch in der Vergangenheit gab es schon den einen oder anderen Nachwuchsspieler, der den Sprung in die erste Mannschaft geschafft hat. Hans Jakob zum Beispiel oder der Zieberl Popp etwas später.

Heute wird beim Jahn so viel wie noch nie für die Jugend gemacht. Und das ist auch gut so! Seit 2016 ist der SSV offizielles, vom DFB anerkanntes Nachwuchsleistungszentrum, kurz NLZ. Damit ist es das einzige in ganz Ostbayern! Der Name ist passenderweise Jahnschmiede, weil hier an der künftigen Jahnelf geschmiedet wird. Vor allem macht die Ausbildung im Jahn-NLZ auch für die jungen Spieler als Persönlichkeit Sinn, denn hier werden nicht nur die fußballerischen Fähigkeiten ausgebildet, sondern auch der Spieler als Mensch weiterentwickelt. Schul- und Persönlichkeitsbildung sind zentrale Bausteine in der Jahnschmiede. So fördert es der Verein, wenn ein Spieler nebenher eine Ausbildung anfängt oder ein Studium. Hand aufs Herz, wie viele Spieler aus den bundesweiten NLZs werden denn am Ende wirklich Fußballprofi? Eben. Von daher ist es gut, dass der Jahn in seiner Jugendarbeit nicht nur auf das Standbein Fußball setzt. Eine vorbildliche, weil absolut sinnvolle Arbeit, die der SSV hier für seine Jugend macht! Und wenn dann alle paar Jahre mal wieder ein Oli Hein dabei herumkommt, umso besser!

2. KAPITEL

MÜNCHEN, KARLSRUHE, RÜSSELSHEIM

14. GRUND

Weil Wunder wahr werden, Teil 1

Was war das für ein Jahr!? Zwei Aufstiege binnen zwölf Monate? Wahnsinn! Hätte man noch zwei Jahre zuvor von diesem Szenario gesprochen, wäre einem ein Vogel gezeigt worden. Der SSV Jahn war da, völlig überraschend, nur noch viertklassig gewesen, schaffte aber zum Glück sofort den Wiederaufstieg in die 3. Liga. Und dann kam die Sensation: Nur zwölf Monate später stieg die Jahnelf erneut auf, sie schaffte tatsächlich den direkten Durchmarsch von der 4. in die 2. Liga. Nach einem furiosen Saisonfinale stand der Aufsteiger erneut als Aufsteiger fest. Sensationell! Und nun gilt die gesamte Aufmerksamkeit dem einen Ziel: Klassenerhalt!

Die Rede ist hier nicht von den Aufstiegen 2016 und 2017, wie man vielleicht denken mag, sondern vom allerersten Jahndurchmarsch, 50 Jahre vorher. Statt der Bundesliga, von der man einige Jahre vorher noch geträumt hatte, war der SSV 1965 nur noch Viertligist. Zum ersten Mal in seiner Vereinsgeschichte! Nur vier Jahre dauerte der Fall von der 1. bis zur 4. Liga damals. Doch der erste Doppelaufstieg in der Vereinshistorie sollte sich anschließen: Unter Trainer Bimbo Binder gelang 1966 der sofortige Wiederaufstieg in die Bayernliga und anschließend der Durchmarsch in die relativ neue Regionalliga Süd als Unterbau der Bundesliga. Das Ziel nach dem zweifachen Aufstieg: natürlich der Ligaerhalt. Der sollte in der Regionalliga-Saison 1967/68 auch gelingen, so viel sei vorweggenommen. Im »Wunder von Rüsselsheim« gipfelten diese beiden Aufstiege, der vielleicht spannendste und emotionalste Klassenerhalt der Jahnhistorie ...

Dabei hätte es die Jahnelf entspannter haben können: Am 33. Spieltag war mit dem FSV Frankfurt der direkte Konkurrent im Abstiegskampf zu Gast im Jahnstadion. Ein 4-Punkte-Spiel also! Die Jahnelf führte auch lange verdient mit 1:0, kassierte aber in der Schlussminute den bitteren 1:1-Ausgleichstreffer. Den Torhüter Michael Hümmer wohl auch hätte haben können, aber geschenkt. Ein Spiel dauert halt 90 Minuten und nicht 89. Statt eines großen Schritts in Richtung Klassenerhalt waren der Jahn und die Bornheimer im Saisonfinale punktgleich, zudem hatte der SSV die um 19 (!) deutlich schlechtere Tordifferenz. Die Entscheidung musste am letzten Spieltag fallen. Und die Ausgangslage war alles andere als optimal, ein Sieg des FSV zu Hause gegen Waldhof Mannheim, und die Binder-Elf könnte sich strecken, wie sie wollte – dann würde es wieder nur Bayernliga heißen. Der Jahn selbst war auswärts bei Opel Rüsselsheim zu Gast. Ein Fernduell bahnte sich an, ein Fernduell um den letzten freien Platz in der Regionalliga, einer von beiden musste in den sauren Apfel beißen. Und: Die Hoffnungen bei den Fans waren gering. Keiner glaubte so wirklich daran, dass das gelingen könnte. Die Rüsselsheimer würden Nachbarschaftshilfe leisten wollen, und für Mannheim ging es um nichts mehr – deren Einsatz beim Spiel in Frankfurt würde wohl weniger hoch sein.

Es kam der Tag der Entscheidung, der 12. Mai 1968. Internet gab es noch nicht, also hielten sich die jeweiligen Teams per Telefon über den Spielstand im nur gut 30 Kilometer entfernten Stadion auf dem Laufenden. Der Jahn gab gegen die Werkself von Beginn an Gas und machte tatsächlich seine Hausaufgaben, gegen die erwartet starken Rüsselsheimer führte die Binder-Elf nach den Toren von Franz Fuchsgruber und Gerd Faltermeier schnell mit 2:0, doch wie stand es in Frankfurt? Was machte der FSV? Er lag zurück! Mit 0:1! Während der SSV in Rüsselsheim seine Sache gut machte, stand parallel banges Warten an, immer wieder kam der Anruf nach Frankfurt: Die Hausherren drückten, drängten Mannheim in die eigene Hälfte. Sollte der Ausgleich fallen, dann wäre wohl auch der entscheidende Führungstreffer nicht mehr weit … Die Uhr tickte weiter runter, der SSV führte immer noch, und wie stand es in Bornheim? Immer noch 0:1 … Der Mannheimer Keeper hielt, was es zu halten gab. Dann war Schluss in Rüsselsheim, der Jahn gewann mit 2:0! Und Frankfurt? Wieder der Anruf, alle schauen gebannt auf die Lippen des Trainers: Frankfurt hat gegen Waldhof tatsächlich verloren! Der Klassenerhalt, das »Wunder von Rüsselsheim«, wurde wahr! Damit hatte wirklich keiner mehr gerechnet!

In Regensburg fuhr extra ein Lautsprecherwagen durch die Stadt, so sensationell war dieser Klassenerhalt: »Der SSV Jahn steigt nicht ab! Der SSV Jahn steigt nicht ab!«[26], hieß es. Unglaublich! Die Nachricht vom Klassenerhalt verbreitete sich wie ein Lauffeuer, als die Jahnelf spätabends mit dem Zug in Regensburg eintraf, warteten Hunderte Jahnfans am Bahnhof, mit Fahnen und Trompeten, und begrüßten ihre Helden. »Das werde ich nie vergessen«[27], schwelgt Defensivmann Meichel, einer der Helden beim »Wunder von Rüsselsheim«, in Erinnerungen. Als wäre der SSV Meister geworden!

15. GRUND

Weil 30.000 gegen Fürth kamen

Auf diese Partie hatte die Oberpfalz wochenlang hingefiebert. SSV Jahn Regensburg gegen SpVgg Fürth – es gab nichts anderes, wovon gesprochen wurde, die Tageszeitungen schrieben sogar vom »Spiel des Jahres für den Jahn«[28]. Und in der Tat, diese Partie sollte so schnell keiner vergessen. Sie hat, bis heute, einen Platz in den Geschichtsbüchern sicher!

Diese Konstellation hätte zu Beginn der Oberliga-Saison 1949/50 so aber wohl noch keiner erwartet: Im Sommer 1949 waren der Jahn und Fürth gerade zusammen aufgestiegen, beide setzten sich in der Relegation durch. Für den SSV, der in der Bayernliga vor dem Kleeblatt Meister geworden war, war es eine Premiere: Zum ersten Mal war er in der wenige Jahre zuvor neu geschaffenen Liga vertreten, zum ersten Mal seit dem Ende des Spielbetriebs im Zweiten Weltkrieg war die Jahnelf wieder erstklassig. Zusammen mit den

Franken hatten sie die Bayernliga dominiert, in den Playoffs blieben beide ungeschlagen. In der Oberliga nun ging es für den Jahn aber zunächst nur um den Klassenerhalt.

Die neue Liga bot den Regensburgern allerdings einiges, unter anderem erstmals Pflichtspiele gegen Mannschaften außerhalb Bayerns! Und was für Vereine das waren: VfB Stuttgart, VfR Mannheim (der amtierende Deutsche Meister!), Kickers Offenbach, Eintracht Frankfurt ... Wenig verwunderlich, dass im Schnitt 16.933 Zuschauer zu den Spielen ins Jahnstadion trudelten! Während es also für den von Franz Strehle trainierten SSV Jahn nur um den Klassenerhalt ging, spielte Fürth oben mit. Die Grün-Weißen hatten bei ihrem Gastspiel an der Donau an jenem 5. Februar 1950 erst zwei Spiele verloren, waren Tabellenführer. Wohlgemerkt als Aufsteiger! So sehr sich die Regensburger auf dieses Spiel freuten, umso geringer sahen sie demnach die Chancen, den Fürthern wirklich Paroli bieten zu können. Obgleich das Hinspiel am Ronhof äußerst eng war, erst durch einen Last-minute-Treffer gewannen die Hausherren glücklich mit 3:2. Allen schlechten Erfolgsaussichten zum Trotz pilgerte gefühlt die ganze Oberpfalz an die Prüfeninger Straße. Am Ende waren 30.000 Fans im Stadion! 30.000 Menschen in einem Stadion, das zuletzt aus Sicherheitsgründen nur noch 12.500 fassen durfte!

Man muss sich das bildlich vorstellen, diese Rekordzahl, diese 30.000, die es nie mehr werden sollten: Die Menschen standen auf den Rängen und saßen auf der Tribüne, so weit, so bekannt. Wer sich an ausverkaufte Partien im alten Jahnstadion erinnern kann, weiß, wie eng es schon bei knapp über 10.000 war – das Ganze muss nun mit 3 multipliziert werden. Die Jahnfans nutzten jede Möglichkeit, sich einen Platz zu verschaffen: Sie saßen auf dem Turm, auf den Werbebanden hinter den Rängen. Und natürlich auch nach vorne raus: Bis zur Seiten- und Torauslinie saßen Menschen!

Zudem war das Spiel auch aus sportlicher Sicht ein absoluter Erfolg: Die Jahnelf schlug das Kleeblatt Fürth, den haushohen Favoriten, mit 4:3 nach einer dramatischen Schlussphase. Zweimal lagen die Rothosen auf leicht schneebedecktem Rasen in Führung, erst 2:0 durch die Tore von Josef Eisenschenk und Sepp Hubeny, dann nach dem Anschlusstreffer vor der Pause mit 3:1 durch einen Treffer von Bernhard Kneißl. Doch die Jahnfans, die sich schon über einen verdienten Heimsieg freuten, wurden eines Besseren belehrt: Der Spitzenreiter schlug zurück, per Doppelschlag binnen fünf Minuten, und schon stand es nur noch 3:3! Dieses Remis wäre immer noch ein Erfolg für die Strehle-Elf gewesen, doch sie wollte alle Punkte, sie wollte in diesem Spiel vor der historischen Zuschauerkulisse den Heimsieg. Dementsprechend warfen die Rothosen den Motor an und drängten die Franken in die eigene Hälfte. Und dann kam sie, die große Chance auf den Goldenen Treffer. Per Hand-Elfmeter: Waldemar Zakaluczny übernahm Verantwortung – und scheiterte an Keeper Goth. Zwei Minuten vor dem Ende sollte es aber trotzdem den 4:3-Siegtreffer geben: Anton Blaimer markierte mit einem Hammer aus 25 Metern Entfernung den verdienten Siegtreffer für den Jahn über den späteren Staffelsieger! Ein historisches Spiel, ein historischer Tag. 30.000 gegen Fürth und eine glänzend aufgelegte Jahnelf in ihrer Oberliga-Premierensaison.

16. GRUND

Weil wir nicht aufgeben

Der Sommer 2015 sorgte in der Oberpfalz für ordentlich Katerstimmung. Das neue Jahnstadion an der Franz-Josef-Strauß-Allee stand kurz vor der Eröffnung, doch statt geplantem Zweitligafußball sollten die ersten Gegner Aschaffenburg und Schweinfurt heißen. Nichts gegen diese Vereine, das sind immerhin ehemalige Zweitligisten mit viel Tradition. Allerdings sollte die Arena in der Regionalliga Bayern eröffnet werden – der SSV Jahn Regensburg war nach dem überraschenden Abstieg nur noch Viertligist, die Jahnfans durften sich auf Buchbach und Illertissen freuen statt auf den 1. FC Nürnberg und 1860 München.

Denn Geschichte wiederholt sich wohl doch: Schon 2006, ebenfalls zwei Jahre nach dem letzten Auftritt in Liga 2, stiegen die Rothosen in die 4. Liga ab. Der große Unterschied: Als Meister der Bayernliga erfolgte der Wiederaufstieg in die Regionalliga Süd damals automatisch – nun sollte nach einem möglichen Meistertitel erst noch die Relegation folgen. Meisterschaften kann man halbwegs planen, wenn man als einziger Profiverein in einer Halb-Amateurliga spielt, doch die Rückkehr in die 3. Liga konnte einem niemand versprechen. Der SSV ging mit einem Dreijahresplan an die Sache, das Ziel lautete in etwa: In diesen drei Saisons zweimal Meister werden und hoffen, einmal in der Relegation erfolgreich sein zu können. Das schlechte Omen: Bis dahin hatte es bisher kein einziger (!) Drittligaabsteiger geschafft, die direkte Rückkehr über die Relegation zu schaffen. Die Fans sahen sich schon auf Jahre mit dem neuen Stadion in der Regionalliga dümpeln, analog zu der Alemannia aus Aachen oder Rot-Weiss Essen. Die Vorfreude beim Eröffnungsspiel des Stadions gegen Viktoria Aschaffenburg: entsprechend verhalten.

Nach einem anfänglichen Traumstart mit neun Siegen und einem Remis aus den ersten zehn Spielen sah es zumindest früh danach aus, als würde gleich im ersten Jahr der Titel rausspringen. Hoffnung keimte auf in der (südlichen) Oberpfalz! Doch der Motor stockte. In der Mannschaft schlich sich der Schlendrian ein, bis zur Winterpause verlor der SSV den Platz an der Sonne und den Vorsprung auf Burghausen – von ursprünglich zwölf Zählern Vorsprung nach dem Derbysieg war man beim Jahreswechsel zwei Monate später plötzlich einen Punkt hinter Wacker. Das dumpfe Gefühl, das die Fans zum Saisonbeginn hatten, dass dem Jahn wohl eine jahrelange Odyssee durch die Dörfer Bayerns bevorsteht, war also nach einem halben Jahr wieder da.

Trainer Brand, der nach dem Abstieg zunächst bleiben durfte, musste nun gehen. Der SSV präsentierte den ehemaligen Nationalspieler Heiko Herrlich als Hoffnungsträger – und mit Herrlich sollte es wirklich besser werden: Der Jahn holte sich am Ende bereits am vorletzten Spieltag vorzeitig die Meisterschaft und stand in der Aufstiegs-Relegation nun dem VfL Wolfsburg II gegenüber, zunächst stand das Auswärtsspiel auf dem Programm. 800 Fans haben sich auf den Weg gemacht, um die Jahnelf im hohen Norden zu unterstützen. Wohlgemerkt unter der Woche! Das Relegations-Hinspiel aber sollte verloren gehen: Pläschke traf bereits nach zwölf Minuten für den VfL II, der über die 90 Minuten leichte Feldvorteile besaß. Der Ausgleich sollte nicht mehr gelingen. Oli Hein, der drei Jahre zuvor in der Relegation noch erfolgreich war, scheiterte kurz vor Schluss am Pfosten.

Die Hausherren zeigten sich anschließend von ihrer weniger schönen Seite. Wolfsburgs Trainer Valérien Ismaël stichelte und bescheinigte der Jahnführung auf der anschließenden Pressekonferenz schlechte Manieren: Angeblich hätte Regensburg wenige Tage vor dem Spiel einem seiner Spieler ein Angebot unterbreitet. Eine Behauptung, die Geschäftsführer Dr. Keller schnell ins Reich der Fantasie verortete. Auf die Jahnspieler machten die Wolfsburger den Eindruck, sich ihrer Sache ziemlich sicher zu sein. Den Aufstieg haben die Niedersachsen schon als eingetütet betrachtet … Klar, der Vorteil lag eindeutig aufseiten des VfL, doch noch waren 90 Minuten zu spielen. Und die sollten es in sich haben!

Am Sonntag, 26. Mai 2016, stand dann das alles entscheidende Rückspiel an. 14.189 Fans fanden sich in der Arena ein, nur der Gästeblock blieb (wie erwartet) dünn besetzt, sodass einige Regensburger dort noch Tickets bekamen. »Und wir geben nicht auf …«[29], stand auf der riesigen Choreografie, die die Jahnfans auf der Hans-Jakob-Tribüne präsentierten, das Motto der Saison, angelehnt an ein bekanntes Aufstiegslied. Ein 0:1 musste aufgeholt werden, das heißt, der SSV musste mindestens einen Treffer erzielen. Und so trat die Jahnelf auch auf: Von der ersten bis zur letzten Minute gab sie Vollgas und spielte den Meister der Regionalliga Nord an die Wand, erspielte sich schon in der Anfangsphase einige Chancen. Die Wut auf den arroganten Gegner und der Wille, diese Relegation noch zu drehen, waren deutlich zu spüren. Die »kleinen« Wölfe wussten kaum, wie ihnen geschieht.

Im ersten Durchgang aber fielen noch keine Tore. Zweimal rettete das Aluminium für die Gäste aus Niedersachsen, die selbst kaum etwas entgegenzusetzen hatten. Das 0:0 zur Pause war schmeichelhaft für Wolfsburgs Zweite. Die hochverdienten Treffer machten nach dem Seitenwechsel schließlich Andi Geipl (per Elfmeter) und Kolja Pusch binnen drei Minuten. Der Jahn führte nach einer Stunde also mit 2:0 – und war damit jetzt zurück in der 3. Liga! Doch verwalteten die Rothosen das Ergebnis? Natürlich nicht! Es ging weiter nach vorne, erneut traf der SSV nur Aluminium. Hoffentlich sollte sich das nicht noch rächen? Bis zur letzten Sekunde kämpfte der Jahn, wohlwissend, dass jeder noch so glückliche Treffer des VfL II das Aus bedeuten würde. Einmal noch der Freistoß in den Jahnstrafraum, Pentke packte sicher zu – und dann war es vollbracht!

Nach nur einem Jahr in der Regionalliga Bayern war der Jahn wieder zurück im Profifußball! »Wir mussten aufsteigen«, erinnert sich Hein, »wir hatten uns öffentlich auf die Fahnen geschrieben, dass wir Meister werden wollen, der Aufstieg war nach außen nicht so klar als Ziel kommuniziert. Aber unser eigener Anspruch war das auf jeden Fall, wir wollten den Fehler der Vorsaison wieder korrigieren. Der Druck war riesig!«[30] Das beste Bild, das die Umstände wiedergab, war ein auf den Stufen des Spielertunnels sitzender Kapitän. Markus Palionis saß nach dem Abpfiff still und erschöpft mit zwei Wasserflaschen in der Hand da, wartete auf die Doping-Kontrolle und versuchte zu begreifen, mit welcher Energieleistung sie gerade den Aufstieg geschafft hatten. Dieser Mann stand sinnbildlich dafür, was diese Mannschaft reingeworfen hatte. Ein starker Auftritt der Herrlich-Elf und eine unglaubliche Atmosphäre auf den Rängen, nicht nur auf der Hans-Jakob-Tribüne.

17. GRUND

Weil der Jahn die Löwen versenkt hat

Deutscher Meister, DFB-Pokalsieger, Fanmagnet ... Mit dem TSV 1860 München stand dem Jahn in der Aufstiegsrelegation zur 2. Bundesliga 2017 einer der wohl größten und bekanntesten Traditionsvereine Fußballdeutschlands gegenüber. Eine schwierige Aufgabe, zudem gegen eine hochkarätig besetzte Mannschaft. Schon zwei Jahre zuvor versuchte sich ein Drittligist an der Relegation gegen die Löwen, doch der TSV gewann gegen Kiel last minute in der heimischen Arena und blieb zweitklassig. Ähnlich sollte es nun gegen den kleinen Jahn laufen – lief es aber nicht.

Die Jahnfans hofften natürlich von Anfang an, den Löwen den Gnadenstoß geben zu können. Der Sieg ihrer Mannschaft war das absolute Ziel, doch natürlich würde es auch eine Sensation sein, den TSV 1860 München in die 3. Liga zu schießen! Aber nicht nur die Fans, auch die Jahnelf selbst war absolut heiß auf dieses Spiel, wie Oli Hein verrät: »Wir haben alle gehofft, dass es 60 wird, weil wir dieses Spiel als Mannschaft unbedingt wollten. Solche Spiele sind dazu da, um Geschichte zu schreiben. Das war unser großes Ziel!«[31]

Und Mannschaft und Fans brannten von Beginn an ein Feuerwerk ab: Schon im Hinspiel hätte eigentlich alles entschieden sein können. Nach dem frühen Kopfballtor durch Marc Lais nach nur einer Minute gingen die Rothosen weiter drauf – und spielten den großen TSV an die Wand! Bei den Löwen ging gar nichts zusammen, es war deutlich zu sehen, dass es intern nicht stimmte. Die Mannschaft kam mit dem Trainer nicht klar und untereinander offenbar genauso wenig. Es spielte ein Team gegen elf Individualisten. Was fehlte, waren allein die Tore. Nach dem Führungstreffer durch Lais verpasste es der SSV, nachzulegen. Das sollte sich rächen, als Neuhaus mit dem unverdienten Ausgleich zur Stelle war – und später verschoss Andi Geipl auch noch einen Elfmeter, sodass das 1:1 (in Überzahl!) deutlich zu wenig war für den betriebenen Aufwand. Vorteil 1860! Nun ging es ins Rückspiel.

Aber, die Jahnfans wussten: Schon einmal, fünf Jahre zuvor, hatte ein 1:1 im Hinspiel gereicht! 62.200 Zuschauer waren in der Arena in Fröttmaning, ein neuer Zuschauerrekord für die Relegation zur 2. Bundesliga und die höchste Zuschauerzahl, die es je bei einem Spiel mit Jahnbeteiligung gegeben hatte – und wohl für lange, lange Zeit sein wird (der bisherige Rekord datierte vom 31. März 2013, 45.600 sahen den 2:1-Heimsieg des 1. FC Köln gegen den SSV in der 2. Bundesliga). Auch im Rückspiel dominierte die Jahnelf und ging im ersten Durchgang durch Treffer von Lais und Kolja Pusch in Führung. Von den Hausherren kam zwar mehr als im Hinspiel, aber das war auch nicht schwer. Der Jahn 2:0 in Front, das hieße, dass der TSV drei bräuchte. Ein Ding der Unmöglichkeit? Sicher, so zahm wie die Löwen an dem Tag agierten. »Was uns stark gemacht hat, war das, was 1860 wohl gefehlt hat«[32], mutmaßt Hein. Die Jahnelf war ein Team, die Sechzger ein zerstrittener Haufen von Individualisten. Was war das für ein emotionales Spiel!? Die sonst so ruhmreichen 1860er waren still, man hörte einen »SSV!«-Wechselgesang der roten Fans, der Jahn hatte die Stimmhoheit in der Arena. Und am Ende sollte es reichen, nach 90 Minuten plus 15 war die Rückkehr in die 2. Bundesliga geschafft.

8.000 Regensburger in der Arena und X-Tausende vor den TV-Bildschirmen feierten die Jahnelf. Ganz Fußballdeutschland jubelte, dass der TSV, der wegen des jordanischen Investors Hasan Ismaik deutlich an Sympathie eingebüßt hatte, nun endlich abgestiegen war. Dass es für 1860 am Ende sogar noch tiefer ging, war natürlich nicht sofort abzusehen. So hieß es dann seit Sommer 2017 Buchbach statt Bochum. Und vor allem statt Bremen, denn das war ja das selbst erklärte Ziel – die Rückkehr in die Beletage des deutschen Fußballs. Der Investor schrieb am Folgetag auf seiner deutschen Facebook-Seite (oder genauer, ließ schreiben): »[D]er 30. Mai 2017, mit dem Abstieg aus der zweiten Liga, geht als trauriges Kapitel in die glorreiche Geschichte des TSV 1860 ein. Wir wurden von Jahn Regensburg gedemütigt und an die Wand gespielt [...]«[33] Wie das klingt! Als wäre das was Schlimmes! Gegen den Jahn kann man mal verlieren, vor allem in einer Relegation.

Der heimliche Star dieses Spiels war aber Torhüter Philipp Pentke. Dieser Mann hat die besagten Kahn'schen Eier! Während die Anhänger der Sechzger getreu dem Motto »Sieg oder Spielabbruch« das Stadion in der Schlussphase auseinandernahmen und mit herausgerissenen Sitzen und abgebrochenen Fahnenstangen das Spielfeld bewarfen (und für die 15-minütige Unterbrechung sorgten), behielt der Regensburger Torhüter die Nerven. Der Kommentar des ARD-Kommentators passt wie Faust aufs Auge: »Sechs Sitzschalen entsorgt und zwischendurch auch mal wieder einen Ball gehalten.«[34] Später gab Pentke im Interview zu Protokoll: »Ich komme aus dem Osten, ich bin solche Zustände fast gewohnt.«[35] Unglaublich!

Mit Sicherheit wird es auch einige Löwen gegeben haben, die sich trotz Abstiegs insgeheim gefreut haben werden: Immerhin verdanken sie dem SSV den lang ersehnten Auszug aus dem Stadion des roten verhassten Nachbarn. (Zeitgleich haben die Bayern-Fans drei Kreuze gemacht, endlich den TSV los zu sein – vor allem hat die Arena bald endlich rote Sitze!) »Nach Giesing zurück!«[36], verkündete Sechzig stolz auf seiner Facebook-Seite. Jaja, jedes Ende ist ein neuer Anfang. Der Jahn hat die Löwen versenkt – und ihnen zeitgleich einen Neustart ermöglicht. Der SSV Jahn Regensburg wird immer und untrennbar mit diesem Einschnitt in der Geschichte des großen TSV 1860 verbunden sein! »Einmal Löwe, immer Löwe«? Nein! Am Abend schallte es durch das Stadion nur: »Löwen in den Zoo! Löwen in den Zoo! Löwen, Löwen, Löwen in den Zoo!«

18. GRUND

Weil Peter Martin viermal in dieselbe Ecke sprang

Große Spiele sind nicht immer gleichbedeutend mit großen Siegen – das mussten auch die Rothosen schon mehrfach erfahren. Es sind vor allem auch die großen Niederlagen, die einen Verein und seine Fans prägen, die bitteren Pleiten, die sich in die Seele brennen ...

Eine solch schmerzhafte Niederlage ereignete sich am 2. Dezember 2003. DFB-Pokal-Achtelfinale, Flutlichtatmosphäre an der Prüfeninger Straße, Jahn Regensburg im K.-o.-Duell mit dem MSV Duisburg. Zuvor hatte sich der SSV zu Hause gegen den Bundesligisten VfL Bochum mit 2:1 durchgesetzt und in der zweiten Runde mit 2:1 nach Verlängerung beim Oberligisten SSVg Velbert gewonnen – im Übrigen das einzige Spiel in der 76-jährigen Pokalhistorie der Jahnelf, das in der Verlängerung gewonnen werden konnte. Alle anderen sieben Spiele, die nach 90 Minuten noch nicht entschieden waren, gingen später, also in der Verlängerung bzw. im Elfmeterschießen, stets zu Ungunsten des Jahn aus.

Nun also das Spiel gegen den Ligakonkurrenten, in der Liga hatten sich die beiden mit 2:2 getrennt. Und wie im Wedaustadion wenige Wochen zuvor gingen an diesem denkwürdigen Pokalabend die Zebras in Führung, Spizak traf schon nach 13 Minuten. Der Jahn aber sollte sich davon nicht beunruhigen lassen, glich postwendend durch András Tölcéres aus und drehte die Partie nach einem Doppelpack von Altin Rraklli. Mehrmals hatte der SSV, unter anderem durch Harry Gfreiter, sogar das 4:1 auf dem Fuß – scheiterte aber kläglich. Das wäre die Entscheidung gewesen. Doch der Jahn machte den verdienten Deckel nicht zu – und so kam der MSV durch Ahanfouf noch einmal zum Anschluss. Doch es sah so aus, als sollte es trotzdem reichen, vor allem weil Duisburg nach der Notbremse von Kazior gegen Gfreiter die letzten zehn Minuten in

Unterzahl agieren musste. Der Jahn stand kurz vor dem erstmaligen Einzug in die Runde der letzten acht!

Und dann begann die Nachspielzeit. Es gab noch einmal Einwurf für Duisburg, vor der Haupttribüne, auf Höhe des Sechzehnmeterraums. Wahrscheinlich die letzte Aktion des Spiels. Oswald verlängerte mit dem Kopf, am Elfmeterpunkt kam Abdelaziz Ahanfouf an den Ball. Der Toptorjäger des MSV setzte zum Fallrückzieher an – und das Leder fiel ins Tor! Was für ein Schock! Sekunden vor dem Viertelfinale traf Ahanfouf alle Jahnfans mit dem späteren Tor des Monats Dezember 2003 mitten ins Herz!

In der Verlängerung fielen keine Tore mehr, der SSV konnte auch in Überzahl nichts mehr richten: Es blieb beim 3:3, und es ging ins Elfmeterschießen. Mal davon abgesehen, dass der Jahn wie schon beschrieben in diesem Wettbewerb noch nie vom Punkt aus gewinnen konnte (bei drei Elfmeterschießen), ist es die Art und Weise, die einem in Erinnerung blieb. Denn: Jeder der acht Schützen schoss in die von sich aus gesehene rechte Ecke. Im Gegensatz zum Duisburger Torhüter Langerbein fiel das dem Jahnkeeper aber nicht auf ... Aber der Reihe nach. Aufseiten der Roten waren Christian Kritzer und Markus Weinzierl, der spätere Erfolgstrainer, mit dem Schuss nach rechts erfolgreich. Leider scheiterten Markus Knackmuß und Mario Stieglmair, weil Langerbein den Braten roch. Und die Zebras? Tja, die schossen auch viermal in die rechte Ecke. Während Jahns Torhüter Peter Martin viermal nach links sprang! Das Ergebnis war eine 2:4-Niederlage im Elfmeterschießen. Nur um Haaresbreite verpassten die Rothosen an diesem Abend den Sprung ins Viertelfinale des DFB-Pokals.

19. GRUND

Weil ein Spiel nun mal 90 Minuten dauert

Das Heimspiel gegen den 1. FC Köln wird wohl immer das eine Spiel bleiben, das man aus der Zweitligasaison 2012/13 in Erinnerung behalten wird. Und wenn vom Abstieg 2013 gesprochen wird, fällt im selben Satz immer auch das Spiel gegen die Geißböcke. Das Barcelona '99 des SSV, wenn man so will.

Am zehnten Spieltag trafen die beiden Domstädte zum allerersten Mal in ihrer Vereinsgeschichte aufeinander. Beide hatten neun Punkte auf dem Konto, während das aber für den SSV als Aufsteiger eine akzeptable Ausbeute war, war das für den Bundesligaabsteiger definitiv zu wenig. Allerdings war der FC im Aufwind – sollte in der Oberpfalz zunächst aber einen Dämpfer erhalten. Schon nach vier Minuten gingen die Rothosen durch Jimi Müller, der den Ball von der Strafraumkante schön unter die Latte zwirbelte, in Führung, was in der Anfangsphase auch durchaus verdient war. Ex-Nationalspieler Christian Rahn erhöhte im zweiten Durchgang per Foulelfmeter auf 2:0, der FC war im Grunde geschlagen. Im Laufe der Partie verpasste es die Mannschaft von Trainer Oscar Corrochano aber, den Deckel zuzumachen. Djuricin, Kotzke, Hein ... die Liste der Gelegenheiten für weitere Treffer ist lang! Und das sollte sich rächen. Ein 2-Tore-Vorsprung in der 86. Minute sollte nicht zu einem Sieg reichen – nicht mal mehr zu einem Punkt! Der Ticker einer unglaublichen Schlussphase:

Minute 87: Jahnkeeper Michael Hofmann pariert einen Verzweiflungsschuss aus der zweiten Reihe und hält auch den Nachschuss von Ujah aus kürzester Entfernung. Doch der dritte Schuss sitzt – Hofmann ist vollkommen allein auf seinem Posten. Ein typisches Jahngegentor über drei Stationen! Aber gut, Anschluss, noch ist nichts passiert. Und die drei Minuten werden ja schon reichen. Hoffentlich!?

Nein. Minute 90: Ecke Köln von rechts, der Jahn kann klären – tut es aber nicht. Maroh zimmert aus elf Metern ab, der bittere Ausgleich ... Vor allem spielte der FC den Ball mit der Hand, was der Schiedsrichter leider nicht gesehen hat. So blieb der Jahnelf nach einem 2:0 nur ein Punkt! Oder doch nicht?

Minute 93: Bigalke mit dem letzten Schuss, einem Hammer aus 20 Metern, nachdem die Jahndefensive erneut nicht konsequent genug verteidigt – drin das Ding!

Zack, zack, zack! Jeder Schuss ein Treffer und jedes Tor ein Stich ins Herz der Jahnfans. Aus einer komfortablen 2:0-Führung wurde eine bittere 2:3-Pleite. Die knapp 11.500 Zuschauer im Jahnstadion wussten freilich nicht, wie ihnen geschah, und empfanden nach diesen sechs Minuten nichts als Schock. War der Gedanke nach dem 1:2 noch »Typisch Jahn!«, gab es nach dem Ausgleich Wut und Ärger. Nach dem dritten Ei aber war es still geworden bei den Regensburgern. Entsetzen herrschte vor, blankes Entsetzen.

Auch die Trainer wussten nicht, wie sie das nun einordnen sollten. »Man müsste sich schon fast entschuldigen für den Sieg«[37], kommentierte FC-Coach Holger Stanislawski anschließend, »wir müssen dieses Spiel eigentlich verlieren! Wir waren in allen Belangen heute unterlegen«[38]. Wie recht er hatte. Nur genützt hat das der Jahnelf freilich nichts! »Das ist Wahnsinn«[39], fehlten Jimi Müller anschließend einfach nur die Worte ... Ein Spiel, sprichwörtlich zum Vergessen. Allerdings wird dieses Spiel kein Jahnfan jemals vergessen können! Viele waren sich einig, dass diese Pleite der Knackpunkt war, von dem sich die Jahnelf in der gesamten Saison nicht mehr erholt hatte. Der sofortige Wiederabstieg begann an diesem 20. Oktober 2012 ... Noch heute reden die Menschen in Regensburg von diesem einen Spiel: »Weißt du noch? Köln?« Ein Trauma der geschundenen Jahnseele ... Irgendwann aber wird der SSV seine Revanche bekommen! Ganz sicher!

20. GRUND

Weil Wunder wahr werden, Teil 2

»Der Aufstieg wäre ein Wunder, und ein Wunder als Ziel auszugeben macht überhaupt keinen Sinn.«[40] Wahre Worte, die SSV-Trainer Markus Weinzierl gegen Ende der Saison 2011/12 in einem TV-Interview von sich gab. Der Jahn hatte, wie so oft, den geringsten Etat der Liga und war eigentlich als Abstiegskandidat gehandelt. Doch Weinzierl gelang es, aus dem Kader von No-Names eine Mannschaft zu bilden, eine Einheit, die Woche für Woche ihr Bestes gab. Bis zum Schluss wiederholten die Verantwortlichen fast mantraartig, dass erst die 42 Punkte zum Klassenerhalt eingefahren werden müssten, bevor ein neues Ziel ausgegeben werde. Immerhin hatten die Rothosen in der Rückrunde einiges an Verletzungspech wegzustecken, so verletzte sich Top-Stürmer Schweinsteiger im Trainingslager. Aber der Klassenerhalt war bald unter Dach und Fach, und dann ging Sportchef Gerber an die Öffentlichkeit: »Wir wollen es packen!«[41] Vom »Borussia Dortmund der 3. Liga« war in den Medien sogar die Rede (das war 2011/12 ein Kompliment!).

Und am Ende der Saison stand zur Überraschung aller tatsächlich Rang drei, nach einem Sieg in Oberhausen und einem Heimspiel à la Gijón gegen Jena zum Abschluss war die Relegation perfekt! Der Gegner dort hieß Karlsruher SC, wenige Jahre zuvor noch erstklassig und klarer Favorit. Im Hinspiel im ausverkauften Jahnstadion vor 10.724 Zuschauern hielt die Weinzierl-Elf aber überraschend gut mit, die Mannschaften neutralisierten sich, ein Klassenunterschied war nicht zu bemerken. Im zweiten Durchgang ging der Jahn dann mit 1:0 in Führung, Selçuk Alibaz verwandelte einen Elfmeter, den Stefan Binder herausgeholt hatte. Der Rekordspieler der Neuzeit hob im KSC-Strafraum zur Schwalbe ab (Binder: »Die wichtigste Schwalbe meiner Karriere«[42]), eine Viertelstunde vor Schluss kassierte der SSV aber noch den verdienten 1:1-Ausgleich durch Groß.

Die gut 1.000 mitgereisten Jahnfans hatten im Wildparkstadion wenig Hoffnung, der KSC war gegen Ende der Rückrunde vor allem zu Hause stark und durch das Hinspielergebnis leicht im Vorteil; seit zwei Monaten gab es keine Heimpleite mehr, und zudem spielten die Badener viermal in Folge zu Hause zu null. Wie sollte der kleine Drittligist, den alle vor der Saison eigentlich in der Regionalliga sahen, das schaffen?

Ganz einfach: Durch die Spielweise, wie sie in der Saison schon erfolgreich waren: Die Jahnelf war ein Team! Durch den Strahl von Oli Hein gingen die Rothosen am 14. Mai 2012 in Führung, musste aber noch vor dem Seitenwechsel den Ausgleich hernehmen, Lavric traf. Als die Hausherren nach dem Seitenwechsel dann durch Charalampous in Führung gingen und das Spiel drehten, brach keine Panik aus. Egal ob 1:1 oder 1:2, der Jahn bräuchte so oder so einen Treffer zum Aufstieg. Und den markierte André Laurito. Per Kopf war der Innenverteidiger zur Stelle, das 2:2 würde die 2. Bundesliga bedeuten. Und noch 24 Minuten zu gehen!

Der SSV verteidigte nun mit Mann und Maus, stellte sich eine knappe halbe Stunde hinten rein, um dieses aufstiegsberechtigende Remis über die Zeit zu retten. Immer wieder der weite Schlag nach draußen, immer wieder der Gang zur Eckfahne, und die Minuten verrannen. Doch es wurde nicht einfacher: Drei Minuten vor dem Ende der regulären Spielzeit sah Tim Erfen die Ampelkarte, der Jahn nur noch zu zehnt. Der KSC-Druck wurde größer, sie starteten einen Angriff nach dem anderen, DJ Mike im Jahntor ließ sich nach jedem gewonnenen Ball Zeit. Und dann der zweite Platzverweis: Jimi Müller säbelte in der zweiten Minute der Nachspielzeit an der Seitenlinie Charalampous um, der SSV war jetzt sogar nur noch zu neunt!

Nun war richtig Zittern angesagt: Freistoß KSC, Schuss Groß, drüber! Abstoß Hofmann, Angriff KSC, Stürmerfoul KSC! Freistoß

Hofmann – und das Spiel war aus! Der Jahn, der Abstiegskandidat Nummer eins, brachte das 2:2 in zweifacher Überzahl über die Zeit. Das »Wunder von Karlsruhe« wurde wahr!

21. GRUND

Weil sechs manchmal fünf zu viel sind

Ottmar Hitzfeld gehört zweifelsohne zu den Größen der Fußball-Bundesliga. Fast 20 Jahre lang war er Coach des BVB und der Bayern, holte in der Zeit sieben Mal die Schale, dreimal den Pokal und wurde mit beiden Bundesliga-Clubs Champions-League-Sieger. Aber der Stern des jungen Spielers Ottmar Hitzfeld leuchtete nicht in der Bundesliga, gerade mal eine Saison spielte der junge Stürmer im Oberhaus, erzielte 1977/78 in 22 Spielen fünf Tore für den VfB Stuttgart. Als Spieler war er eher in der Schweiz erfolgreich, obgleich das für acht Berufungen in die Amateur-Nationalmannschaft der BRD reichen sollte.

Das ist alles schön. Und was hat das mit dem Jahn zu tun?

Hitzfeld spielte drei Jahre lang für den VfB, zwei davon in der 2. Bundesliga, von 1975 bis 1977. Und in dieser Zeit spielte auch die Jahnelf zweitklassig. Und die höchste und bitterste Jahnniederlage in der Zweitliga-Geschichte ist gleichzeitig die Sternstunde von Ottmar Hitzfeld. Die magische Zahl lautet: sechs. Nein, der SSV hat keine sechs Gegentore kassiert. Es waren acht! Eine 0:8-Pleite gab es an diesem 13. Mai 1977 in Stuttgart. Sechs davon aber hat eine einzige Person erzielt: Ottmar Hitzfeld! Sechs Tore in einem Spiel war ein neuer Rekord im Profifußball – und bis heute hat keiner mehr erzielen können.

Die Ausgangslage war klar: Der Jahn war bereits abgestiegen, der VfB hoffte nach zwei Jahren den vorletzten Schritt in Richtung Meisterschaft und damit Wiederaufstieg gehen zu können. Und gab von Beginn an Gas. Das Problem war dabei: Der Jahn reiste mit einer besseren B-Elf ins Neckarstadion. Hans Meichel, Kapitän der »Stuttgart-Elf«, der sein vorletztes von über 500 Spielen für den SSV machte, erinnert sich: »Die auswärtigen Spieler hatten schon Kontakte mit anderen Vereinen, die guten waren alle schon gar nicht mehr da.«[43] Gedanklich war da nur noch die Hälfte richtig auf dem Platz, Meichel spricht von Auflösungserscheinungen im Team.[44] Und so ging es von der ersten Minute an nur in eine Richtung: auf das Tor von Ersatz-Torhüter Josef Brandl. Schon nach sechs Minuten traf Hitzfeld zur Führung, in der 22. erhöhte Dieter Hoeneß auf 2:0. So weit, so gut – wäre es mal dabei geblieben. Doch der Stuttgarter Stürmer schürte vor der Halbzeitpause einen lupenreinen Hattrick binnen zehn Minuten ... 5:0 der Pausenstand. Nachdem Ottmar Hitzfeld fast mit dem Wiederanpfiff seinen fünften Treffer zum 6:0 erzielte, schien die VfB-Dampfwalze genug zu haben. Das Spiel plätscherte vor sich hin, ehe in der Schlussphase die Kräfte nachließen und die Hausherren durch Jank und, zum sechsten Mal, Hitzfeld das 8:0 perfekt machten.

In der Hinrunde gewann die Jahnelf noch mit 3:0 gegen den späteren Meister, jetzt aber hatten sie sich regelrecht abschlachten lassen. Und das Verb ist absichtlich aus dieser Wortfamilie gewählt, denn Jahncoach Richert stieß ins gleiche Horn und sprach von »Leichenschändung«[45]. Und die Schmach sollte auch nach dem Spiel weitergehen: »Nach dem Duschen bin ich rausgegangen, dann hat mir ein Stuttgarter Fan gewinkt«[46], führt Meichel aus. Was der wollte? »Sie bekommen 500 Mark von mir, weil ihr nicht gemauert, sondern schön mitgespielt habt!«[47] Der Jahnkapitän hat nach dem Spiel noch eine Spritze für die Mannschaftskasse bekommen, weil sich seine Mannschaft so schön hat abfertigen lassen ... Das tut weh! Ausgerechnet Meichel, der sich, so zumindest die Tageszeitungen, wirklich angestrengt haben soll. So lobte die *Mittelbayerische Zeitung* »dessen Ehrgeiz, [der] in keiner Phase der einseitigen Partie zu wünschen übrig ließ«[48]. Ja, Meichel gab immer alles für den Jahn. Aber um den großen VfB zu ärgern (oder um sich nicht abschlachten zu lassen), hätte es elf Spieler gebraucht, die Ehrgeiz an den Tag legten ...

Es war insgesamt ein Tag der Rekorde: Neben den sechs Hitzfeld-Toren ist es bis heute der höchste Sieg in der Stuttgarter Vereinsgeschichte, mit dem achten Treffer machten die Schwaben zudem das 100. Saisontor perfekt und die Offensivreihen der Schwaben zum »100-Tore-Sturm«. Und nebenher stürzte Hitzfeld den Jahn auch in die Drittklassigkeit: Nur aufgrund der um drei Tore schlechteren Tordifferenz gegenüber Pirmasens musste die Jahnelf später wirklich auch in die Bayernliga zurück. Zwar stand sie schon lange, lange vor der Partie als Absteiger fest, doch Röchling Völklingen verzichtete in der anschließenden Sommerpause auf die Lizenz – und Pirmasens blieb zweitklassig. Hätte es statt des 0:8 nur ein 0:4 gegeben, wäre Regensburg in der Liga geblieben. Hätte Hitzfeld statt der sechs Treffer nur einen erzielt, dann hätte am Ende die Jahnelf auf Pirmasens' Platz gestanden. Möglich wär es gewesen, eine niedrigere Niederlage, das Hinspiel im Jahnstadion gewann die Elf von Trainer Richert noch mit 3:0. Doch wenn von Anfang an der Wille gebrochen war, was will man da machen? Die Frage muss eh gestellt werden, ob sich der Jahn das teure Abenteuer 2. Bundesliga noch einmal hätte leisten wollen.

22. GRUND

Weil auch zwei Relegationsgegner kein Problem sind

Liga-Reformen bringen meistens Unannehmlichkeiten mit sich. Vor allem, wenn Staffeln zusammengefasst werden. 2008 wurde aus zwei Regionalligen eine 3. Liga, die Hälfte der Teams musste am Ende absteigen. Acht Jahre zuvor war es fast genauso krass: Hier wurden aus den vier Regionalliga-Staffeln zwei. Die Frage, die sich stellte, war die der Aufsteiger. Es gab zehn Oberligen – sonst stiegen alle automatisch auf, nur in diesem Sommer war das aufgrund der Reform nicht möglich. Was folgte, war ein kompliziertes Relegationssystem, in dem sich die zehn Meister mit vier Regionalligisten um vier freie Plätze in der neuen Regionalligasaison 2000/01 stritten. Vier Plätze für 14 Mannschaften – für den SSV als Meister der Bayernliga bedeutete dies zwei Runden, also vier Spiele, um den Durchmarsch zu schaffen. Nur vier, muss man fast sagen, denn eigentlich wäre der KSV Klein-Karben als Meister der Oberliga Hessen noch in der Runde dabei gewesen, in dem Fall hätte es ein Liga-System zum Aufstieg gegeben (jeder gegen jeden). Doch die Karbener hatten keine Regionalligalizenz beantragt – und so hieß es zwei Runden im K.-o.-Modus.

Der erste Gegner hieß SV Sandhausen. Ein kleiner Verein aus einem kleinen kurpfälzischen Ort nahe Heidelberg, der 1995 erstmals überregional in Erscheinung trat und dem die Jahnelf deswegen noch nie gegenüberstand. Ein weißes Blatt Papier für alle Jahnfans, die Relegation 2000 sollte das erste Aufeinandertreffen werden. Der Meister der Oberliga Baden-Württemberg hatte an diesem 27. Mai zunächst Heimrecht – und der Start verlief im Hardtwaldstadion vor 2.000 Zuschauern eigentlich ganz gut: Durch Torsten Holm und Dr. Bernd Meyer führte der SSV bis kurz vor Schluss verdient mit 2:1. Es war eine gute Leistung der Wettberg-Elf, doch ein Krimi im Relegations-Hinspiel? Kann der Jahn! Erst verschoss Michi Fersch einen Strafstoß zum 3:1, in der Schlussphase gab es dann den Doppelschlag – es stand 3:2 für Sandhausen! Ein denkbar schlechtes Ergebnis ... Fünf Tage später dann das Rückspiel im Jahnstadion. Viermal so viele Fans – und erneut ein starker Jahn zu Beginn! Doppelpack Michi Fersch, dann war Dr. Ralf Weidhaus zur Stelle. 3:0 und noch eine gute Viertelstunde zu spielen! Das 2:3 aus dem Hinspiel mehr als wettgemacht, das muss doch die zweite Runde sein!? Dachte man zumindest. Doch ein Spiel dauert bekanntlich 90 Minuten, und die Gäste kamen.

Und trafen. Binnen fünf bangen Minuten drehten die Sandhäuser alles auf null! Fünf schwache Minuten der Jahnelf machten erneut 75 starke zunichte, nach einem erneuten Doppelpack stand es nur noch 3:2. Die letzten zehn Minuten anschließend avancierten zur Zerreißprobe, kein Team durfte sich jetzt einen Fehler erlauben. Bei einem 3:3 wäre der Jahn raus, bei einem 4:2 weiter. Sollte man es hier auf eine Verlängerung ankommen lassen? So weit musste es glücklicherweise nicht kommen. Die Wettberg-Elf schaffte ein furioses Finish: Es war Meyer, der schon im Hinspiel traf, der mit dem Kopf zur Stelle war und das erlösende 4:2 erzielte.

Der Jubel an der Prüfeninger Straße war riesig, doch erreicht war nichts. Denn zum Aufstieg fehlte die zweite Runde! Und in der musste der SSV gegen den FSV Frankfurt ran, der Tabellen-14. der letzten Regionalliga Saison. Das Duell mit den Bornheimern war ein traditionsreiches, beide Teams trafen schon in der Oberliga aufeinander. Nun also der alles entscheidende Vergleich – und auch der war alles, nur nichts für schwache Nerven! Das fing schon mal mit einem Strafstoß für die Hausherren an, Mokhtaris Elfmeter konnte Jahnkeeper Ermler halten, mit dem Pausenpfiff gingen die Ostbayern dann mit 1:0 in Führung. Am Ende stand nach einer torreichen Partie ein 3:2-Auswärtssieg – eine ausgezeichnete Ausgangslage!

Das alles entscheidende Rückspiel stand dann vor 10.000 Zuschauern im Jahnstadion. Und die Jahnelf brannte ein Feuerwerk an: Zweimal Torsten Holm und einmal Michi Fersch brachten den SSV mit 3:0 in Front, und diesmal sollte diese komfortable Führung halten. Der FSV kam durch Opoku zwar noch zum Ehrentreffer, doch der Sport- und Schwimmverein stand als Aufsteiger fest. Als einziger Aufsteiger von zehn Meistern! Zeitgleich war der Durchmarsch geschafft – binnen zwei Jahren stiegen die Rothosen von der 5. in die 3. Liga auf! Als Karsten Wettberg den Jahn übernahm, stand der am Tiefpunkt seiner Vereinsgeschichte. Nun, 24 Monate später, nach dem Meisterschaften in der Landes- und der Bayernliga, sollte der SSV wieder gegen Mannschaften außerhalb Bayerns spielen! Durch den Sieg in der Marathon-Relegation erwachte die Jahnelf aus einem 23-jährigen Winterschlaf – und stand optimistisch am Beginn eines neuen, vielversprechenden Jahrtausends.

23. GRUND

Weil Weiden kein Gegner mehr war

»Weiden ist kein Gegner mehr, gebt uns Inter Mailand her!«[49] Dieser Spruch stand auf der großen Choreografie der Jahnfans auf der Hans-Jakob-Tribüne beim DFB-Pokalspiel gegen den SV Darmstadt 98 und hatte ihren Ursprung in der traditionsreichen Jahnhistorie, in einem der größten Vereinserfolge. Die Fans waren nicht, wie etwa die Anhänger des FC Ingolstadt glaubten, plötzlich vom Größenwahn befallen und forderten via Pokal den Einzug nach Europa. Nein, das sangen die Jahnfans vor 50 Jahren! Die Choreo war eine liebevolle Hommage an ein Ereignis im Sommer 1967.

Springen wir zu Beginn aber ein Jahr zurück, in den Sommer 1966. Unter Trainer Bimbo Binder hatte die Jahnelf gerade den Betriebsunfall »Landesliga« erfolgreich korrigiert, nach dem erstmaligen Fall in die 4. Liga standen die Rothosen wieder in der Bayernliga. Und der österreichische Erfolgscoach nahm den Mund ziemlich voll, wie man heute sagen würde: »Wir wollen in die Regionalliga«[50], so der Jahntrainer. Bitte? Richtig gehört, für den frischgebackenen Aufsteiger soll die Bayernliga nur eine Zwischenstation sein, der Chefcoach forderte den direkten Durchmarsch in die 2. Liga! Aber der erfahrene Binder hätte das nicht gesagt, wenn er nicht vom Erfolg überzeugt gewesen wäre. Er verstärkte den Kader, unter anderem wurde Hans Meichel vom Stadtkonkurrenten TSG Süd verpflichtet. Doch noch zu Saisonbeginn hatte der Aufsteiger Probleme: Bei Mitaufsteiger Bayern Hof gab es am ersten

Spieltag gleich mal einen 2:3-Dämpfer. Waren es nicht vielleicht doch zu viele Worte, die Bimbo Binder da ein paar Wochen zuvor verlor?

Nein! Denn die Jahnelf startete eine furiose Serie, gewann anschließend siebenmal in Folge. Der SSV war im Aufstiegsrennen angekommen. Doch die Saison war schwer, bis zum Schluss sollte es spannend werden. Vor allem die Oberpfalz-Derbys gegen die SpVgg Weiden avancierten zu Schlüsselspielen, denn die Schwarz-Blauen waren der Hauptkonkurrent um den Aufstieg. Wie es der Spielplan so wollte, trafen die beiden Oberpfälzer Vereine am Saisonende aufeinander. Am 29. April 1967 stand die Partie am Wasserwerk an, 6.000 Rote unterstützten den SSV bei diesem wichtigen Spiel. Im Hinspiel gab es vor 22.000 (!) Zuschauern ein 2:2-Remis, im Rückspiel aber erwischte die Binder-Elf mit den frenetischen Fans im Rücken einen absoluten Sahnetag! Mit 3:0 gewannen sie in Weiden und standen nun im Saisonfinale auf der Poleposition. »Gebt uns Inter Mailand her, Weiden ist kein Gegner mehr!« Jaja, Derbysiege sind schön!

Am letzten Spieltag pilgerten schließlich 15.000 Jahnfans an die Prüfeninger Straße. Gegner war die SpVgg Büchenbach, und die Ausgangslage war klar: Gewinnt die Jahnelf, dann macht sie den Durchmarsch perfekt. Und nichts anderes hatten die Rothosen an jenem 7. Mai vor! Die Jahnelf drückte die Erlanger über 90 Minuten in die eigene Hälfte, griff pausenlos an. Doch Büchenbach hielt die Null – vorerst. In der 68. Minute fiel aber endlich der Goldene Treffer durch Jakl Schieber, wie der Stürmer, der eigentlich Johann hieß, von den Fans genannt wurde.

Und dann war Schluss – die Zuschauer strömten sofort nach Abpfiff das Jahnstadion, trugen die Rothosen auf Händen, feierten den sensationellen Durchmarsch. »Die haben uns das Trikot vom Leib gerissen, wir sind in die Kabinen geflüchtet«, erinnert sich Meichel, der mit einem Tor in Weiden maßgeblich am Aufstieg beteiligt war, »die Fans waren ganz aus dem Häuschen, das war eine Rieseneuphorie in Regensburg, das kann man sich nicht vorstellen!«[51] Erstmals in der Geschichte ist der SSV Jahn Regensburg zweimal in Folge aufgestiegen, hat den Durchmarsch von der 4. in die 2. Liga geschafft!

3. KAPITEL

DIE TRAINER DER JAHNELF

24. GRUND

Weil der König von Giesing beim Jahn noch erfolgreicher war

Sommer 1998. Der absolute Tiefpunkt der Vereinsgeschichte des SSV Jahn Regensburg ist erreicht. In der nur fünftklassigen Landesliga wurde die Elf von Trainer Josef Schuderer in der vergangenen Saison wieder nur Dritter, der Aufstieg wurde erneut verfehlt und mit 63 Punkten das schlechteste Ergebnis in der 5. Liga überhaupt eingefahren. Der Lokalrivale Post/Süd scheiterte dagegen nur knapp am Aufstieg in die Regionalliga! Die Frage lautete zu Recht: »Quo vadis, Jahn?«

Der Jahn war am Boden. Die glorreichen Zeiten gab es nur noch in der Erinnerung: Hans Jakob trug 60 Jahre zuvor im Namen des SSV das deutsche Nationaltrikot, 44 Jahre zuvor hatte die Jahnelf einen sechsten Platz in der Oberliga erreicht, und 23 Jahre zuvor stiegen die Rothosen in die 2. Bundesliga auf. Die ganz großen Zeiten lagen zwar schon länger zurück, aber zum dritten Mal ging der Jahn in eine Saison in der Landesliga, in denen nur dreistellige Zuschauerzahlen erreicht werden sollten. Wo sollte das noch hinführen? Wohin gehst du, Jahn?

Glücklicherweise haben sich das die Verantwortlichen auch gedacht. Und etwas dagegen unternommen: Von der SG Post/Süd Regensburg wurde Manager Karl Viertler verpflichtet, deren Trainer Karsten Wettberg kam gleich mit, als Sportchef. Am Gehalt habe es nicht gelegen, sagt Wettberg heute: »Mich hat das Geld nicht interessiert, sondern der Erfolg. Außerdem war es ein Traditionsverein, der Jahn hatte seine vielen Fans.«[52] Der Jahn war zwar am Boden, aber die Perspektive scheint gestimmt zu haben. Post/Süd war 1998 die Nummer eins der Stadt, doch Viertler hatte einen Plan – und Wettberg folgte. Wettberg nahm seinen Job als Sportchef ernst, es wechselten einige Post/Süd-Stammkräfte die Seiten und gingen zum SSV: Michael Fersch, Florian Ermler, Thomas Rösl, Bernd Meyer oder Torsten Holm tauschten Grün-Gelb gegen Rot-Weiß.

Trainer wurde Roland Seitz, der Ex-Bundesligastürmer (MSV Duisburg) ließ gerade seine Karriere als Spielertrainer ausklingen und wurde vom Ligakonkurrenten ASV Neumarkt verpflichtet. Doch Seitz hatte keinen Erfolg, Wettberg weiß, wo das Problem lag: »Der Jahn hatte fünf Topstürmer im Kader, aber Seitz hat sich immer selbst aufgestellt.«[53] Siebenmal, um genau zu sein. Zwei Tore erzielte er, aber die Ergebnisse passten nicht. Schnell war Seitz Geschichte (die Entlassung kam per Fax), und Wettberg erhielt nach der 1:2-Pleite beim SV Riedlhütte einen Anruf: Karl Viertler war am Apparat: Der Ex-Löwen-Coach solle doch bitte übernehmen. Nun also wurde Karsten Wettberg, Deutschlands erfolgreichster Amateurfußballtrainer, zum zweiten Mal Jahntrainer.

Zuvor gab es bereits eine kurze Liaison in der Saison 1992/93, als er gerade beim TSV 1860 entlassen wurde, weil er sich zu sehr in die Vereinspolitik eingemischt hatte. Jahns Sportchef Hans Meichel hat Wettberg also angeworben, der sich unter anderem gegen den 1. FC Nürnberg entschied und beim Bayernligisten unterschrieb. Doch das erste Engagement sollte nicht so recht passen: »Die Mannschaftszusammenstellung war ein Chaos, dazu kamen viele Verletzte. Und wir hatten immer mit dem Geld Schwierigkeiten, so etwas habe ich noch nicht erlebt!«[54] Nach der 1:2-Niederlage in der zweiten Runde des DFB-Pokals bei Viertligist SpVgg Plattling nahm Wettberg aus freien Stücken seinen Hut – nach nicht einmal drei Monaten im Amt. Der Vorstand wollte ihn zum Bleiben überreden und meinte, dass Wettberg auch sein Auto in Plattling stehen lassen solle, was Bestandteil des Vertrages war. Der Versuch klappte nicht: Wettberg ließ den Wagen stehen, ließ sich von seiner Frau abholen und heuerte in Landshut an.

1998 stand er also zum zweiten Mal im Jahnstadion an der Seitenlinie. Diesmal zwei Etagen tiefer. »Es war lange Zeit eine zähe Sache, es gab Unruhe in der Mannschaft«[55], erinnert sich Wettberg. Doch nach ein paar Wochen bekam er die Mannschaft in den Griff – und stieg nach zehn Siegen in Folge in die Bayernliga auf. Den Schlusspunkt in einem spannenden Saisonfinale setzte ein 6:0-Sieg beim ASV Neumarkt. Endlich! Nach drei Jahren Fünftklassigkeit war der SSV Jahn Regensburg wieder aufgestiegen. Karsten Wettberg hatte das geschafft, was zwei Trainer vor ihm vergeblich versuchten. Nie mehr 5. Liga! Und auch die innerstädtischen Verhältnisse waren wieder gerade gerückt: Der Jahn stieg auf, während Post/Süd den Aderlass nicht auffangen konnte und den Gang zurück in die Landesliga antreten musste. Der SSV Jahn war wieder die Nummer eins der Stadt!

In der folgenden Bayernliga-Saison ging es nun nur darum, den Klassenerhalt zu schaffen. Die Vorzeichen waren dabei nicht so rosig. »Es war eine sehr gute Bayernliga«[56], so die Einschätzung des Erfolgstrainers. Allerdings sollte es sportlich laufen, der Kader wurde weitestgehend zusammengehalten, und von Beginn an spielte der Jahn oben mit. Sollte etwa der Durchmarsch gelingen? Im Winter wurde dann jegliche Bescheidenheit abgelegt, das Ziel war die Meisterschaft. Die auch erreicht werden sollte – und wie: Der Jahn schnappte sich den Titel mit elf Punkten Vorsprung, als Aufsteiger!

Das Problem war, dass das, damals wie heute, nicht zum Aufstieg reichte. Der Grund war allerdings eine Ligareform: Die viergleisige Regionalliga, der Unterbau der 2. Bundesliga, wurde zur Saison 2000/01 zweigleisig. Während also die Hälfte der Vereine absteigen musste, blieb die Frage nach möglichen Aufsteigern zunächst offen. Es gab immerhin zehn Oberliga-Staffeln! Die Relegation war ziemlich kompliziert gestaltet: Die zehn Meister, darunter die Jahnelf, spielten mit vier Teams der Regionalliga vier freie Plätze für die Saison 2000/01 aus. Der Jahn bekam es in der ersten Runde mit Baden-Württemberg-Meister SV Sandhausen zu tun. Nachdem sich die Rothosen in zwei unglaublich spannenden Matches durchsetzten, stand das Finale gegen den FSV Frankfurt an. Aber auch hier behielten die Regensburger die Oberhand – und steigen tatsächlich auf. Als einzige Mannschaft von zehn Meistern! Und das als Aufsteiger! Kein Wunder, dass die Fans im Jahnstadion am Rad drehten ...

Und der Macher des zweiten Durchmarschs in der Jahnhistorie nach den Jahren 1966/67? Karsten Wettberg, der »König von Giesing«! Zwei Jahre, zwei Aufstiege. Aber eben nicht irgendwelche Aufstiege. Erst holte er den SSV aus den Untiefen der 5. Liga, dann führte er ihn in die Regionalliga. Damit war die Jahnelf erstmals seit 23 Jahren (!) wieder in einer Liga vertreten, die Mannschaften über die Grenzen Bayerns hinaus hatte. Erstmals seit dem Zweitligaabstieg 1977 spielte der SSV gegen Clubs aus anderen Ländern der BRD: SV Darmstadt 98, Kickers Offenbach und Eintracht Trier hießen 2000 endlich wieder die Konkurrenten. Was für Namen, was für Traditionsvereine! Alles Teams, die knapp ein Vierteljahrhundert nicht mehr an der Prüfeninger Straße zu Gast waren. Karsten Wettberg hat den SSV Jahn in zwei Spielzeiten aus einem 23-jährigen Winterschlaf geholt.

Der »König von Giesing«, so hieß Wettberg seit der Aufstiegsfeier auf dem Marienplatz 1991. Der Erfolg, den er bei den Löwen hatte, war immens. Rein sportlich gesehen war er mit dem SSV Jahn Regensburg aber erfolgreicher als mit den Sechzgern: Während er in der Landeshauptstadt 1991 den lang ersehnten Aufstieg in die 2. Bundesliga geschafft hat, den Klassenerhalt in der Saison darauf aber nicht, gelangen ihm mit der Jahnelf gleich zwei Aufstiege in Folge und konnte im dritten Jahr die Liga auch halten. Der Erfolg beim Jahn hatte ähnliche Dimensionen wie beim TSV, sogar ein bisschen größer.

Wettberg selbst, auf dessen Auto heute immer noch die 1860 zu lesen ist, fühlt sich als Sechzger. Er ist definitiv der »König von Giesing«, war eine Zeit lang auch Vizepräsident. Doch bei Jahn Regensburg hatte er den größeren sportlichen Erfolg. Der Jahn war, wie so oft, Abstiegskandidat Nummer eins, doch er behauptete sich auch in der Regionalliga Süd. Zwei Spieltage vor Schluss stand der Klassenerhalt fest, am Ende wurde es Rang zwölf. Eine beachtliche Leistung, vor allem weil der Großteil der Spieler nebenbei noch einem Beruf nachging. Es war 2000/01, wieder einmal, der Mannschaftsgeist, der der Grundstein einer erfolgreichen Jahnelf darstellte. Am Ende stellte der Aufsteiger sogar die beste Liga-Offensive! Nach der Saison war allerdings Schluss für Deutschlands erfolgreichsten Amateurtrainer. Er ging – wieder freiwillig. »Die vier Mäzene, die eigentlich in Ordnung waren, wollten immer mitreden. Dagegen habe ich mich gewehrt«[57], beschreibt Karsten Wettberg das Ende seiner zweiten und überaus erfolgreichen Zeit an der Prüfeninger Straße.

Sommer 2001. Drei Jahre nachdem Jahn Regensburg am tiefsten Tiefpunkt seiner Vereinsgeschichte angekommen war, stand er als gefestigter Drittligist da. Der Klassenerhalt in der Regionalliga war geschafft, das Fundament für ein erfolgreiches neues Jahrhundert. Zwei Jahre später sollte es sogar in die 2. Bundesliga gehen. Alles dank des »Königs von Giesing«.

25. GRUND

Weil Dortmunds Kapitän Regensburgs Jahrhunderttrainer ist

Dreimal Deutscher Meister, einmal Pokalsieger, einmal Europapokalsieger. 276 Erstligaspiele (76 Tore) für den BVB, 25 Partien für die deutsche Nationalmannschaft (acht Treffer), WM-Teilnehmer 1958. Die Rede ist von Alfred Schmidt, genannt Aki. Der gebürtige Dortmunder gehört wohl zu den größten Legenden der Schwarz-Gelben, war der erste Borusse, der zudem Kapitän der Nationalmannschaft war. Zeit seines Lebens spielte er nur für den BVB.

Aber was hat Aki Schmidt mit dem Jahn zu tun? Nun, es gab zwei Aki Schmidts: den Spieler und den Trainer. Der Spieler war

Borusse durch und durch – doch der Trainer gehörte dem Jahn! Nach seinem Karriereende 1968 wurde Schmidt, gerade einmal 32 Jahre alt, Trainer beim Oberpfälzer Zweitligisten. Zwei Jahre blieb Aki, nach einem starken fünften Platz im ersten und einem zehnten im zweiten lockte die Bundesliga. Spätestens nach dem 1:0-Sieg im DFB-Pokal gegen Erstligist Braunschweig wurde klar: Der Junge hat Talent! Dass erfolgreiche Jahntrainer in der Regel nicht lange bleiben, war schon damals so. 1970 schloss er sich den Kickers Offenbach an, nachdem er mit dem SSV ganz laut am Tor der Bundesliga klopfte.

1974 war das Ziel der Jahnelf, die Qualifikation für die neu eingeführte 2. Bundesliga zu schaffen. Das ging gehörig schief. Es hätte der Klassenerhalt in der Regionalliga gereicht, um 1974 in der 2. Bundesliga starten zu können, aber von Beginn an hing der SSV unten drin. Trainer Bernd Oles wurde wegen Erfolglosigkeit noch im November entlassen, Aki Schmidt vom FK Pirmasens geholt – doch auch der Erfolgstrainer konnte den Abstieg in die Bayernliga nicht verhindern. Nach sieben Jahren Zweitklassigkeit stand der Jahn nur noch in der Bayernliga.

Doch Schmidt blieb: Und schaffte den Wiederaufstieg. Ab 1975 spielte die Jahnelf in der neuen 2. Bundesliga, Staffel Süd. Aki Schmidt ist somit der erste von vier Trainern, die mit dem SSV ins Fußball-Unterhaus aufgestiegen sind. Und er ist bis heute der einzige, der auch den Weg in die neue Klasse mitgegangen ist. Die anderen drei (Sebert, Weinzierl und Herrlich) gingen nach dem Aufstieg. Allerdings hatte der Jahn sportlich Probleme, um das Saisonziel, den Klassenerhalt, nicht zu gefährden, wurde Schmidt vor die Tür gesetzt. Doch den Abstieg konnte auch sein Nachfolger Helmut Richert nicht verhindern. Das Ende einer erfolgreichen Zeit beim Jahn! Nach zwei Amtszeiten beim Sport- und Schwimmverein trainierte der Ex-Nationalspieler anschließend regionale Mannschaften in der Oberpfalz, unter anderem den ASV Burglengenfeld und die SpVgg Weiden.

1990 sollte er dann, zum dritten Mal, zum Jahn kommen. Und wieder hatte er Erfolg: Nachdem es in der Bayernliga-Saison 1990/91 nicht so recht laufen wollte und Chefcoach Sepp Schuderer nach Drohanrufen zurücktrat, war es Hans Meichel, der Schmidt zurück an die Donau holte. Mit dem inzwischen 54-jährigen Trainer gelang eine souveräne Zieleinfahrt auf dem elften Platz. Und, typisch für eine von Aki Schmidt trainierte Elf, ging es in der Saison darauf weiter nach oben: Der SSV spielte oben mit, konnte seine gute Form aber nicht über den Herbst retten (kennt man!). Am Ende stand dennoch ein guter fünfter Rang – und so endete die dritte Amtszeit. Einzig Schmidts vierter Anlauf als Jahncoach war nicht von Erfolg gekrönt. Das Mitglied im Jahnvorstand sprang 1994 als Interimscoach ein, als sich der SSV vom im Abstiegskampf erfolglosen Klaus Täuber trennte. Doch auch Aki Schmidt konnte den Abstieg in die 4. Liga nicht verhindern.

Was bleibt, ist die Erinnerung an sieben erfolgreiche Jahre als Jahntrainer in vier Amtszeiten. Schmidt war der erste, der den SSV 1975 in eine Profiliga führte – und wurde 2007 zum Jahrhunderttrainer der Jahnelf gewählt. Aki Schmidt war Dortmunds Kapitän, aber Regensburgs Trainer.

26. GRUND

Weil beim Jahn große Karrieren beginnen

Markus Weinzierl gehört zu einer gefragten Generation von Fußballlehrern. Jung, kompetent und erfolgreich, mit der Ausdauer und den Fähigkeiten, etwas aufzubauen. Jemand, der sich den Erfolg Schritt für Schritt erarbeitet. Einer wie Jürgen Klopp. Mangels Fokus hat ihn vor seinem Engagement beim FC Augsburg in der Bundesliga noch niemand gekannt, außer die ganz Fußballverrückten sowie die Drittligisten. Denn Markus Weinzierl trainierte den

SSV Jahn Regensburg, hier begann er seine aussichtsreiche Trainerkarriere. Er ist das beste Beispiel dafür, dass man beim SSV nicht nur große Karrieren beenden kann.

Analog zu Jürgen Klopp schaffte es der Niederbayer nie, in der Bundesliga zu spielen. Zwar stand er in der Spielzeit 1997/98 einige Male im Kader des FC Bayern und darf sich Deutscher Meister 1998 nennen, den Sprung von der zweiten Mannschaft schaffte er allerdings nie. Über die Zweitligastationen Stuttgarter Kickers und SpVgg Unterhaching führte ihn sein Weg dann 2002 zu Jahn Regensburg. Dort stand er dreieinhalb Jahre im Kader, anhaltende Verletzungsprobleme verhinderten aber, dass er auf mehr als 17 Einsätze im Jahntrikot kam. Sein einziges Tor für den Jahn erzielte er im Achtelfinale des DFB-Pokals im Elfmeterschießen – das bittere Aus gegen Duisburg konnte er allerdings auch nicht verhindern. 2005 musste er seine Karriere bereits beenden. Das Knie machte endgültig nicht mehr mit.

Schon relativ bald nach seinem Karriereende kehrte er zum Jahn zurück: Als Dariusz Pasieka als Cheftrainer entlassen wurde, stand der SSV auf einem Abstiegsplatz in der Regionalliga Süd. Günter Güttler wurde verpflichtet, und an seine Seite holte er Markus Weinzierl als Co-Trainer, auch wenn der Abstieg nicht verhindert werden konnte. Doch der direkte Wiederaufstieg gelang mit dem Duo Güttler/Weinzierl, nebenher machte er die ersten Trainerscheine. Nach der Qualifikation für die neu geschaffene 3. Liga und dem Abgang von Güttler nach Burghausen blieb Weinzierl als Co-Trainer, diesmal unter Thomas Kristl. Doch der neue Coach hatte keinen Erfolg und wurde im November 2008 nach sieben sieglosen Spielen in Folge und auf Platz 18 stehend entlassen. Als Interimstrainer sollte nun der ehemalige Co Markus Weinzierl fungieren. »Ich bin ins kalte Wasser gesprungen, bin geschwommen und nicht untergegangen«[58], formulierte Weinzierl diese Phase später in einem Interview mit *Der neue Tag*. Nicht untergegangen ist dabei untertrieben – Weinzierl schlug voll ein! Der Beginn seiner

Trainerkarriere äußerte sich in Zahlen so: Fünf Spiele, elf Punkte und kein Gegentor. Am Ende der Saison schaffte er mit dem Jahn den Klassenerhalt und wurde zum Cheftrainer auf Dauer befördert. Es war das erste Mal, dass die Jahnelf den Klassenerhalt in einer Profiliga schaffen sollte!

Dreieinhalb Jahre lang, so lang, wie seine aktive Zeit bei den Rothosen, stand er nun an der Seitenlinie des SSV Jahn Regensburg. Immer mit weißem Hemd und Jeans, immer an derselben Stelle der Coaching-Zone. Parallel zur Trainertätigkeit absolvierte Weinzierl in Köln den Fußballlehrer-Lehrgang, eine Aufgabe, an der schon so mancher Trainer gescheitert ist. »Er hat den Spagat geschafft, weil er ein sehr gutes und loyales Trainerteam hatte und weil die Mannschaft gut eingestellt war«[59], mutmaßt sein ehemaliger Spieler, Mersad Selimbegović. 2011 erhielt er die Lizenz mit der Note 1,7, war unter anderem im Jahrgang mit Markus Gisdol, Thomas Schneider oder Roger Schmidt. Doch Weinzierl machte die Doppelbelastung nichts aus, im Gegenteil: Er verbesserte den Jahn Stück für Stück, holte jedes Jahr mehr Punkte. Ein Team Schritt für Schritt weiterentwickeln, das konnte Weinzierl.

Das Meisterstück war schließlich der Aufstieg in die 2. Bundesliga 2012. Der Jahn hatte schon immer einen der geringsten Etats der Liga und gehörte auch in der Saison 2011/12 zu den Abstiegskandidaten. Aber mit wenig Geld viel erreichen, das war das Credo der Jahnelf. Nach dem überraschenden dritten Platz in der Liga stand die Relegation mit dem Karlsruher SC an, und auch die überstand sein Team: Nach dem 1:1 im Hinspiel stand beim 2:2 im Wildparkstadion, dem »Wunder von Karlsruhe«, der Aufstieg. Eine absolute Sensation!

Es liegt in der Natur der Sache, dass solch ein Erfolg Begehrlichkeiten weckt. Der FC Augsburg rief, ein Erstligist – und Weinzierl folgte. Niemand hat es dem damals 37-Jährigen übel genommen, diese Chance zu ergreifen. Um sich von den Fans zu verabschieden und sich zu bedanken, meldete sich der Fußballtrainer extra in einem Internet-Forum der Jahnfans an. »Ich verlasse den Jahn, um in Augsburg Trainer in der 1. Bundesliga sein zu können. Ich glaube, dass es für mich eine einmalige Gelegenheit ist«, so Weinzierl. »Der Jahn war für mich eine Herzensangelegenheit und wird es auch bleiben!«[60]

Zudem ist er bis heute Regensburgs Rekordtrainer. In vier aufeinanderfolgenden Saisons war außer Markus Weinzierl kein anderer Jahntrainer seit dem Zweiten Weltkrieg tätig. 136 Spiele in Folge stand er an der Seitenlinie. So viele, wie kein anderer. Seine Erfolgsgeschichte wiederholte sich bei den Schwaben nahezu analog: Ohne das (ganz) große Geld erreichte er im ersten Jahr sensationell den Klassenerhalt und holte Saison für Saison bessere Ergebnisse – am Ende landeten die Augsburger in Europa. Sicher ist: Er wird weiterhin der Bundesliga erhalten bleiben und Erfolg haben. Doch bei all dem wissen zumindest die Regensburger: Weinzierl gehört zum Jahn! Hier hat alles angefangen. Vor allem ist hier seine Heimat; die Relegationsspiele gegen Wolfsburg und 1860 München beispielsweise sah er live im Stadion, auch auf dem Regensburger Bürgerfest ist der im nahen Straubing lebende Weinzierl oft zu erblicken. Und vielleicht kehrt er ja eines Tages auf die Trainerbank des SSV zurück. Um seine Karriere ausklingen zu lassen.

27. GRUND

Weil Super-Mario (natürlich) auch den Jahn abgestiegen hat

Es gibt Persönlichkeiten, die haben eine Art Etikett. Lothar Matthäus beispielsweise oder Stefan Effenberg gelten, obwohl sie ausgezeichnete Fußballer waren, bei den Fans immer als Schreckgespenst, wenn es um die Neubesetzung eines Trainerpostens geht. »Bloß nicht den!«[61], heißt es dann. Einer, der eigentlich in einer

Reihe mit ihnen stehen dürfte, ist Mario Basler. Dabei hat der 30-malige Nationalspieler im Vergleich zu den anderen beiden die meiste Erfahrung, was das Trainieren eines höherklassigen Klubs in Deutschland anbelangt. Und er hat da eindeutig bewiesen, dass nicht jeder gute Fußballer gleichzeitig ein guter Trainer werden muss.

Unglaublich, aber wahr: Jeder Verein, den »Super-Mario« trainiert hat, ist abschließend abgestiegen. Jahn Regensburg, Eintracht Trier, Rot-Weiß Oberhausen und Wacker Burghausen – vier Vereine, die nach Basler eine Liga tiefer antreten mussten. Einige davon haben sich bis heute nie erholt! Aber der Reihe nach:

Nach dem Zweitligaabstieg des SSV 2004 wurde Mario Basler an die Donau gelotst. Das Medieninteresse war riesig, immerhin war er der große Star in der tiefsten Oberpfälzer Provinz. Allerdings kam er als »Teammanager« zum Jahn, weil er die erforderliche Lizenz noch nicht hatte. Es war die allererste Trainerstation des damals 35-Jährigen, der gerade seine aktive Karriere in Katar beendet hatte. Jahnboss Heinz Groenewold hatte den Star geholt, um den direkten Wiederaufstieg zu schaffen. Das gelang nicht, im Gegenteil. Im ersten Jahr wurde der Jahn jenseits von Gut und Böse zwar noch achtbarer Achter, in der darauffolgenden Saison wurde der Saisonstart aber gehörig in den Sand gesetzt. In den ersten sieben Spielen gab es keinen einzigen Sieg. Nach dem 0:4 zu Hause gegen den FC Augsburg hatte Basler dem Verein seinen Rücktritt angeboten, der wurde nicht angenommen. Als dann aber auch die Partie bei den ebenfalls sieglosen Aufsteigern aus Bayreuth verloren wurde, zog der Verein die Reißleine.

Dabei, und das muss man ihm zugestehen, tat das ehemalige Enfant terrible alles für den Erfolg in der Oberpfalz. Basler war es, der damals die Spielerbänke im Jahnstadion tauschte. Bisher saßen die Regensburger auf der (von der Haupttribüne aus) linken Seite, Basler wollte rechts sitzen – auf der Seite des ersten Schiedsrichter-Assistenten, um Einfluss nehmen zu können. Außerdem plante der Ex-Nationalspieler sogar, auf Wunsch der Vereinsführung als Spielertrainer mitzuwirken, offenbar gefiel ihm das nicht, was seine Mannschaft da auf den Platz brachte. Die Erlaubnis wurde beantragt – doch der DFB gestattete das nicht. Nach der Pleite in Bayreuth also musste Basler gehen, sein Co-Trainer Dariusz Pasieka übernahm das Amt. Doch der Jahn war nicht mehr zu retten, stieg schlussendlich in die Bayernliga ab.

Nach dem Aus beim SSV machte Basler den Trainerschein und wurde Co-Trainer bei Zweitligist Koblenz unter Uwe Rapolder. Lernen, wie es richtig geht. Als Basler ausgelernt hatte, heuerte er wieder als Cheftrainer (und diesmal auch unter diesem Namen) an. Wieder in der Regionalliga (mittlerweile viertklassig), diesmal bei Eintracht Trier. Nachdem in der ersten Saison der Klassenerhalt gelang, ging es, analog zum Jahn, im Jahr darauf bergab. Basler wurde vor die Tür gesetzt – am sportlichen Abstieg des SVE als Tabellenletzter änderte das nichts mehr. 2010 kehrte er dann wieder nach Bayern zurück, diesmal zum SV Wacker Burghausen. Das Ergebnis: Wieder stieg der Verein ab! Nächste Station: Oberhausen, ebenfalls Drittligist. Ergebnis? Natürlich der Abstieg. Den entscheidenden Todesstoß gab übrigens die Jahnelf. Diesmal aber durfte er bleiben und ging mit RWO in die Regionalliga, wo er in der Folgesaison entlassen wurde.

Vier Stationen, vier Abstiege. Vier Vereine hatten nach Basler einen Scherbenhaufen aufzukehren, Oberhausen ist trotz aller Bemühungen bis heute nicht mehr in den Profifußball zurückgekehrt, Trier spielt mittlerweile nur noch in der Oberliga. Und Wacker Burghausen hat dem Profitum sogar ganz Lebewohl gesagt, ist offiziell nur noch ein besserer Amateurverein. Den Anfang seiner Trainerkarriere machte »Super-Mario« beim Jahn. Gegen Basler hatte der SSV im Übrigen deutlich mehr Glück: In drei Spielen sprangen zwei Siege und ein Unentschieden heraus.

2017 heuerte der mittlerweile 49-Jährige bei Fünftligist Rot-Weiss Frankfurt an – um den Club vor dem Abstieg zu retten. Das klingt fast wie ein Treppenwitz, aber offenbar wussten die Hessen nicht um die Serie von Basler. Und er scheint genauso zu sein, wie er schon immer war, auch als Coach des Hessenligisten ist er offenbar so wenig ausgelastet, um regelmäßig in Fernsehshows aufzutreten. Das war im Dezember auch der Trennungsgrund: »Das ist schade, denn ich hätte gerne weitergemacht. Aber mein Kalender für 2018 ist voll«[62], so Basler in einem Zeitungsinterview. Rot-Weiss Frankfurt hätte da schon die Planungen für die Verbandsliga beginnen können.

28. GRUND

Weil das Wappen wichtiger ist als der Spieler

Bimbo Binder, Karsten Wettberg und Heiko Herrlich haben eines gemeinsam: Sie haben mit der Jahnelf einen Durchmarsch geschafft, sprich zwei Aufstiege in Folge hingelegt. Alle drei sind auf ihre Art sensationell gewesen, wenn man die Umstände bedenkt, unter dem die Trainer arbeiten mussten.

Als Heiko Herrlich im Januar 2016 sein Amt antrat, fand er eine verunsicherte Mannschaft vor. Sie war zuvor aus der 3. Liga in die Regionalliga Bayern abgestiegen und drohte nach eigentlich gutem Start das Ziel, die Meisterschaft, aus den Augen zu verlieren. Der Jahn trennte sich von Christian Brand und wollte mit Herrlich auf die Erfolgsspur zurückkehren. Der gläubige Christ stach vor allem durch eines heraus: seine Bildsprache. Er fand häufig Metaphern, um die Mentalität der Spieler zu formen. Eine seiner bekanntesten war die des Straßenfegers Beppo in Michael Endes Kinderbuch *Momo*, der sich immer nur auf einen Teil der Straße fokussierte und nie den ganzen Weg auf einmal betrachtete. Auf Fußballdeutsch heißt das: »Wir schauen von Spiel zu Spiel.« Oder Heiko Herrlichs »vier Ds«: Demut, Dankbarkeit, Durchhaltevermögen und Disziplin – das lebte er seiner Mannschaft vor, so wollte er die Jahnelf auftreten sehen. Und eine weitere, laufend benutzte Aussage war die folgende: »Wichtig ist nicht, was hinten auf dem Trikot steht, wichtig ist das, was vorne drauf ist.«[63] Heißt: Das Wappen, also der Verein, ist wichtiger als der Spieler, dessen Name am Rücken prangt. Herrlich forderte von seinen Spielern stets, für das Team zu arbeiten. Teamgeist steckt nicht umsonst in der DNS des SSV, und Herrlich förderte das.

Das würde sich alles nach einem Haufen Quacksalberei anhören – wenn der Erfolg ihm nicht recht gegeben hätte. »Wir haben das Woche für Woche gelebt, wir haben als Mannschaft auch gesehen, dass sich das auszahlt«[64], so Oli Hein. Herrlich war anderthalb Jahre in Regensburg und schaffte mit dem Jahn den Durchmarsch von Liga 4 in Liga 2, überzeugte in der Liga und in den Relegationsspielen! Das schaffte er vor allem mit einer Mannschaft, die 2015 noch sang- und klanglos in die Regionalliga abgestiegen war!

Allerdings hat genau diese Haltung bei seinem Abgang nach Leverkusen für Unmut gesorgt. Die Fans haben ihm die Art und Weise des Abgangs nicht verziehen – trotz seines zweifellos unglaublichen Erfolgs. Ausgerechnet er, ausgerechnet Heiko Herrlich, der Moral über alles stellte, brach sein Wort. Während der Saison, ja sogar noch nach der erfolgreichen Relegation gegen 1860 München, verkündete er öffentlich, auch in der Folgesaison beim Jahn bleiben zu wollen. »Wenn man glücklich ist, sollte man nicht versuchen noch glücklicher zu werden«[65], so der Ex-Nationalspieler. Nun, offenbar war er in Regensburg nicht mehr glücklich, er nahm das Angebot aus der Bundesliga an, sobald es hereinflatterte.

Während sich Markus Weinzierl, der den Jahn im Herzen trug, 2012 persönlich bei den Fans bedankte und verabschiedete, sprach Herrlich nach seinem Abgang 2017 von sich aus kein Wort über den SSV. Nicht eines! Bodenständigkeit und Glaubwürdigkeit sind Attribute, die in Regensburg hoch angesehen werden. Im Gegensatz zu Weinzierl hatte diese Herrlich offenbar nicht verinnerlicht. Trotz allem: Herrlich ist in die Bundesliga gegangen, die Werte sind geblieben. Erneut ist der SSV ein Außenseiter in der Liga und gehört zu den Abstiegskandidaten. Doch die Jahnelf hat die Mentalität, die Herrlich ihnen verinnerlichen ließ, immer noch drin. Und das, nur das, ist der Schlüssel zum Erfolg, der Weg zum erstmaligen Klassenerhalt in der 2. Bundesliga. Der aktuelle Erfolg des Jahn gehört zu einem großen Teil Heiko Herrlich.

29. GRUND

Weil der beste Jahn Wiener Schule war

Die Goldenen Fünfziger! Die wohl beste Zeit des SSV Jahn Regensburg. 1949 stiegen die Rothosen erstmals in die mehrgleisige 1. Liga auf und gehörten in den 1950er-Jahren dauerhaft der Süd-Staffel an. VfB Stuttgart, Karlsruher SC und Kickers Offenbach hießen die Clubs außerhalb des Freistaates, die bekannteren Gegner waren die SpVgg Fürth, Bayern München, 1860 München und der 1. FC Nürnberg ... Die größten Vereine Süddeutschlands gaben in den Oberligajahren regelmäßig ihre Visitenkarte im Jahnstadion ab! Die Macher des Erfolgs hießen damals Franz Binder, genannt Bimbo, und Josef Uridil, genannt Pepi.

Bimbo Binder übernahm den SSV Jahn Regensburg im Dezember 1952. Die Rothosen standen im Abstiegskampf der 2. Liga, die Verantwortlichen zogen pünktlich vor Weihnachten die Reißleine – Georg Schuller musste gehen. Bimbo Binder kam, und das war ein großer Name! Als aktiver Spieler hat der Wiener über 1.000 Tore geschossen (unter anderem auch zehn für die deutsche Nationalmannschaft), war mehrfach Meister in Deutschland und Österreich (meistens mit dem SK Rapid Wien) und einer der Weltstars der 1930er- und 1940er-Jahre. Und genau dieser Binder landete 1952 beim kleinen Oberpfälzer Traditionsverein. Das wäre in etwa so, als würde 2025 Lionel Messi auf der Trainerbank des SSV sitzen!

Wie auch immer, unter Binder stellte sich sofort der Erfolg ein, die Klasse wurde 1952 mehr als souverän gehalten. Und im kommenden Jahr? Sollte es wieder in die Oberliga gehen! Die Jahnelf wurde unter Binder Meister der 2. Liga und war erstklassig. Nun gab es eine große Herausforderung für die Rothosen: den Klassenerhalt! Einmal schon spielten sie in der Oberliga, 1949/50, doch da ging es gleich wieder runter. Sollte es im zweiten Versuch gelingen? Es sollte gelingen – und wie! Am Ende wurde der SSV Jahn Sechster! Dieser Platz sechs in der Oberligasaison 1953/54 ist wohl das bisher beste Ergebnis der Jahnelf in der Vereinsgeschichte. Und der Vater des Erfolgs? Bimbo Binder!

Dass Erfolg beim Jahn Begehrlichkeiten weckt, das wissen die Jahnfans nur zu gut. Weinzierl, Herrlich ... Mehr muss nicht gesagt werden. Dass ein erfolgreicher SSV-Coach von größeren Konkurrenten abgeworben wird, ist allerdings kein Phänomen der Neuzeit. Das war auch damals schon so – und so klopfte nach Platz sechs, nachdem der SSV Jahn wie gesagt das erste Mal in der Oberliga die Klasse gehalten hatte, der Club bei Bimbo Binder an. Und wenn der Rekordmeister ruft, kann man schlecht Nein sagen.

Die Wiener Art, Fußball zu spielen, gefiel den Verantwortlichen um den Sportlichen Leiter Georg Zellner wohl, sodass sich der SSV im Frühjahr 1954 wieder im Nachbarland nach einem neuen Trainer umschaute, erneut sollte der SCR eine gute Anlaufstation sein. Die Hüttendorfer waren gerade unter dem Wiener Trainer Josef Uridil zum 19. Mal Österreichischer Meister geworden. Uridil unterschrieb im April beim Oberpfälzer Erstligisten. Und auch unter dem zweiten Wiener gehörte die Jahnelf zum Etablissement der Oberliga Süd, holte in den Saisons 1954/55, 1955/56 und 1956/57 die Plätze 14, zehn und neun. Der Jahn war in der Oberliga Süd etabliert, verbesserte sich von Jahr zu Jahr. Es war die erfolgreichste Zeit der Jahnelf!

Pepi Uridil soll vor allem auf die Jugend gesetzt haben, allerdings war ihm gleichzeitig auch Disziplin sehr wichtig. So erwischte er zwei Jahnspieler vor einem Auswärtsspiel beim VfR Mannheim, als diese sich nicht an die Ruhezeit halten und nachts, statt zu schlafen, noch die Stadt unsicher machen wollten. Der Trainer hat sie kurzerhand suspendiert. Regeln, wie sie im Übrigen heute noch gelten! Auch heute wird ein Spieler, der vor einem Spiel lieber noch in den Regensburger Kneipen umherzieht und dabei erwischt wird, beim nächsten Spiel erst mal auf der Tribüne sitzen.

1957 beendete der Weltenbummler seine Trainerkarriere 61-jährig. Für den Sport- und Schwimmverein sollte dies das Ende einer fünfjährigen Wiener Erfolgsgeschichte bedeuten. Im darauffolgenden Jahr stieg Jahn Regensburg unter Cheftrainer Béla Sárosi wieder in die 2. Liga ab. Auch nach dem Wiederaufstieg 1960 ging es sofort wieder bergab. Was bleibt sind die nüchternen Fakten: Mit Bimbo Binder und Pepi Uridil hielt der Jahn in der Oberliga die Klasse, ohne sie nicht. In der Nachkriegszeit spielte die Jahnelf sieben Jahre lang in der 1. Liga, vier Spielzeiten davon unter Binder und Uridil. In allen vier Jahren hielten sich die Rothosen in der Oberliga – 1950, 1958 und 1961 stand der Abstieg. Die beste Zeit in der Geschichte des SSV Jahn war also Wiener Schule. Beide Österreicher gehörten zu den ganz Großen des österreichischen Fußballs, sind in der Jahrhundertelf des SK Rapid vertreten. Und mit beiden verbindet der Jahn seine größten Erfolge seit dem Krieg. Bisher!

Bimbo Binder kehrte übrigens noch einmal zurück zum SSV, einige Jahre später, nach seiner Zeit beim Club, die nicht mit einer weiteren Meisterschaft gekrönt war. 1966, nachdem der Jahn erstmals in seiner Geschichte in die 4. Liga abgestiegen war. Wenige Jahre zuvor hatten die Regensburger noch von der Bundesliga geträumt! Nachdem unter Georg Gehring und Hans Schmitz aber der direkte Wiederaufstieg in Gefahr geriet, wurde der alte Erfolgscoach zurückgeholt. Und Binder hatte wieder Erfolg: Er schaffte nicht nur die Meisterschaft und die Rückkehr in die Bayernliga. Er schaffte mit dem Aufsteiger im Jahr darauf den erneuten Aufstieg, den allerersten von drei Durchmärschen der Jahnelf! Das hatte dem SSV, außer dem Trainer selbst, keiner zugetraut. »Bimbo Binder hat gesagt: ›Wir wollen in die Regionalliga!‹ Den haben alle nur belächelt, aber wir haben das geschafft!«[66], erinnert sich Hans Meichel, der 1966 zum Drittligisten gekommen war.

30. GRUND

Weil Franz Smuda gerne Sülze isst

Smuda! Was für ein Name! Kurz vor dem Jahreswechsel gab es bereits die ersten Gerüchte, am 2. Januar 2013 war es dann offiziell: Franz Smuda, der im Vorjahr noch der Nationalcoach der Polen bei der Europameisterschaft war, soll den SSV Jahn vor dem Abstieg in die 3. Liga retten. Ein großer, weltbekannter Trainer im beschaulichen Regensburg? Na ob das gut geht? (Die Basler-Glocken läuteten …)

Für den Fußballtrainer, der in seinem Geburtsland Franciszek Smuda heißt, war zumindest Deutschland kein Neuland. So spielte er zum Ausklang der aktiven Karriere vier Jahre in Franken, unter anderem bei der SpVgg Fürth. Seine ersten Trainerschritte machte er ebenfalls dort, insgesamt kam er auf zehn Jahre in der Bundesrepublik. Er hat auch den deutschen Pass, wo er eben Franz Smuda heißt. Seine Trainer-Erfolge können sich sehen lassen: So war er dreimal Polnischer Meister, gewann den polnischen Pokal und Supercup und trainierte Teams in der Champions League. Mit der polnischen Nationalmannschaft, deren Chefcoach er drei Jahre lang vor seinem Engagement beim Jahn war, scheiterte er bei der Heim-EM ein halbes Jahr vorher in der Gruppenphase.

Nach dem überraschenden Aufstieg 2012 kämpfte der SSV wenig überraschend gegen den Abstieg. Obwohl der Jahn unter dem neuen Trainer Oscar Corrochano gut in der Liga zurechtkam und immer knapp auf dem Weg nach oben war, wurde der Deutschspanier nach nur drei Siegen in zwölf Spielen und dem Fall auf den Relegationsplatz entlassen. Interimsweise sprang nun Franz Gerber höchstpersönlich, also der Sportchef, als Trainer ein, bis zur Verpflichtung eines neuen Cheftrainers. Dass diese Trainersuche am Ende zwei Monate (!) dauerte und Gerber in sieben Spielen auf der Bank saß, konnte keiner ahnen. Nachdem der Jahn unter Gerber allerdings nicht einen einzigen Sieg holte, ging es plötzlich ganz schnell: Binnen einer Woche war der Trainer gefunden: Gerbes alter Freund und Weggefährte Franz Smuda sollte den Jahn vor dem Abstieg bewahren! »Es freut mich ganz besonders, dass es uns gelungen ist, solch einen sehr guten und renommierten Trainer wie den Franz Smuda nach Regensburg bekommen zu haben«[67], freute sich Jahns Sportchef über die Verpflichtung. Es gab sogar Applaus von den anwesenden Medienvertretern! Smuda, ein großer Name bei einem kleinen Verein. Ein Name, der die große, weite Welt ins kleine Regensburg bringen sollte. Geballte Erfahrung als Trainer in vier verschiedenen Ländern sollte also der Schlüssel zum Erfolg sein.

Smuda nahm also das Training auf. Ein Trainer alter Schule, ganz anders als seine Vorgänger, Weinzierl und Corrochano. Während diese innovativere Trainingsmethoden anwendeten, ging es bei Franz Smuda eher altmodisch zu. Oli Hein erinnert sich: »Da waren Sachen dabei ... Wie zum Beispiel ein Kraftzirkel, der von außen so ausgesehen haben muss, als ob wir Polka getanzt hätten! Wir mussten uns hinsetzen und die Beine im Takt abwechselnd spreizen. Das sah sicher lustig aus und hat sich für uns komisch angefühlt.«[68] Er traf vor allem auch unbequeme Entscheidungen: So hat er unter anderem Publikumsliebling Mario Neunaber ausgemustert, der ab sofort nicht mehr mit der ersten Mannschaft trainieren durfte.

Unvergessen auch, wie er Jahns Stürmer Abdenour Amachaibou »Abu Dhabi«[69] nannte, weil er dessen Namen nicht richtig aussprechen konnte. Göttlich! Wäre die Saison nicht so verdammt schlecht gewesen, hätte man damals schon über diesen Kulttrainer lachen können ... So bleibt einem nur ein Schmunzeln, wenn man sich im Nachgang noch einmal die alten Pressekonferenzen ansieht.

Am Ende sollte Franz Smuda vom Punkteschnitt der schlechteste Jahntrainer in diesem Jahrtausend sein. Das heißt: Sogar noch vor Franz Gerber, unter dem kein einziger Sieg geholt wurde! Er hat wohl einfach nicht gewusst, worauf er sich einlässt, der Jahn scheint schlicht zu schlicht, zu provinziell für den sonst so erfolgreichen Coach gewesen zu sein. »Ich habe gar nichts gewusst«[70], bestätigte er auf einer Pressekonferenz. Sportchef Gerber hatte ihm in den Vertragsgesprächen nicht über die Umstände beim Jahn aufgeklärt. Ein Verein, dem wenige Jahre zuvor noch der Strom abgedreht worden war, bei dem die Infrastruktur zum Teil auf Kreisliga-Niveau (und drunter!) war – der SSV ist eben nichts für verwöhnte Fußballer. Man muss sich richtig auf ihn einlassen und die Begebenheiten vor Ort annehmen. Als er seinem Freund Gerber versprach, beim Jahn auszuhelfen, hat er sich sicherlich einen professionell geführten Zweitligisten mit entsprechendem Stadion bzw. Trainingsgelände ausgemalt. Das erste Training dürfte ein schöner Schock gewesen sein! Es ist ihm nicht zu verübeln, dass er wohl, dem Anschein nach, nie so richtig Lust an der Aufgabe hatte. Den Jahn muss man schon wollen, nicht jeder passt hierher ...

Nichtsdestotrotz wurde von ehemaligen Mitarbeitern Smuda als herzlicher Mensch fast väterlich beschrieben, auch wenn er nach außen hin eher wie eine Art Knurrer wirkte. Und sicherlich war er auch ein ausgezeichneter Fachmann – nur vielleicht einfach der falsche Fachmann zur falschen Zeit am falschen Ort.

Das Trainingsgelände fand er zwar doof, aber immerhin hat ihm das Essen in der Oberpfalz geschmeckt. So sehr, dass ihm alles andere nur zweitrangig erschien, auch wichtige Marketing-Termine, bei denen er zugegen sein sollte. Aber nicht immer war, wie in einem Fall: Alle wichtigen Personen waren bereits anwesend, die

Mitarbeiter, die Journalisten. Nur der Coach war noch nicht da. Auf telefonische Nachfrage teilte Smuda mit, dass er noch verhindert sei und später komme, der Termin wurde also spontan um eine Stunde nach hinten verschoben, alle warteten. Später sollte sich auch herausstellen, worin diese Verhinderung bestand: Franz Smuda saß gemütlich beim Sülze-Essen in einem Regensburger Restaurant! Die hatte ihm nämlich so gut geschmeckt, dass er zunächst fertig essen wollte, ehe er den Termin wahrnahm. Jaja, man muss im Leben auch mal Prioritäten setzen! Recht hat er, der Smuda.

31. GRUND

Weil Klaus Sturm den Jahn aus der Bedeutungslosigkeit zurückholte

Es war der (vorläufige) Tiefpunkt in der Vereinsgeschichte. Der SSV Jahn Regensburg, einst langjähriger Oberligist, spielte nur noch viertklassig. Die Zuschauerzahlen waren im Jahnstadion nur noch dreistellig. Kein Wunder, es herrschte schnöder Landesliga-Alltag an der Donau. Der SSV war zwar schon einmal bis in die 4. Liga abgestiegen, 1965 war das. Damals ging es nach der Rückkehr von Erfolgscoach Bimbo Binder aber postwendend wieder hoch. Die Saison 1982/83 sollte nun aber bereits die fünfte Spielzeit in Folge sein, in der die Rothosen durch die Dörfer tingelten. Okay, das ist übertrieben. Der Jahn fuhr auch in die Städte Passau, Nürnberg oder Erlangen, mit Amberg, Burglengenfeld oder Weiden waren grundsätzlich attraktive Gegner dabei, aber hey: Es war die Landesliga! Das war definitiv nicht der Anspruch einer Jahnelf. Und ob man auf das erste Liga-Duell mit einem Stadtrivalen, in dem Fall dem Post-SV, stolz sein konnte, ist eh die andere Frage.

Zurück zum Text. Dem SSV stand also die fünfte quälende Viertliga-Saison in Folge bevor; nachdem der Sturz aus der 2. Bundesliga doch etwas heftiger ausfiel, kamen die Rothosen einfach nicht mehr hoch. Mit Klaus Sturm wurde mittlerweile der sechste Trainer in der Landesliga-Phase verpflichtet, die anderen fünf scheiterten mal knapp, mal weniger knapp am Bayernliga-Aufstieg. Sturm trat im Sommer 1982 also eine schwierige Mission an, allerdings hatte er bei seinen vorherigen Stationen in Dingolfing, Deggendorf oder vor allem auch Vilshofen gezeigt, dass er was kann. Und vor allem war er kein Unbekannter beim SSV: Von 1964 bis 1966 stand er im Kasten der Jahnelf, kannte sich also mit Aufstiegen in die Bayernliga aus.

»Es war schon eine Portion Risiko dabei«[71], erinnert sich Sturm. Immerhin sollte er etwas schaffen, was in vier Jahren fünf Kollegen, darunter der ehemalige Kapitän Horst Eberl oder Edi Ipfelkofer, nicht geschafft hatten. Den Jahn aus der Bedeutungslosigkeit führen! Mit Vilshofen hatte er als Trainer den Bayernliga-Aufstieg zwei Jahre vorher zwar geschafft, aber sollte es auch in der Oberpfälzer Hauptstadt gelingen?

Vor allem war die Saison richtig, richtig schwer. Wie es zu erwarten war. Die Sturm-Elf spielte zwar die ganze Saison oben mit, hatte aber ständig die Nord-Oberpfälzer Amberg und Burglengenfeld im Nacken. Es war ein Kopf-an-Kopf-Rennen um die Meisterschaft – und damit die Bayernliga. Wie es der Teufel so wollte, stand am letzten Spieltag ein direktes Duell auf dem Spielplan. Der FC Amberg war zu Gast, und die Ausgangslage war klar: Der SSV führte mit 48 Punkten (mit der 2-Punkte-Regel) einen Zähler vor den Ambergern. Der Sieger sollte in der kommenden Saison drittklassig spielen dürfen. Ein Alles-oder-nichts-Spiel, das dementsprechend die Massen anzog: Man spricht von mindestens 10.000 Fans, die sich im Jahnstadion einfanden, manche sagen sogar, es sollen 13.000 gewesen sein, immerhin wurden die Zahlen damals nur geschätzt. So oder so ein mehr als würdiger Rahmen für ein Viertligaspiel!

Der Sieger sollte also aufsteigen. Allerdings reichte dem Jahn auch ein Unentschieden – und so gab Sturm die Devise: hinten dicht! Sein Team sollte sich ein 0:0 ermauern. Ein Schuss, der hätte nach hinten losgehen können – ging er aber nicht. 90 Minuten Zittern später war es vollbracht: Nach fünf bitteren Jahren in der Viertklassigkeit war die Jahnelf wieder in der Bayernliga! Und der Baumeister des Erfolgs? Klaus Sturm! Der erst 38-jährige Trainer wurde von den Fans natürlich frenetisch gefeiert. »Wir brauchen keinen Derwall, wir brauchen keinen Held, wir haben unsern Sturm Klaus, den besten Trainer der Welt«[72], sangen die Jahnfans am Turm. Der Stadionsprecher wiederholte über die Stadionmikrofone unter Tränen ständig einen Satz: »Klaus, Klaus, wir danken Dir!«[73]

Es war nur ein Aufstieg in die Bayernliga, aber es war eine Art Wiederbelebung des SSV Jahn. Nach vier Jahren in der 4. Liga und vergeblichen Aufstiegshoffnungen schien der ehemalige Zweitligist auf lange Sicht im Amateurfußball zu versauern. Doch Sturm hat den Sport- und Schwimmverein zurück in die Bayernliga geführt!

Nach zwei weiteren Jahren, in denen der Klassenerhalt in der Bayernliga gelang, trat Sturm zurück. Der Akku war leer, er brauchte einen Tapetenwechsel. Doch das haben die Fans ihm verziehen, denn er ging nach drei erfolgreichen Spielzeiten – der neue Jahn, das war Klaus Sturms Verdienst. Aber wie so manch anderer kehrte auch Sturm zurück zu seinem Herzensverein. Dreimal sogar: Schon relativ bald, in der Saison 1987/88, als er den SSV vor dem drohenden Abstieg retten sollte – es winkte wieder mal die Landesliga. Und einmal 1995/96, aus demselben Grund. Von 2000 bis 2013 war er dann Teammanager des SSV, feierte zwei Aufstiege in die 2. Bundesliga. Das war aber sein endgültiger Abschied vom Jahn. »Irgendwann war dann einfach mal gut«[74], so Sturm. Den Fans bleibt er in positiver Erinnerung!

32. GRUND

Weil es ein Fehler sein kann, den Jahn zu verlassen

Manchmal funktionieren Beziehungen, manchmal nicht. So ist es auch im Fußball: Da passt eine spezielle Kombination, eine andere nicht. Ein Spieler kann sich bei einem Verein wohlfühlen, es passt alles, und er liefert überragende Leistungen ab – nach einem möglichen Wechsel zu einem anderen Club läuft aber plötzlich gar nichts mehr. Dieses Bild ist keine Seltenheit, von »Missverständnissen« spricht man dann gerne. Mario Götze beispielsweise, ein begnadeter und unglaublich guter Fußballer, hat nicht nach München gepasst – und wurde so das »teuerste Missverständnis des FC Bayern«[75]. Es folgte die Rückkehr nach Dortmund.

So etwas gibt es auch beim Jahn, natürlich. Beim SSV ist alles ein bisschen spezieller, man muss nach Regensburg passen, um gute Leistungen abrufen zu können, die Gegebenheiten annehmen. Und wenn es passt, kann es vorkommen, dass es woanders plötzlich nicht mehr passt. Das hat auch Günter Güttler erfahren müssen, Ex-Trainer des Oberpfälzer Traditionsvereins. Sein freiwilliger Weggang war ein Fehler. Aber fangen wir von vorne an:

2005/06 übernahm Güttler den akut abstiegsgefährdeten SSV in der Regionalliga Süd. Zuvor hatten sowohl Mario Basler als auch Dariusz Pasieka vergeblich versucht, den Jahn in sportlich ruhige Fahrwasser zu bringen. Doch nach 24 Spielen war die Jahnelf mit nur 26 Zählern in höchster Gefahr, in die 4. Liga abzusteigen. Güttler war vorher Co-Trainer bei Rapid Wien und beim 1. FC Köln, seine erste Station als Chefcoach war der ASV Neumarkt.

Der Jahn sollte also seine erste große Aufgabe werden. In der Rückrunde gab es bis dato in fünf Spielen keinen einzigen Sieg – der ehemalige Bundesligaprofi (234 Spiele, 14 Tore für Bayern, Nürnberg, Mannheim und Schalke) sollte die Rettung bringen. Er holte den ehemaligen Jahnspieler Markus Weinzierl von der Uni als Co-Trainer auf die Trainerbank. »Mir war es wichtig, einen Kollegen in meinem Team zu haben, der Jahn Regensburg kennt. Der über die Strukturen im Verein Bescheid weiß«[76], so Güttler später. Den Abstieg in die Bayernliga konnte er aber nicht mehr verhindern: Im zweiten Spiel gelang ein 2:0-Sieg über den KSC II, doch mehr sprang nicht heraus. In den letzten sechs Saisonspielen gelang seiner Mannschaft nicht mal mehr ein Tor! Der Abstieg war besiegelt.

Doch in der Bayernliga ging Güttlers Stern als Trainer auf – er schaffte mit dem Jahn die Meisterschaft 2007 und damit den sofortigen Wiederaufstieg in die Regionalliga. Für die Saison 2007/08 stand dann eine weitere Herkulesaufgabe bevor: Da die beiden Regionalligen ab 2008 zur eingleisigen 3. Liga zusammengeschlossen werden sollten, war Platz zehn das Ziel. Also die Qualifikation für die neue Liga. Wohlgemerkt als Aufsteiger! Aber auch das gelang, die Jahnelf erreichte am Schluss Platz neun. Zwei starke Jahre für den Trainer-Novizen im Profibereich.

Doch Güttler war heiß auf mehr – und verbrannte sich. Der damals 47-Jährige ging 2006 nach Burghausen. Ausgerechnet zu Wacker Burghausen, zum Erzrivalen! Ein Schritt, dem ihn die Jahnfans nicht verziehen haben. Dem Wechsel ging tatsächlich ein wochenlanger Streit voraus, denn der Chefcoach hatte einen gültigen Vertrag beim Jahn. Der wiederum wollte Güttler nicht einfach so ziehen lassen. Das Ganze ging so weit, dass Güttler per Anwaltsschreiben (!) zum Dienstantritt beim Trainingsauftakt aufgefordert werden musste. Am Ende gewannen die Salzachstädter das Tauziehen um Güttler, der Vertrag beim SSV wurde aufgelöst. Ob Burghausen eine Ablöse gezahlt hat, ist bis heute nicht bekannt.

Heute weiß der Ex-Aufstiegstrainer, dass er lieber beim Jahn geblieben wäre: »Das war der größte Fehler meiner Trainerkarriere«[77], sagt er reumütig. Denn nach seinem Weggang aus Regensburg blieb der Erfolg aus: Sein Engagement bei Wacker Burghausen wurde noch in derselben Saison beendet, am Ende stiegen die Oberbayern sportlich ab. Anschließend war Güttler nur noch im Amateurbereich in Weiden, Rosenheim und Ampfing tätig. 2013, nach dem Abstieg in die 3. Liga, war Günter Güttler wieder beim Jahn als Trainer im Gespräch. Es gab Treffen mit Sportchef Franz Gerber, der aber schon bald darauf nicht mehr verantwortlich sein sollte. Am Ende wurde es Thomas Stratos.

4. KAPITEL

HELDEN IN SCHWARZ-WEISS

33. GRUND

Weil Hans Jakob mehr als 1.000-mal das Jahntor hütete

Der HSV hat Uwe Seeler, Nürnberg Max Morlock. Die Bayern haben Franz Beckenbauer. Jeder deutsche Traditionsverein hat so einen Spieler, manchmal sind es auch zwei, der als der bekannteste und wichtigste der eigenen Geschichte gilt. Der SSV Jahn Regensburg hat Hans Jakob. Hans Jakob war alles für den Jahn: Rekordspieler, Ausnahmetalent aus den eigenen Reihen und später Nationalspieler. Bis heute ist er ein Mythos, sein Name klingt nach einer alten Zeit, in der die Fußballwelt noch in Ordnung war. Als die Stars noch nahbar waren, denn nichts anderes war Hans Jakob: ein Weltstar. Ein Weltstar aus dem beschaulichen Regensburg.

Doch zu Beginn seiner Karriere wurden ihm Steine in den Weg gelegt: Seine Eltern wollten sein Hobby nicht unterstützen und weigerten sich, ihm Fußballschuhe zu kaufen. Jakob, der den Fußball aber von Beginn an über alles liebte, machte aus der Not eine Tugend und begann im Hafen und in den Innenstadt Eisen zu sammeln und zu verkaufen, um sich so ein Paar Fußballschuhe selbst kaufen zu können – mit Erfolg! Allerdings hatte er nicht lange Freude daran, seine Eltern versteckten die Schuhe und verbrannten sie später. Trotz aller Schwierigkeiten landete Jakob 1920 zwölfjährig beim TV 1861 Regensburg, einem Vorläufer der heutigen Regensburger Turnerschaft und dem damaligen Konkurrenten des Jahn. Allerdings stand er nicht sofort im Tor, sondern war noch lange Feldspieler, hauptsächlich Linksaußen. Nur zufällig fand Hans Jakob den Weg zwischen die Pfosten: Weil der eigentliche Torhüter eines Tages fehlte, wurde er wegen seiner Größe ins Tor gestellt. Er kassierte zwar gleich vier Gegentore, doch offenbar hatte der Jackl Talent.

Vier Jahre später wechselte er dann zum Jahn, bei dem er 1926 mit 18 Jahren das erste seiner über 1.000 Spiele für die Jahnelf machte. Für die kommenden 16 Jahre sollte er das Maß aller Dinge im Jahntor sein, mit guten Leistungen rückte er auch schnell in den Fokus von Reichstrainer Otto Nerz. 1.000 Spiele! Das ist eine wohl auf ewig unerreichte Zahl, obgleich man damals nicht nur die Pflichtspiele mitzählte, wie es heute üblich ist. Unter die 1.000 Spiele fallen auch sämtliche Test- und Freundschaftsspiele. Aber selbst dafür ist das unglaublich viel: Das waren im Schnitt 63 pro Jahr! Heute würde man das »unzumutbare Belastung« für die Profikicker nennen ... Beim Jahn spielte Jakob in der 1. und 2. Liga bis 1942. Aufgrund seiner vielen Verletzungen, die er sich – stets einsatzfreudig – bei seinen Einsätzen im Jahntor holte, musste er nicht in den Kriegsdienst. Allerdings wurde der gelernte Elektromeister zum technischen Revisor in München ernannt; das war für ihn die Gelegenheit, beim FC Bayern das Tor zu hüten. Nach dem Krieg kehrte er aber über die Station Lichtenfels in die Domstadt zurück und half beim Jahn noch einmal aus, mittlerweile 41-jährig beendete er 1949 dann seine Karriere im Dress der Rothosen, nachdem er erneut ins Krankenhaus musste, als ihn ein Ball unglücklich am Kopf traf.

Auch nach seiner aktiven Karriere blieb er dem SSV Jahn Regensburg treu. In der Stadt eröffnete er ein Toto-Geschäft, bis zu seinem Tod am 24. März 1994 blieb er Stammgast auf der Haupttribüne im alten Jahnstadion. Hans Jakob wurde aber auch danach nicht vergessen, im Gegenteil. Er ist die Vereinslegende schlechthin, der absolute Ausnahmespieler des Jahn und der Beste in 111 Jahren Jahnfußball! Die Fans wissen das – und ehren ihn entsprechend. Zu seinem 20. Todestag gab es 2014 eine Choreografie unterm Turm, heute begegnet man diesem Namen auf der Tribüne der Fanszene im neuen Jahnstadion. Der Arbeitstitel beim Bau war noch Südtribüne, doch heute ist Herz und Seele der Arena bekannt als Hans-Jakob-Tribüne. Über 5.200 Menschen können das Spiel von dort sehen, von ihr geht die Stimmung aus. Die Idee kam von der Fanszene, die sich stark um die Identifikation mit Jakob bemüht und den Namen auch auf einer Bande präsentiert, zusammen mit dem Konterfei des ehemaligen Torhüters. Der Name Jahn Regensburg wird für immer mit dem Namen von Hans Jakob verbunden sein – und andersrum!

34. GRUND
Weil in Karlsruhe ein Tor fiel

Vorab: Sorry für dieses billige Wortspiel!

Nahezu jeder deutsche Fußballfan kennt sie, die Geschichte des »Pfostenbruchs vom Bökelberg«. 1971 musste die Bundesligapartie zwischen Borussia Mönchengladbach und Werder Bremen abgebrochen werden, weil Herbert Laumen bei einem Angriff ins Tor fiel und der morsche Pfosten in sich zusammenbrach, als sich der VfL-Stürmer am Netz hochzuziehen versuchte. Als Konsequenz hat der DFB angeordnet, die Holztore zu verbannen – die heute bekannten Gehäuse aus Aluminium hielten Einzug. Doch das war nicht der erste Torbruch dieser Art in der deutschen Fußballgeschichte. Eine weitaus unbekanntere, aber ebenso weitreichende Geschichte ereignete sich 18 Jahre zuvor im Karlsruher Wildparkstadion. Mittendrin: Sepp Hubeny und der SSV Jahn Regensburg.

Wir schreiben den 4. Oktober 1953, es läuft der 8. Spieltag der Oberligaspielzeit 1953/54. Die Jahnelf hatte im Sommer als Zweitligameister die Rückkehr in die Erstklassigkeit geschafft und war an ihrem 46. Geburtstag beim Karlsruher Sport-Club zu Gast. Der Saisonstart lief so lala, der SSV stand mit erst einem Saisonsieg auf dem vorletzten Tabellenplatz. In den ersten drei Auswärtsspielen gab es drei derbe Pleiten mit einem Torverhältnis von 1:12! Es lief noch nicht in der Fremde, ganz offensichtlich. Die Favoritenrolle war also klar, vor allem auch deswegen, weil der KSC bisher jedes Heimspiel gewonnen hatte. Es sollte aber anders kommen – der

Sport- und Schwimmverein führte 20 Minuten vor dem Ende mit 3:1! Es war eine starke Leistung der Rothosen, die nicht unverdient führten. Und sie gaben weiter Gas, wollten den Sack zum ersten Auswärtssieg der Saison zumachen. Es wären zwei wichtige Punkte für den Klassenerhalt.

Doch in der 70. Minute dann die Situation, die alles auf den Kopf stellen sollte. Der SSV hatte Ecke, der Ball flog in den Strafraum. Jahns Oberliga-Rekordtorschütze Josef Hubeny, genannt Sepp, segelt herbei – und kracht mit dem Kopf gegen das Karlsruher Tor! Aber nicht Hubeny hob es danach aus seinen Socken, das Tor fiel krachend in sich zusammen! Ohne Tor kein Fußballspiel, was also tun? Heute hat man für solche Situationen ein Ersatztor griffbereit, das in ein paar Minuten aufgestellt werden kann. Aber 1953? Hier musste das gefallene Tor eben wieder aufgestellt werden. Die Jahnspieler machten sich auch sofort daran, das Tor wieder aufzubauen, um die Partie zu Ende spielen zu können, immerhin winkte der zweite Saisonsieg. Es wäre eine faustdicke Überraschung, dieser Erfolg in Baden. Die Hausherren aber dachten sich angesichts der drohenden Niederlage, dass, wenn die Partie abgebrochen werden muss, es eine Neuansetzung gibt – und das 1:3 wird wieder auf null gesetzt.

Keine blöde Idee der KSC-Spieler! Nur hatten die Oberpfälzer naturgemäß etwas dagegen. Während die Rothosen sich also anschickten, das Gehäuse wieder aufzubauen, auch Trainer Binder legte mit Hand an, warfen die Hausherren es immer wieder um und störten den Aufbau. Das muss schon bizarr gewesen sein, wie die Akteure da am Tor rumwerkelten. Am Ende holten sich die KSC-Spieler den Etappensieg: Das Spiel wurde abgebrochen, sehr zum Ärger der Jahnelf. »Wenn Mühlburg 3:1 geführt hätte, wäre das Tor unter Garantie schnell wieder gestanden«[78], wird Sepp Hubeny am 8. Oktober 1953 im *kicker* zitiert. Doch der Schuss sollte nach hinten losgehen. Zum Glück!

Ein monatelanger Rechtsstreit und Pressekrieg folgten, der SSV wollte das Spiel fortführen, der KSC ein Wiederholungsspiel. Die

Regensburger legten sogar eine statische Berechnung vor, nach der ein Gewicht von zwei Tonnen mit einer Geschwindigkeit von fünf Metern pro Sekunde vonnöten gewesen wäre, um den Pfosten zu brechen – Schuld war offiziell also der morsche Zustand des Holzes und nicht Hubeny, wie die Karlsruher anprangerten. Der Stürmer war zwar groß und wuchtig, das allein reichte aber sicher nicht aus, um ein intaktes Holztor zu Fall zu bringen. (Tatsächlich schuld am Zusammenbruch ist allerdings der Süddeutsche Fußball-Verband gewesen: Der hatte verordnet, dass eine Verbindungsstrebe aus Eisen, die Pfosten und Latte zusammenhielt, abmontiert wird, da beim KSC-Spiel gegen den FSV Frankfurt im Heimspiel zuvor durch diese ein Tor verhindert wurde. Erst dadurch verlor das alte Gebälk an Stabilität.) Die Spruchkammer entschied nun, dass die letzten 20 Minuten mit denselben Spielern und demselben Unparteiischen fortzusetzen sei, beide Vereine stimmten zunächst auch zu, doch später protestierte der KSC – und der Streit ging weiter. Erst Mitte Dezember entschied der Rechtsausschuss des Süddeutschen Fußballverbandes in zweiter Instanz, dass das Spiel mit 3:1 für die Binder-Elf zu werten ist. Die Begründung: Der KSC hat nicht alles für eine Spielfortsetzung an Ort und Stelle getan.

Mit zweimonatiger Verspätung wurde dem SSV also der erste Auswärtssieg zugesprochen. Am Ende wäre es egal gewesen, wem die beiden Punkte zugesprochen worden wären oder ob es eine Neuansetzung gegeben hätte. Der Jahn stand nach der Saison auf Platz sechs der Oberliga Süd. Das ist bis heute also die beste Nachkriegsplatzierung der Vereinsgeschichte! Großen Anteil hatte daran auch Sepp Hubeny, der in diesem Jahr 15-mal zur Stelle war. Insgesamt schoss er in 129 Oberligaspielen für den SSV 64 Tore, womit er Jahns Oberliga-Rekordtorschütze ist. Er traf aber auch in der 2. Liga regelmäßig, wurde beim Aufstieg 1953 beispielsweise mit 26 Treffern Torschützenkönig. Insgesamt spielte er von 1947 bis 1958 für die Rothosen und gehörte zu den Helden der Nachkriegszeit. 2007 wurde er von den Fans wenig überraschend in die Jahrhundertelf des SSV Jahn gewählt.

35. GRUND

Weil der Ball im Winkel hängen blieb

Mario Basler, Jürgen Klinsmann, Lukas Podolski. Die Namen derer, die das »Tor des Monats« schossen, liest sich wie eine Ruhmeshalle deutscher Stürmer. Angeführt wird diese Liste aber von einem Spieler des SSV Jahn: Gerhard Faltermeier. Der Stürmer, der vom 1963 bis 1972 für den Jahn auflief, erzielte das allererste »Tor des Monats«, das die ARD in Anlehnung an das britische »Goal of the Month« ins Leben rief. Am 28. März 1971 erzielte der damals 27-Jährige beim 3:2-Sieg im Zweitligaheimspiel gegen den VfR Mannheim ein direktes Freistoßtor. Sein Schuss aus 20 Metern war so wuchtig, dass der Ball sogar im Winkel des Tores stecken blieb!

71.000 der 250.000 Einsendungen (damals stimmten die Zuschauer noch per Postkarte und nicht wie heute per Telefon oder Internet ab) waren für Faltermeiers Treffer, damit erreichte er über 10.000 mehr als sein größter Konkurrent. Die neu geschaffene Rubrik, die Liste der Klinsmanns und Podolskis, hat also ein Jahnspieler als Anführer. Bis heute ist Faltermeiers Tor im Übrigen das einzige »Tor des Monats«, das je von einem Regensburger erzielt wurde. (Der SSV taucht in dieser Liste aber weiterhin auf: Knapp 33 Jahre später erzielte Ahanfouf das »Tor des Monats« gegen den Jahn, außerdem wurde Dennis Grassows Po-Tor nominiert, gewann aber nicht.)

Zum »Tor des Jahres« hatte Gerd Faltermeiers Freistoß später nicht mehr gereicht, hier gewann Gladbachs Ulrik le Fevre, sicher auch verdient. Doch mit dem SSV war er in der Saison dennoch äußerst erfolgreich: Bis zum letzten Spieltag spielten die Oberpfälzer um den Aufstieg in die Bundesliga mit! Am Ende reichte es zwar nur für Rang fünf, vier Punkte fehlten, um dem KSC noch den zweiten Rang abzulaufen, aber dennoch eine starke Saison. Fast wäre Faltermeier sogar der zweite Nationalspieler des Jahn nach Hans Jakob geworden. Zwar schaffte er es nur in die Bayernauswahl und in die Amateurnationalmannschaft, einem Vorläufer der späteren Olympiamannschaft, für die er 13 Mal auflief. Aber Nationaltrainer Sepp Herberger hatte seinen Namen im Notizbuch – nur an einer Nominierung schrammte er, wie einige andere Jahnkicker, schlussendlich knapp vorbei.

Faltermeier blieb dem Jahn neun Jahre treu, obwohl er auch Angebote aus der Bundesliga hatte. Die Bayern, der TSV 1860, der Club und auch Fortuna Düsseldorf sollen die Fühler nach dem Stürmer ausgestreckt haben. Erst 1972 verließ der gebürtige Regenstaufer den SSV dennoch und wechselte zum Ligakonkurrenten nach Karlsruhe.

36. GRUND

Weil Alfred Kohlhäufl für Manfred Ritschel kam

Hans Jakob bestritt 38 Länderspiele für die deutsche Nationalmannschaft und ist damit der einzige deutsche A-Nationalspieler, der Länderspiele als Jahnaktiver bestritt. Gerd Faltermeier oder Alfred Popp gehören zu denen, die es beinahe schafften. Andere schafften es, weil sie zuvor beim SSV gute Leistungen zeigten – und dazu gehörte Manfred Ritschel.

Ritschel kam 1968 zur Jahnelf und schlug sofort ein, unter Trainer Aki Schmidt gelang in der Debütsaison fast der Aufstieg in die Bundesliga. In zwei Jahren erzielte der Stürmer ganze 38 Tore für die Rothosen – in der 2. Liga! Kein Wunder, dass solche Erfolge Begehrlichkeiten wecken. Der BVB rief an – und die Bundesliga war um einen starken Stürmer reicher. Dort avancierte der Leistungsträger sogar zum Nationalspieler. 33 Tore in 233 Bundesligaspielen sind zwar jetzt nicht die sensationellste Quote, doch es reichte für drei Berufungen für die Nationalmannschaft (ein Tor). Ritschel spielte neben Dortmund auch für Offenbach, Kaiserslautern und Schalke – der Jahn war hier ein Sprungbrett. Natürlich haben die Jahnfans seinen Werdegang eifrig verfolgt und in Erinnerung geschwelgt. 2007 wurde er zusammen mit Kohlhäufl in die Jahrhundertelf des SSV gewählt.

Auch Alfred Kohlhäufl wurde nach seiner Zeit beim Jahn ein Star – und kam 1970 im Tausch mit Ritschel zum Jahn zurück. Von 1967 bis 1969 spielte der Defensivspieler bereits an der Donau und gehörte ebenso zu den Leistungsträgern der Zweitligamannschaft, wo er sich für höhere Aufgaben empfahl. 1969/70 ging er für ein Jahr zu Borussia Dortmund in die Bundesliga, ehe er im Tausch mit Ritschel zur Jahnelf zurückkehrte. Diesmal blieb er für drei Jahre – und folgte wieder dem Ruf der Beletage des deutschen Fußballs. Die Löwen aus München verpflichteten Alfred Kohlhäufl, wo er sich ebenfalls einen Namen machte. Der exzellente Standardschütze wurde zum Derbyhelden im Olympiastadion: Beim 3:1-»Auswärtssieg« des TSV 1860 gegen die Bayern erzielte er das 2:1 in der Schlussphase der Partie mit einem 35-Meter-Freistoß-Hammer.

Ritschel und Kohlhäufl, beide stehen sinnbildlich für eine erfolgreiche Zweitligazeit beim SSV Jahn Regensburg, in der sie sich für höhere Aufgaben empfahlen. Erst als keiner von beiden mehr beim Sport- und Schwimmverein unter Vertrag stand, stiegen die Rothosen ab. Die Spielzeiten 1967 bis 1973 waren das letzte Mal, dass dem SSV Jahn in einer zweitklassigen Liga der Klassenerhalt gelang.

37. GRUND

Weil Hans Meichel über ein halbes Jahrhundert beim Jahn war

Es gibt Personen, die gehören zu einem Verein. Die verlassen einen Club nie ganz – und im Herzen sowieso nie. Eine dieser Personen ist Johann Meichel, genannt Hans. Meichel war alles beim Jahn: Fan, Spieler, Trainer, Abteilungsleiter und Sportlicher Leiter ... Nur ins Amt des Präsidenten hat er es nie geschafft, was wohl aber auch keine Option für ihn gewesen wäre.

Als Kind stand Hans Meichel, natürlich, unterm Turm. Anfangs noch auf Bierkästen. 1953 begann eine Beziehung, die über ein halbes Jahrhundert andauern sollte! Die Spieler damals? Kapitän Zieberl Popp, Torhüter Peter Niemann, Sepp Hubeny oder Heinrich Beyerlein. Große Namen einer Goldenen Jahnelf-Generation unter Trainer Bimbo Binder! Damals wusste der junge Meichel noch nicht, dass er selbst mal in dieser Reihe von großen Jahnspielern stehen wird, oder gar von Binder trainiert. Er hat höchstens davon geträumt. »Die Rothosen, das war was. Es gab nichts Höheres in der Oberpfalz«[79], erinnert er sich. Er selbst spielte in der Jugend bei der unterklassigen TSG Süd Regensburg, der späteren SG Post/Süd, ehe 1966 der Anruf kam: Nach dem Durchmarsch von der Landes- in die 2. Liga waren die Regensburger auf der Suche nach neuen Spielern, lokalen Akteuren. Und sie wurden bei Hans Meichel fündig. Der 19-jährige Defensivmann hatte zu Beginn leichte Anpassungsprobleme, startete aber dann voll durch. Elf Jahre spielte er für den SSV, machte am Ende über 500 Spiele in der Bayern-, Regional- und 2. Bundesliga. Einsatz und Leistung waren Dinge, die ihn auszeichneten. Wie viele andere seiner Kollegen klopften natürlich auch Bundesligisten bei ihm an, doch Meichel ging nicht. »Mir war das Risiko zu hoch, ich habe eine Familie und einen guten Job hier gehabt«[80], erzählt er heute. Er hat lieber beim

Jahn gespielt, als sich bei 1860 auf die Bank zu setzen – trotz eines lukrativen Angebots.

1977 kam das überraschende Aus. Nach dem Zweitligaabstieg wurde er vom Abteilungsleiter bezichtigt, die Mannschaft aufgeheizt zu haben – und der langjährige Publikumsliebling wurde aussortiert. Anschließend ging Meichel nach Zeitlarn, wurde Spielertrainer. »Noch viel zu früh!«[81], wie er heute bedauert. Mit seinen 30 Jahren hätte er gerne auch in der Bayernliga weiter für die Jahnelf gespielt, aber er durfte nicht. Doch sein Herz blieb beim Verein – und er kehrte 1989 offiziell wieder zurück, als Manager. Seit 1994 ist Meichel bei Fortuna Regensburg tätig, doch immer noch, nach über einem halben Jahrhundert, ist er Jahnfan im Herzen. Wie damals, 1953, geht er heute wieder als Fan ins Stadion. Diesmal braucht er auch keine Bierkiste mehr. Solche Spieler, die einen Fußballverein wie den Jahn ein Leben lang prägen, gibt es wenige. Die Fans haben sich 2007 an Meichel erinnert – und ihn in die Jahrhundertelf der Jahnelf gewählt. Und mit was? Mit Recht!

38. GRUND

Weil der dicke, unverwüstliche graue Wollsweater auch 38-mal international getragen wurde

Er ist der Regensburger Ausnahmespieler: Hans Jakob. Über 1.000 Spiele für die Jahnelf, bis heute eine Vereinslegende. Und er ist bis heute der einzige Nationalspieler, den Jahn Regensburg hervorgebracht hat. Und dann gleich einer der erfolgreichsten Nationalspieler überhaupt!

Entdeckt wurde er bei der Endrunde um die Süddeutsche Meisterschaft 1930, beim 3:0 über den 1. FC Nürnberg, nachdem er vor allem von FCN-Keeper Stuhlfauth gelobt wurde – seinem persönlichen Vorbild. Das Debüt für Deutschland folgte auf dem

Fuß: Am 2. November 1930 machte er gegen Norwegen sein erstes Länderspiel, das 1:1 endete. Der Beginn einer großartigen Nationalmannschaftskarriere! 38-mal trug der Jahnspieler das Trikot der Nationalmannschaft, oder, wie er selbst sagte, den »dicken, unverwüstlichen grauen Wollsweater«[82] (in dieser Kluft lief er auch meistens in Regensburg auf, eine Art Glücksbringer). 38 Länderspiele sind nicht viel für heutige Verhältnisse. Doch es reichte aus, um sogar Rekordnationaltorhüter zu werden: 1936 überholte er den Nürnberger Heinrich Stuhlfauth und blieb über 30 (!) Jahre lang Rekordtorhüter.

Es war ein Freundschaftsspiel in Irland, das die deutsche Mannschaft klar mit 2:5 verlor, das zum Rekordspiel für Jakob wurde. Mit seinem 22. Einsatz für den DFB überholte er ausgerechnet sein großes Vorbild Heinrich Stuhlfauth vom Club. Dass sich Jakob in der Partie beim fünften irischen Treffer einen Nasenbeinbruch zuzog, passt eigentlich in seine Karriere, die immer von Verletzungen geprägt war.

Erst 1967 wurde seine Marke von Hans Tilkowksi eingestellt. Drei Jahre später übernahm Sepp Meier diesen »Titel« – den er bis heute innehat. Außer dem Bayern-Torhüter war also kein Spieler so lange Rekordnationaltorhüter wie Jakob.

Jakobs Höhepunkt war auf alle Fälle die Weltmeisterschaft 1934, bei der er im Kader stand und im Spiel um Platz drei das Tor hütete. Er wurde auch für die WM 1938 nominiert, die er allerdings absagte; kurz zuvor war seine vierjährige Tochter gestorben. »In meiner damaligen Verfassung und der Trauer um unser Kind hätte ich niemals spielen können«[83], erklärte Jakob später. Zudem hatte Jakob mit gesundheitlichen Problemen zu kämpfen, zwei Gehirnerschütterungen verhinderten auf Dauer eine noch großartigere Länderspielkarriere. Nach seinem Karriereende im Tor der Nationalelf 1939 stand er bei 38 Spielen – eine Marke, die lange nicht mehr übertroffen werden sollte. Hans Klodt oder Toni Turek waren beispielsweise Torhüter, die in der Zwischenzeit zwischen den deutschen Pfosten standen. Keine schlechten, so viel ist klar, einer davon darf sich Weltmeister nennen. Doch 38-mal hüteten sie nicht das Tor der DFB-Elf.

39. GRUND

Weil 164 Zentimeter nicht vor 850 Spielen schützen

19 Jahre als aktiver Spieler – bei einem einzigen Verein? Wo gibt es das denn bitte? Nicht sonderlich häufig! Fritz Walter fällt einem in Deutschland sofort ein, der 21 Jahre (!!!) beim 1. FC Kaiserslautern spielte. Oder Charly Körbel mit 19 Jahren bei der Frankfurter Eintracht. Steven Gerrard war 17 Jahre bei Liverpool, Gianluigi Buffon schafft im Sommer 2018 die 17 Jahre. Das nennt man Vereinstreue! Aber damals wie heute die absolute Ausnahme.

Beim Jahn gab es diese speziellen Spieler mit über 15 Jahren als Aktiver in der ersten Mannschaft auch, früher häufiger als heute. Hans Jakob beispielsweise, der Jahnspieler überhaupt, kommt von 1926 bis 1942 auf 16 Jahre. Einer, der das allerdings noch toppen kann, ist Alfred Popp. Kein anderer Spieler lief so lange auf einem so hohen Niveau für den SSV auf wie er. Der Außenläufer trug von 1939 bis 1958 und damit 19 Jahre das Trikot der Jahnelf! Zieberl, wie er von den Fans gerufen wurde, spielte von seinem 18. bis zu seinem 37. Lebensjahr für den SSV, sowohl in der 1. als auch in der 2. Liga. Zuvor war er bereits in der Jahnjugend aktiv. Über 850 Spiele machte Zieberl Popp für den SSV Jahn Regensburg in seiner Karriere. Wäre der Krieg nicht dazwischengekommen, hätten es sogar noch mehr sein können.

Mit 164 Zentimetern war er wohl stets der Kleinste auf dem Feld, was aber nichts an seinen Fähigkeiten änderte. Der spätere Kapitän der Jahnelf wäre um ein Haar sogar der zweite Nationalspieler des SSV nach Hans Jakob geworden. Popp wurde von Nationalcoach

Sepp Herberger Anfang der 1950er-Jahre zu Auswahllehrgängen eingeladen. Den Weg ins Nationaltrikot fand er aber nicht. Schade! Mit etwas Glück hätte der Jahn so eventuell sogar einen Weltmeister in seinen Reihen gehabt!

Auch nach seiner aktiven Karriere blieb Popp seinem Jahn – natürlich – treu. Er war ein Spieler, der den Verein im Herzen trug und ab 1958 als Funktionär tätig war. Auch an der Seitenlinie stand Zieberl Popp, allerdings für die zweite Mannschaft. Es ist wenig verwunderlich, dass auch der ewige Jahnler Popp, der 2005 verstorben ist, den Weg in die Jahrhundertelf gefunden hat!

40. GRUND

Weil Peter Stokowy mit in die Regionalliga ging

In diesem Buch war schon oft die Rede davon, dass Spieler und Trainer beim Jahn erfolgreich waren und dann von höherklassigen Vereinen abgeworben wurden. Das ist heute auch ein bisschen die Philosophie, wie Jahns Geschäftsführer Dr. Keller erklärt: »Die Idee ist: Bring dich ein, gib dein Bestes für den Club. Hilf mit, den Jahn zu entwickeln – wenn du es gut gemacht hast, kannst du den Jahn als Sprungbrett für dich nutzen. Man kann woandershin wechseln, aber auch mit dem Jahn springen.«[84]

Man kann es kaum glauben, aber andersherum ging das auch! Das beste Beispiel hierfür ist Peter Stokowy. Der kopfballstarke Abwehrspieler stand bei der SpVgg Weiden unter Vertrag und hatte mit den Schwarz-Blauen einiges vor: 1967 wollte er mit den Nord-Oberpfälzern in die 2. Liga aufsteigen. Doch in den beiden wichtigen Derbys zogen die Weidener gegen den Jahn den Kürzeren – und der SSV stieg am Ende in die Regionalliga auf. Was der Jahn dann tat, ist nicht so häufig in seiner Geschichte: Er hat einem Konkurrenten einen guten Spieler abgeworben, der im Jahntrikot für Furore sorgen sollte! Denn Stokowy, der vor Weiden bis 1963 bei Hannover 96 spielte, wechselte mit dem Jahn in die Regionalliga. Es war der Beginn einer elf Jahre andauernden Erfolgsgeschichte, in der er über 500 Spiele für die Rothosen machen sollte. Der Publikumsliebling wurde später Spielführer der Jahnelf – und gehört zusammen mit seinem besten Freund und Teamkollegen Hans Meichel der Jahrhundertelf an.

41. GRUND

Weil Georg Held der »Held des Tages« war

Man stelle sich folgende Situation vor: Eine Mannschaft, nennen wir sie aus naheliegenden Gründen Jahnelf, trifft sich zur Abfahrt zu einem Auswärtsspiel. Und ein Spieler taucht nicht auf, vielleicht der Torhüter.

Nun, man würde diesen Spieler wahrscheinlich anrufen und klären, wo er steckt. Er dürfte einen Rüffel kassieren und möglicherweise für geraume Zeit suspendiert werden, je nachdem, warum er die Abfahrt verpasst hat. Er dürfte auf alle Fälle wohl nicht darum herumkommen, einen enormen Betrag in die Mannschaftskasse einzuzahlen. Dieser Fall wird aber wahrscheinlich nur im Amateurbereich eintreten.

Vor gut 100 Jahren ist dies beim Jahn passiert. Ausgerechnet beim ersten Spiel in der Erstklassigkeit! 1921 war die Jahnelf in die Kreisliga Südbayern aufgestiegen, was ein Riesenerfolg war. Unter Spielertrainer Karl Kirmeyer gelang Platz zwei in der Gauliga Oberpfalz hinter Weiden, was zum Aufstieg berechtigte. Es winkten Duelle unter anderem mit Bayern München, 1860 München, der SpVgg Landshut und dem MTV Ingolstadt. Gleich das erste Spiel führte den Jahn zum oberbayerischen Nachbarn, 70 Kilometer die Donau aufwärts – doch schon der Start sollte für Ernüchterung sorgen. Der Torhüter, Georg Held, tauchte nicht am Treffpunkt der gemeinsamen Zugfahrt nach Ingolstadt auf!

Da Held nicht erschien, musste sich der Tross der Rothosen zunächst ohne seinen Keeper auf den Weg nach Ingolstadt machen, denn der Zug wartete nicht. Sicher haben die Spieler auf der Fahrt ausdiskutiert, wer sich zwischen die Pfosten stellen wird, einen Ersatztorhüter konnten sie nämlich ebenso wenig auf die Schnelle herzaubern.

Warum Held den Treffpunkt verpasste, ist nicht bekannt. Glücklicherweise fiel er keinem Unfall zum Opfer. Vielleicht hatte er verschlafen? Der Bus hatte eine Panne? Wie auch immer, fest stand für den Torwart: Er wollte seine Mannschaft unter keinen Umständen im Stich lassen. Der Zug war weg, und eine Auto- oder Busfahrt kam offenbar nicht infrage. Also schnappte er sich kurzerhand sein Fahrrad und legte die Strecke nach Oberbayern auf dem Drahtesel zurück. Google Maps spuckt dafür eine Fahrt von über vier Stunden aus! Während seine Kollegen in Ingolstadt schon beim Mittagessen saßen und sich emotional auf eine schwere Partie ohne ihren Stammkeeper einschworen, machte Held Kilometer auf dem Rad. Und er kam wirklich pünktlich an! Er wurde natürlich freudig empfangen und sah sich am Ende tatsächlich auch in der Lage, über 90 Minuten eine erstligareife Leistung an den Tag zu legen. Wohlgemerkt nach 70 Kilometern Radstrecke in den Beinen! Auch dank Held gab es einen starken 3:0-Auswärtssieg des Aufsteigers in Ingolstadt und einen versöhnlichen Auftakt in die neue Liga. Held wurde natürlich nicht suspendiert, sondern als »Held des Tages« gefeiert. Diesen Titel hatte er sich nach solch einem Einsatz auch absolut verdient.

5. KAPITEL

HERZBLUT UND LEIDENSCHAFT

42. GRUND

Weil der Turmfunk das beste Fanradio der Welt ist

»Ecke Kolja Pusch, rechte Seite, nicht schlecht getreten. Kopfball – Latte!« – »Gibt's nicht!«[85] Diese famose Stelle des Duos Matze und Robert aus der Übertragung des Relegationsrückspiels gegen Wolfsburg II zeigt wunderbar auf, was den Turmfunk ausmacht. Pure Emotion, solide Kompetenzen und eine Prise Humor. Oder wie sich die Turmfunker selbst beschreiben: »Ein Team von neun Kommentatoren, sexy wie Marcel Reif, wortgewandt wie Mesut Özil und gesegnet mit einem Humor wie Fips Asmussen […]«[86]

Der Turmfunk ist das Fanradio des SSV Jahn Regensburg und wurde in der Saison 2012/13 ins Leben gerufen. Namensgebend ist der alte Jahnturm im Jahnstadion an der Prüfeninger Straße, der Ort, an dem bis 2015 die Fanszene stand, aus der die Funker kommen. Seit der Zweitligaspielzeit kommentieren sie immer zu zweit die Spiele der Jahnelf, sowohl zu Hause als auch auswärts. Es hat nicht lange gedauert, bis die Übertragungen zum Kult wurden, der Turmfunk wurde, vor allem auswärts, ganz schnell zur Pflicht, wenn ein Spiel anstand.

Mit der Zeit wurden die Fans richtig kreativ, was den Trumfunk angeht: Bei Spielen, die im Livestream oder im Free-TV übertragen wurden, haben sie jeweils die Bild-Spur mit der Audio-Spur des Turmfunks synchronisiert – und dann das Spiel mit Live-Kommentar der Jahnfans gesehen. Was zumindest in der 3. Liga, in der die Vermarktungsrechte nicht so kompliziert modern sind, gemacht wurde (in der 2. Bundesliga ist das nicht möglich). In Zeiten der lockeren Vermarktungsrechte produzierten die ehrenamtlichen Mitarbeiter des Turmfunks auch nach jeden Spiel die Turmfunk-Highlights: Eine Spielzusammenfassung mit Originalton – das war in der Regional- und 3. Liga ein Muss!

Auch in der 2. Bundesliga wird, trotz (oder gerade wegen?) Sky, immer gern der Turmfunk eingeschaltet, wenn Fans die Spiele der Jahnelf nicht sehen können. Die Turmfunker haben neben der entsprechenden Kompetenz stets die Fanbrille auf – was jede Übertragung zu einem Genuss macht! Jeder der Kommentatoren hat dabei seinen eigenen, unverwechselbaren Stil, was den Turmfunk zum besten Fanradio der Welt macht. Was das Wichtigste ist: Man muss ihnen keine Semmel hinterherwerfen.[87]

43. GRUND

Weil auch Topmodels Jahnfans sind

Normalerweise ist ja die Bundesliga die Spielklasse der Stars und Sternchen, und damit sind nicht nur die Fußballer gemeint. Auch die Spielerfrauen rücken in der Beletage stark in den Vordergrund, oftmals auch nicht nur wegen ihres bloßen Status als Spielerfrau (Gott sei Dank!). So ist Thomas Müllers Frau Lisa eine erfolgreiche Dressurreiterin, und Sami Khedira war jahrelang mit Lena Gercke zusammen, der allerersten Gewinnerin von *Germany's Next Topmodel* und heutigen Moderatorin.

Das Ganze gibt es aber auch zwei Ligen tiefer – und mindestens genauso glamourös! Jahnstürmer Daniel Franziskus, der von 2013 bis 2015 für den Drittligisten aktiv war, angelte sich Lovelyn Enebechi, ebenfalls Topmodel und eine Nachfolgerin von Gercke: Die damals 17-Jährige gewann 2013 die achte Staffel von Heidi Klums Castingshow *GNTM*. Franziskus und Enebechi lernten sich ein halbes Jahr später kennen und kamen bald darauf zusammen, »Der Jahn-Spieler und das Model«[88] titelte die *Mittelbayerische Zeitung* Anfang Januar 2014, als die Beziehung der beiden öffentlich wurde. Aber nicht nur die regionale Presse freute sich über diese Geschichte, erstmals fand sich der SSV auf sportuntypischen Seiten wie *VIP.de* oder in der *Bunten* wieder. »Frisch verliebt in einen Fußballer«[89], hieß es dort unter anderem. Unglaublich, aber wahr, der alte Jahn eroberte die Welt des Glamour ...

Selbstredend besuchte »Baby Beyoncé«, wie sie von Klum genannt wurde, ihren Freund auch in der wunderschönen Domstadt. Ob sie allerdings ein Spiel von Franziskus im alten Jahnstadion gesehen hat, ist nicht bekannt, obgleich sie dem SSV natürlich die Daumen gedrückt haben wird. Gesehen wurde sie aber am Trainingsgelände, als der Stürmer, der den Sprung in die erste Mannschaft nie richtig geschafft hat, für die zweite Mannschaft in der Bayernliga am Ball war.

Was aus den beiden wurde, ist im Übrigen nicht überliefert. Sie modelt heute noch, nimmt aber derzeit an keiner bedeutenden Show in der Modewelt teil. Er spielt in der Regionalliga Nord für den VfB Oldenburg. Knutsch-Fotos auf Instagram gibt es zumindest keine mehr.

Dennoch drücken auch heute noch Topmodels dem Sport- und Schwimmverein die Daumen: Seit Sommer 2017 spielt der armenische Nationalspieler Sargis Adamyan für die Jahnelf, der schon seit einigen Jahren mit Anna Wilken liiert ist. Die, natürlich, aus *GNTM* bekannt ist. In der neunten Staffel kam sie 2014 unter die ersten zehn, verließ die Show dann aber freiwillig. Wilken, die mit ihrem Freund nach Regensburg gezogen ist, besucht natürlich auch die Spiele im Stadion. »Ich bin Jahn-Fan«[90], erzählte sie der *Mittelbayerischen Zeitung* in einem Interview zwinkernd. »Wie süß sind Anna Wilken und ihr Freund denn bitte?«[91] schreibt die *Cosmopolitan*. Jahn Regensburg hat die Welt der Stars und Sternchen noch nicht verlassen.

44. GRUND

Weil die Jahnfamilie gegen Eindringlinge zusammenhält

Was haben Dietmar Hopp, Dietrich Mateschitz und Peter Jackwerth gemeinsam?[92] Alle drei haben zunächst einmal einen Fußball-Bundesligisten hervorgebracht. Jackwerth und Mateschitz haben Vereine aus der Taufe gehoben, Hopp hat einen bestehenden Kreisligaverein aufgepeppt. Alle drei sind Investoren, die beim Großteil der deutschen Fußballfans auf wenig Gegenliebe stoßen, nett ausgedrückt. In der Reihe kann auch Hasan Ismaik genannt werden, der den TSV 1860 München, sagen wir, unterstützt.

Im Juni 2017 gab es bei der *Mittelbayerischen Zeitung* folgende Nachricht zu lesen: »Münchner Investor kauft Jahn-Aktien«[93]. Oha! Auch du, Jahn? Dieser Münchner Investor war Philipp Schober, der mit seiner Global Sports Invest AG groß beim SSV einsteigen wollte. Sein Problem nur: Keiner wollte diesen Investor beim Jahn haben. Schobers Ziele und öffentliche Aussagen stießen in Regensburg nicht auf Gegenliebe, nett ausgedrückt. Dass der Jahn in die Bundesliga gehöre, wie Schober in einem Interview sagte[94], passt nicht zu den Werten, die der SSV Jahn vertritt, in dem Fall Bodenständigkeit und Glaubwürdigkeit. Und es ist, das weiß jeder beim Jahn, auch nicht richtig.

Der Investor erschien eh von Anfang an in einem dubiosen Licht: Er soll bereits mehrfach bei deutschen Vereinen tätig gewesen sein und dabei stets verbrannte Erde hinterlassen haben. Weil er, dem Anschein nach, nicht über das Geld verfügte, das er vorgab zu haben.[95] Was dann folgte, war ein Beispiel von Zusammenhalt in der Jahnfamilie, Vorstandschaft und Fans haben gemeinsam an einem Strang gezogen und deutlich gemacht: Für so etwas ist beim SSV Jahn Regensburg kein Platz! Der SSV Jahn möchte keine Investoren, die mit dem Verein nichts zu tun haben. Eine Angelegenheit, die deutschlandweit für Aufmerksamkeit sorgte! Schober wurde vom Verein und von den Fans folglich offiziell und öffentlich abgelehnt. Nur: Er hatte seine Anteile an der SSV Jahn Regensburg GmbH und Co. KGaA vom ehemaligen Investor und Jahnretter von 2005 legal erworben. Was tun?

Die Jahnfanclubs haben sich zu einer Initiative mit dem Namen *Stop!* zusammengeschlossen. »Der SSV Jahn taugt nicht als Spielzeug«[96], so die klare Aussage seitens der Fan-Initiative. »Der SSV Jahn ist keine Übungsfirma oder ein Laufsteg der persönlichen Eitelkeiten«[97], kritisierte Jahnboss Hans Rothammer in einem Zeitungsinterview. Die klare Botschaft: Wir, die Jahnfamilie, halten gegen die *GSI* und den Investor von außen, dessen Absichten unklar blieben, zusammen! Der Verein verweigerte jegliche Zusammenarbeit mit Schober, die Fans machten von ihrem Recht der freien Meinungsäußerung Gebrauch. Was es dann zu sehen gab, ist wohl die bisher größte Spruchband-Aktion in der Geschichte des SSV Jahn. Zehn verschiedene Gruppen und Fanclubs haben sich beteiligt, so viele Spruchbänder gab es in der Geschichte der Fanszene noch nie gleichzeitig zu sehen. Zu lesen war auf der Hans-Jakob-Tribüne beim Zweitliga-Heimspiel gegen Dresden unter anderen: »Schober ist wie sein Giro-Konto: Er hat einfach nix drauf!«[98] (*Jahnunderground*), »Heuschrecke, Pleitegeier ... Selbst als Goldesel wollten wir dich nicht!«[99] (*Ratisbona Fanatica*) oder »Schober außer Rand und Band, Größenwahn statt Sachverstand«[100] (*Jahngsters*). Darunter ein riesiges Banner über die gesamte Hans-Jakob-Tribüne: »Stop! Finger weg von unserem SSV Jahn!«[101]

Und es hatte Erfolg: Philipp Schobers Kaufvertrag mit dem ehemaligen Jahninvestor wurde rückgängig gemacht[102] – die Anteile sind daraufhin wieder in den Besitz des SSV gekommen. Am Ende sollte es die richtige Entscheidung gewesen sein, sich gegen den Investor zu stemmen: Schober soll vorgehabt haben, so später die Medieninfos[103], den Verein teuer an einen ausländischen Investor weiterzuverkaufen.

45. GRUND

Weil auch ein Papst Jahnfan ist

»Wir sind Papst«[104] titelte die *Bild* am 20. April 2005. Kardinal Joseph Ratzinger war am Vortag vom Konklave zum Papst gewählt worden, unter dem Namen Benedikt XVI. sollte er anschließend für knapp acht Jahre das Oberhaupt der katholischen Kirche sein. Dabei war er nicht nur Deutscher, Benedikt XVI. hatte auch einen ganz besonderen Bezug zu Regensburg: Ab 1969 lehrte er an der dortigen Universität für einige Jahre Dogmatik und Dogmengeschichte, in den 1970er-Jahren wohnte er in Pentling, einem Ort am südwestlichen Rand Regensburgs. Sein Bruder, Georg Ratzinger, lebt noch heute in der Donaustadt. Die Verbindung zum damaligen Oberhirten war so eng, dass seine Ernennung sogar live während eines Drittligaspiels über die Stadionlautsprecher verkündet wurde! Der SSV trug am Abend ein Nachholspiel gegen den 1. SC Feucht aus, was später durch einen Last-minute-Treffer von Dubravko Kolinger noch mit 1:0 gewonnen werden konnte (göttlicher Beistand?), als in der Stadt die Glocken zu läuten begannen und Stadionsprecher Werner Demmel über das Mikrofon die Ernennung verkündete.

Benedikt XVI. wurde vom Verein im Jahr 2006 zum Ehrenmitglied ernannt, auch wenn ihn die Mitgliedskarte offenbar nie erreicht hat. So weit, so gut, das ist aber auch nichts Seltenes. So ist sein Nachfolger Franziskus, bekennender Fußballfan, auch Ehrenmitglied beim TSV 1860 München. Doch im Mai 2005 wurde noch etwas anderes bekannt: Nämlich dass der Papst zu seiner Regensburger Zeit Spiele des Jahn besucht hatte. Untypisch wäre ein Besuch des Geistlichen nicht gewesen, so saß auch der amtierende Regensburger Bischof Rudolf Voderholzer schon des Öfteren mit Jahncap auf der Haupttribüne.

Der *Guardian* brachte die Geschichte mit Benedikt XVI. und dem Jahn in die Öffentlichkeit, druckte eine entsprechende Meldung. Allerdings auch mit einer ironischen Schlussbemerkung: »Ratzinger's recent promotion hasn't improved Jahn Regensburg's fortunes, however. Two days after he was formally installed as Pope, the now third-division club announced that they were insolvent.«[105] Zu deutsch: »Ratzingers jüngster Aufstieg hat das Glück von Jahn Regensburg auf jeden Fall nicht gesteigert. Zwei Tage nachdem er offiziell als Papst proklamiert wurde, hatte der heutige Drittligist seine Insolvenz bekannt gegeben.«

Da ist was Wahres dran, im April 2005 startete der SSV tatsächlich ein Insolvenzverfahren. Was der *Guardian* aber noch nicht wissen konnte: Die Zahlungsunfähigkeit sollte abgewendet werden können. War der Jahnpapst dem Verein am Ende doch ein Segen?

46. GRUND

Weil auch Journalisten Jahnfans sind

Die Journalisten. In Regensburg ist das ja glücklicherweise eine ruhigere Angelegenheit, zumindest bisher. Andere Städte wie München oder Hamburg haben einen riesigen Druck auch seitens der Medien, der Einfluss der Medien in Regensburg ist da ja eher gering. Es war hier schon immer ein bisschen, na ja, nennen wir es familiärer (um das Adjektiv »provinziell« zu vermeiden).

Damit das keiner falsch versteht: Auch die Regensburger Journalisten machen ihren Job ordentlich! Das ist zumeist eine kompetente Berichterstattung, nur eben im kleineren Rahmen, als in der Bundesliga beispielsweise. Und in Regensburg sind die Journalisten eben alle noch Fans der hiesigen Sportvereine! Bei der *Mittelbayerischen Zeitung* hieß der langjährige Hauptberichterstatter des Jahn Heinz Reichenwallner. Reichenwallner ging schon als Kind zum Jahn und war später über Jahrzehnte als Reporter im Stadion. Und: Heinz Reichenwallner war absoluter Jahnfan! Wie das, bei aller Neutralität, ausgesehen hat, kann folgende Anekdote verdeutlichen:

Eine passende Geschichte ereignete sich vor einigen Jahren bei einer Pressekonferenz. Die fanden zu dieser Zeit noch nicht im alten PK-Raum, sondern in einem kleinen Besprechungszimmer statt. Der Rahmen war vertrauensvoll, das Medieninteresse noch nicht so riesig. Neben Reichenwallner war es höchstens Armin Wolf, langjähriger Radiomoderator (und Jahns Stadionsprecher der Zweitliga-Saison 2003/04), der mit am Tisch saß. Aufgenommen wurden die Pressekonferenzen auch noch nicht, sodass der Cheftrainer das eine oder andere Mal sagen konnte: »Heinz, leg mal den Stift weg, dann erzähle ich dir mehr.« Hintergrundgespräch nennt man so was. Nun ja, Reichenwallner und ein paar ehrenamtliche Mitarbeiter des Jahn saßen eines schönen Tages zusammen mit dem Trainer mitten bei der Pressekonferenz, als plötzlich die Tür aufging und der damalige Sportchef, der aus Rücksicht mal unbenannt bleibt, hereinschaute. »Ah, das ist ja gut, dass ihr gerade da seid«, so der Sportchef, »ihr schreibt ja immer, dass wir nichts tun hier, in der oberen Ebene.« Und dann fing er an, Wasserstandsmeldungen zu verbreiten. Es war Frühjahr, die neue Saison sollte geplant werden. So zählte er munter und fröhlich einen Spieler nach dem anderen auf, mit welchem man verlängern wollte, wie weit die Gespräche waren, welche potenziellen Neuzugänge in der kommenden Woche zu Besuch an der Prüfeninger Straße waren und so weiter und so fort ... Und Heinz Reichenwallner? Schrieb natürlich fleißig mit! Wenn ein Offizieller schon mal so redefreudig war, sollte man das natürlich ausnutzen. Das war ja sein Job! Als der Sportchef dann fertig war, ging er wieder. Genauso plötzlich, wie er gekommen war. Und der Trainer? War mittlerweile blass geworden. »Heinz«, sagte er, »ich bitte dich: Schreib kein Wort von dem, was hier gerade passiert ist!« Es wäre ein handfester Skandal gewesen, wenn das Verhalten des Sportchefs an die Öffentlichkeit gekommen wäre. Doch Reichenwallner, der dem Verein nicht schaden wollte, hielt sich zurück. Der Trainer hatte recht, das würde dem Sportchef richtig Stress bereiten … Ein Glück für ihn und den Jahn!

Heinz Reichenwallner hat zwar seinen Job gemacht, aber keine Existenzen zerstört. Er war journalistisch kompetent und immer fair, ging aber auch dahin, wo es wehtut! Wenn er der Meinung war, dass gerade etwas falsch lief beim Jahn, dann hat er das auch geschrieben. Aber nie unter der Gürtellinie. Und: Er hat immer alles gewusst! Wie auch immer er das geschafft hat, wenn es um Spielerverpflichtungen ging oder um neue Trainer, hat er das immer relativ bald herausgefunden. (Einmal, ein einziges Mal, habe ich etwas vor Heinz herausgefunden: Die Verpflichtung von Alexander Schmidt als Jahntrainer. Einen Tag vor Heinz Reichenwallner! Ob er es dann von mir abgeschrieben oder es selbst herausgefunden hat, weiß ich nicht. Ersteres würde mich natürlich umso stolzer machen. Aber darauf bilde ich mir schon etwas ein, auch wenn er auf der Pressekonferenz die Lorbeeren dafür eingeheimst hat, der Fuchs.) Seit seinem Tod 2015 ist es seinen Nachfolgern bei der größten Regensburger Tageszeitung noch nicht gelungen, ein solches Netzwerk aufzubauen. Das Rätselraten um potenzielle neue Trainer war meist das In-den-Ring-Werfen von falschen Namen.

Leider hat Heinz die Erstellung dieses Buches nicht mehr miterlebt, er wäre ein unvorstellbarer Schatz gewesen an Erinnerungen und Anekdoten an den SSV. Was er alles mitgemacht und erlebt hat mit dem Jahn!

Trotz des Umstands, dass er auf der »anderen Seite« des Bleistifts stand, war er beim Verein aber immer gern gesehen, vor allem auch auf Auswärtsfahrten. Ein schönes Beispiel ist das Spiel bei Hansa Rostock, bei dem er im selben Hotel wie das Medienteam des SSV untergebracht war. Am Vorabend des Spiels ist er mit dem Medienteam noch zusammen losgezogen und hat in einer urigen Seemannsspelunke ein Getränk namens »Enterhaken« ausgegeben, das er aufgrund der Farbe liebevoll »Schlumpfwasser« nannte. Ja, der Heinz. Ein immer herzlicher und zuvorkommender Mann! Nach seinem Tod hat ihn der Verein sogar mit einer Schweigeminute geehrt, die Jahnelf ist mit Trauerflor aufgelaufen. Nicht für einen verdienten Spieler oder einen Präsidenten, nein: für einen Sportjournalisten! Sein Arbeitgeber hat es in seinem Nachruf treffend formuliert: »Hat es im deutschen Profifußball schon einmal eine solche Würdigung für einen Journalisten gegeben?«[106] Beim Jahn zumindest gab es so etwas bisher noch nie. Aber die Würdigung hatte er verdient!

47. GRUND

Weil die Jahnfamilie auch in den dunkelsten Stunden zusammenhält

Die Saison 2014/15 war keine gute Saison. Den Auftakt gewann der SSV gegen den MSV Duisburg in der 3. Liga zwar mit 3:1, aber schon bald danach sollte es nur in eine Richtung gehen: nach unten. Trainer Alexander Schmidt musste ziemlich bald gehen, und der Verein stellte Christian Brand als neuen Trainer vor. Der damals 42-Jährige sollte den Jahn vor dem Abstieg retten. Doch der Einstand ging in die Hose: In den fünf Spielen vor der Winterpause kassierte die Jahnelf auch mit dem neuen Coach satte fünf Pleiten! Einen möglicherweise erhofften Trainereffekt gab es nicht einmal im Ansatz. In den ersten vier Partien schoss der Jahn nicht mal ein Tor, beim Jahresabschluss in Unterhaching vergeigte die Brand-Elf eine 2:0-Führung, kassierte die drei Gegentreffer zur Niederlage binnen acht (!) Minuten. Das Verhältnis zu den Fans war für Christian Brand von Anfang an ein schwieriges.

Aufgrund dieser sportlichen Katastrophe mit dem drohenden Abstieg entlud sich die Wut der Fans auch auf den Sportchef, Dr. Christian Keller. Jahnschlussmann Stephan Loboué, vor der Saison von Erzrivale Burghausen an die Donau gelotst, platzte nach »Keller-raus«-Rufen nach dem Heimspiel gegen die Stuttgarter Kickers der Kragen: »Das ist asozial! Das möchte ich hier mal betonen vor allen Leuten«, kommentierte er das Verhalten der Fans nach dem Spiel im TV-Interview, »alle scheiß Heuchler [...] sollen mal gucken, wie es ihnen gehen würde, wenn sie das ganze Stadion auspfeifen würde«[107]. Die Fans waren natürlich nicht erfreut, fanden in dem Torhüter einen weiteren Buhmann. Als Christian Brand diesen dann im kommenden Spiel in Unterhaching zum Kapitän der Jahnelf machte, verstanden es die Anhänger als pure Provokation.

Das Spiel, das bekanntlich 2:3 (nach 2:0-Führung) endete, ließ bei ein paar handgezählten Regensburgern die Sicherung durchbrennen, die den Innenraum zu stürmen versuchten.[108] Die Spitze des Eisbergs aus Fan-Sicht war dann das TV-Interview von Trainer Brand: »Fans habe ich nicht gesehen, ich hab Kriminelle gesehen [...].«[109] Die pauschale Verurteilung aller mitgereisten Anhänger durch den Übungsleiter wegen der Entgleisung einiger weniger dürfte das Tischtuch endgültig zerschnitten haben. Das Verhältnis wurde bis zu seiner Ablösung ein Jahr später auch nicht mehr besser.

Nein, das ist kein schönes Kapitel der jüngeren Jahnvergangenheit, das merkt man sicher. Was hat das dann in diesem Buch zu suchen, wo es doch um die liebenswerten Aspekte des SSV Jahn gehen soll? Nun, es verdeutlicht ziemlich gut, wie die Stimmung im Umfeld damals war. (Damals, also vor dreieinhalb Jahren.) Die Winterpause der Saison 2014/15 war neben dem Abstieg ein paar Monate später wohl die dunkelste Stunde des Jahrzehnts. Aber: Trotz allem standen die Fans weiter hinter ihrem SSV, die Jahnfamilie hielt auch in dieser schweren Zeit zusammen, wenn es nötig wurde.

Am ersten Spieltag nach der Winterpause sollte der Sport- und Schwimmverein die zweite Mannschaft von Borussia Dortmund empfangen. Das Problem: Es hatte am Tag zuvor so stark geschneit, dass eine Absage im Raum stand. Eine Absage hätte aber eine zusätzliche Englische Woche bedeutet, außerdem wollte die Jahnelf so schnell wie möglich in den Spielbetrieb zurückkehren, um die Punkte auf das rettende Ufer aufzuholen. Was also tun? Der Verein rief zum Schneeschippen auf – und alle kamen! Die Wochen vorher waren nicht schön, wirklich nicht, aber der Verein hat die Hilfe der Fans gebraucht, und die ließen sich nicht zweimal bitten! Stundenlang schippten sie, auch die Geschäftsstelle packte mit an. Ein schönes Bild, das den Zusammenhalt in der Not symbolisiert – der Platz war frei!

Und dann passierte, was nicht hätte passieren dürfen: Es fing wieder an zu schneien ... Die ganze stundenlange Arbeit des Vortags umsonst? Mitnichten! Die Fans schippten in den Abend hinein, bis tief in die Nacht. Um vier Uhr morgens, es schneite immer noch, waren die Fans weiterhin zugange. Auch am nächsten Tag: Der Verein startete neue Aufrufe, vormittags beim Schippen zu helfen, damit das Spiel um 14 Uhr stattfinden kann. Und die Fans kamen auch dann!

Wenige Stunden vor dem Spiel dann das O.K.: Schiedsrichterin Bibiana Steinhaus erkläre den Platz für bespielbar! Eine sensationelle Leistung der Fans, die ihren Verein auch in dieser schweren Zeit nicht hängen ließen. Und die Mannschaft sollte es am Ende auch zurückzahlen: Durch die Tore von Markus Palionis, Kolja Pusch und Marcel Hofrath wurde die zweite Mannschaft des BVB mit 3:0 bezwungen. Ein hoffnungsvoller Start in die Rückrunde. Auch wenn es, wie wir heute wissen, am Ende nicht reichen sollte, zeigte das Spiel gegen die BVB-Reserve auf, dass die Jahnfamilie auch in den dunkelsten Stunden zusammensteht. Denn im Endeffekt haben alle Beteiligten dasselbe Ziel: das Wohl des SSV Jahn Regensburg.

48. GRUND
Weil der Jahn die Eisbären gerettet hat

Eigentlich soll es in diesem Kapitel um Fans, Gönner oder Persönlichkeiten gehen, die den SSV Jahn in besonderer Weise unterstütz(t)en und die den Verein ausmachen. Doch es gibt auch den entgegengesetzten Blick, der SSV geht quasi in Vorleistung und zeigt auf, dass er es auf verschiedenen Wegen wert ist, unterstützt zu werden – er präsentiert sich als Fan und Gönner eines speziellen Konkurrenten.

Die Rede ist von den Eisbären Regensburg, der Profimannschaft des EV Regensburg, einem Eishockey-Drittligisten. Was die Zuschauerzahlen betrifft, so sind Jahn und Eisbären die beiden führenden Sport-Institutionen der Donaustadt. Und beide haben sich in der Vergangenheit oft durch mangelnde Professionalität »ausgezeichnet«, hatten Schwierigkeiten, vernünftig mit dem lieben Geld umzugehen. Das ist vielleicht so ein spezielles Regensburg-Ding, wer weiß. Während also der SSV 2005 kurz vor der Insolvenz stand, erwischte es den EVR bis heute sogar gleich mehrmals richtig. Bereits 1992 stand der Eishockeyclub erstmals vor dem Konkurs, vor der Zweitliga-Saison 2007/08 bewegten er sich finanziell erneut auf dünnem Eis (man beachte das Wortspiel!).

Im Sommer 2007 war die Lizenz für die kommende Spielzeit in Gefahr, eine Bürgschaft von 75.000 Euro (von 200.000 Euro) fehlte den EVR-Profis noch, um in den Spielbetrieb starten zu können. Nachdem die meisten Fans sich schon mit dem Zwangsabstieg anfreundeten, sprang dann zur Überraschung aller ausgerechnet der hiesige Fußballverein ein. Der SSV Jahn, selbst eigentlich nicht auf den finanziellen Rosen gebettet, hinterlegte mithilfe eines Sponsors, der zu dem Zeitpunkt die Brust des Viertligisten zierte, die nötige Bürgschaft und rettete den Eisbären damit das Überleben für die anstehende Saison. (Jaja, die Energydrink-Hersteller, die haben's dicke!) »Wir müssen in Regensburg doch zusammenhalten«, erklärte Jahns Manager Franz Nerb die Hilfe des SSV, »immerhin sind wir die beiden größten Profivereine in Regensburg.«[110]

Den Fans des Sport- und Schwimmvereins hat die Hilfe für die Eisbären allerdings weniger geschmeckt, von der Hand zu weisen ist aber nicht der Imagegewinn, den der Fußballverein bundesweit von dieser Rettungsaktion davontrug. Als Dankeschön zierte zudem das Jahnlogo in der Spielezeit 2007/08 einen Bullykreis in der Donau-Arena, dem Heimstadion der Eisbären.

Der Jahn hat also die Eisbären gerettet. Zumindest vorerst, denn am Ende der Saison gut ein Jahr später mussten die Regensburger Kufencracks dennoch Insolvenz anmelden. Mit einer Million Euro Schulden. Die Bürgschaft des Jahn? War weg.

49. GRUND

Weil es den Turmfunk schon 1949 gab

Seit der Saison 2013/14 hält das Regensburger Fanradio mit dem schönen Namen Turmfunk diejenigen Fans auf dem Laufenden, die nicht live im Stadion mit dabei sein können. Seit vier Jahren werden die Jahnspiele nun schon übertragen. Jedoch ist das keine Neuheit. Eine Art Vorläufer des Turmfunks gab es bereits in der Nachkriegszeit!

Es muss ein absurdes Bild gewesen sein, das sich an diesem 15. Mai 1949 in der Prüfeninger Straße bot: Das Jahnstadion war gut gefüllt, mehrere Tausend Menschen saßen und standen auf den Rängen und jubelten frenetisch zu den Toren der Jahnelf – allerdings war der Rasen leer. Es gab nichts zu sehen, keinen Ball, keine Spieler, keine Trainer, keine Schiedsrichter; zuvor gab es noch eine Handballpartie, okay. Aber die Fans jubelten einem leeren Platz zu. Der SSV Jahn selbst war nicht vor Ort, sondern trug im gut 300 Kilometer entfernten Neckarstadion das Relegationsspiel gegen die SG Untertürkheim aus. Was die anwesenden Fans ins Jahnstadion trieb, war die Urversion des Turmfunks, die erste Live-Hörfunk-Übertragung eines Jahnspiels in die Heimat. Aber der Reihe nach:

Der SSV Jahn Regensburg war in der Spielzeit 1948/49 endlich Meister der Bayernliga geworden und stand in der Relegation um den Aufstieg in die erstklassige Oberliga, wo man eigentlich schon vier Jahre vorher sein wollte. Zwei Vereine einer Vierergruppe durften hoch, die Gegner der Jahnelf hießen Hessen Kassel, VfL Neckarau und SG Untertürkheim. Die Region war elektrisiert, Wochen zuvor wurde nur über die Relegation und den möglichen Oberliga-Aufstieg gesprochen. Großer Favorit war allerdings Kassel, Meister der Hessenliga. Doch es wäre nicht das erste Mal, wenn der SSV einen Favoriten ärgern sollte!

Um das riesige Interesse am SSV Jahn befriedigen zu können, entschlossen sich die Verantwortlichen dazu, die Neuerungen der Medien für sich zu nutzen: Sie mieteten für 500 DM eine Standleitung und kommentierten das Spiel aus dem Neckarstadion einfach. Das Jahnstadion wurde extra dafür mit neuen Lautsprechern ausgestattet! Eine wirklich brillante Idee. Und noch dazu ein Vorläufer: Zwar gab es bereits Radioübertragungen von Länderspielen, der Ur-Turmfunk 1949 war aber vielleicht sogar die erste Übertragung eines Vereinsspiels überhaupt in Deutschland. Nicht schlecht! Die Fans an der Prüfeninger Straße zahlten 50 Pfennig Eintritt (Kinder 30 Pfennig) und lauschten gespannt der Übertragung aus Stuttgart. Und jubelten begeistert bei jedem Tor, wovon es jede Menge gab: Das Spiel endete 10:0 für den Jahn. Auch die anderen beiden Auswärtsspiele in Kassel und Mannheim wurden so übertragen, die ersten vier Turmfunker, wenn man so will, hießen Ernst Radtke, der eigentliche Stadionsprecher an der Prüfeninger Straße, Peter Gädecke, Fritz Ruhmann und Anton Kreuzer.

Es sollte wohl Glück bringen: Am Ende holten die Regensburger ein starkes Unentschieden beim Favoriten aus Kassel, das aufgrund von Verletzungen zu neunt beendet werden musste. Ein Unentschieden mit zwei Mann weniger, das den Aufstieg bringen sollte? Nicht das letzte Mal in der Geschichte der Jahnelf. »Regensburg hat seine Oberliga«[111], schrieb die *Mittelbayerische Zeitung* nach der erfolgreichen Relegation. Endlich war der Jahn wieder erstklassig! Regensburg durfte sich auf neue Gegner außerhalb Bayerns freuen.

50. GRUND

Weil es nicht einmal Geld für Büroklammern gab

Der Jahn hatte nie viel Geld. Das wurde hier schon des Öfteren erwähnt, aber so ist es eben, auch auf die Gefahr hin, dass es langweilig wird. Jeder, der in irgendeiner Art und Weise mit dem Sport- und Schwimmverein Jahn Regensburg in Kontakt kommt, wird das merken. Früher oder später. Einer, der das relativ früh gemerkt hat, ist Till Müller.

Müller kam 2010 zum Jahn und sollte die Medienarbeit übernehmen. Er kam auf Empfehlung eines Redakteurs des *Hamburger Abendblatts* hin in die Oberpfalz, nach seinem Studium. Zu dem Zeitpunkt gab es bereits finanzielle Probleme, die Spieler warteten (wieder mal) mehrere Monate auf ihr Gehalt. Der heutige HSV-Pressesprecher weiß noch genau: »Als ich an einem meiner ersten Tage gefragt habe, wo ich Büroklammern herbekomme, hieß es einfach: ›Es gibt nichts. Wir haben kein Geld für Büroklammern!‹ Also kaufte ich welche auf eigene Rechnung.«[112] Kein Geld für Büroklammern. Im Jahr 2010! Eine Packung davon gibt es für ungefähr einen Euro, aber selbst den hatte der SSV nicht. Jeder einzelne Cent muss zweimal umgedreht werden!

Geld für Büromaterialien vorstrecken, das hat der junge Jahnpressesprecher hinbekommen und ihn nicht in Armut gestürzt.

Aber er sollte relativ bald merken, dass es nicht nur kein Geld für blöde Büroklammern gab – sondern nicht mal für sein Gehalt. In den ersten beiden Monaten floss kein einziger Cent. »Ich hatte für den Job alles aufgegeben, kam aus dem Studium und hatte keinerlei Rücklagen«[113], verdeutlicht er. Wie hat sich das die damalige Vereinsführung eigentlich vorgestellt? Junge Menschen werden verpflichtet – das Gleiche galt ja auch für Spieler –, und dann werden die nicht bezahlt. Aber Müller hatte Glück: »Ohne die Unterstützung meiner Eltern hätte ich das sofort wieder abbrechen müssen.«[114] Für ihn war es ein Traumjob, eine Leidenschaft. Also: Augen zu und durch! Es gibt Leute, die das nicht ohne Vergütung gemacht und das Arbeitsverhältnis sofort beendet hätten.

Selbstverständlich gab es beim Jahn nicht nur finanzielle Probleme. (Steht da jetzt wirklich »selbstverständlich«?) Till Müller war mit der Aufgabe betraut, eine Medienabteilung aufzubauen. Die vorher allerdings eher einem weißen Blatt glich. Social-Media-Kanäle gab es nur rudimentär, die Homepage wurde nebenberuflich von Fans verwaltet. Budgetbedingt war alles nur sehr reduziert. Alleine die erste Erstellung der Stadionzeitung in Müllers erster Woche beim SSV: Dass er sich um die Inhalte zu kümmern hatte, war klar, dafür wurde er ja geholt. Doch vor dem ersten Heimspiel haben die zuständigen Firmen für Layout und Druck die Zusammenarbeit von jetzt auf gleich gekündigt – aufgrund von nicht gezahlten Rechnungen. Typisch Jahn … Nun musste er improvisieren. Etwas, was er beim Jahn sehr schnell gelernt hat! Ein fähiger Fan wurde für das Layout eingespannt, für eine passende Druckerei wurde eine ganze Zeit lang rumtelefoniert. Der SSV war jetzt nicht der willkommenste Geschäftspartner, das hat also seine Zeit gedauert. Aber Müller blieb hartnäckig und konnte nach einer der ersten Nachtschichten (von vielen) die *JahnZeit* präsentieren. Noch heute trägt das Stadionmagazin des SSV diesen aus der Not heraus geborenen Namen, denn die Aufmachung ähnelte eher einer Zeitung als einem Magazin.

Auch vereinsintern hatte es der neue Pressesprecher nicht leicht: Nach nur einem Monat wurde Franz Gerber, der Geschäftsführer, der ihn eingestellt hatte, entlassen. Müller sah einer ungewissen Zukunft entgegen: Erst bekam er kein Geld, dann flog der Mann, der ihn zum Jahn geholt hatte, raus. Aber auch das hat er hinbekommen. »Ich wollte das machen, was für den Club am wichtigsten war. Ich habe einfach meinen Job gemacht.«[115] Till Müller begann den Jahn mit all seinen Macken zu lieben. Er hat über alle Widrigkeiten hinweg gesehen, persönlich viel hintangestellt – und den Jahn mit innovativen Mitteln im Rahmen der vorhandenen Möglichkeiten nach vorne gebracht, auch wenn er dafür vieles, auch Persönliches, unterordnen musste.

Till Müller hat dafür gesorgt, dass die Medienabteilung der erste Bereich wurde, der beim Jahn auf professioneller Ebene lief. Es gab mit dem jungen Pressesprecher nun erstmals einen festen Ansprechpartner für Journalisten. Die waren, wie soll es anders sein, natürlich skeptisch. Sie konnten plötzlich nicht mehr machen, was sie wollten. Sind die Medienvertreter bis 2010 (!) nach dem Spiel noch einfach fröhlich aufs Spielfeld marschiert und haben sich ihre Interviewpartner rausgepickt, wurde nun erstmals eine Mixed-Zone eingerichtet. Etwas, was eigentlich bei jedem Proficlub Standard sein sollte. Auch die im Profifußball üblichen Autorisierungen von Zitaten war beim Jahn nun neu. Und schmeckte den Journalisten anfangs überhaupt nicht, verständlicherweise. Sicher hat sich der eine oder andere über den »übereifrigen Neuen« aufgeregt, doch mit der Zeit wurde allen offensichtlich, dass der ständige und zuverlässige Ansprechpartner einen deutlichen Mehrwert darstellte. Es ging nun geordnet und zivilisiert zu im Presseraum!

Und nebenher baute er die Medienabteilung des Vereins weiter auf. Als alleiniger Mitarbeiter für den großen Bereich war der Aufbau einer (qualitativ hochwertigen) Medienabteilung natürlich schwierig, sodass Müller aus der Not eine Tugend machte und sich Personen aus dem Vereinsumfeld suchte, die genauso wie er Lust auf die Herausforderungen hatten, aus wenig viel zu machen. Oder salopp formuliert: aus Scheiße Gold. Er suchte Fans aus den unterschiedlichsten Bereichen, die den Verein mit ihrer Leidenschaft weiterbringen wollten. »So etwas schweißt zusammen. Wenn man im Morgengrauen auf eine Auswärtsfahrt fährt, erst nachts wieder heimkommt, kein Geld dafür bekommt, sondern alles nur aus Leidenschaft macht – das verbindet! Der Einsatz ist dann ein ganz anderer, als wenn man diese Aufgaben als bezahlter Mitarbeiter erledigt. Das hat total viel Spaß gemacht«[116], denkt er stolz zurück.

Dass sich Müller für den Verein eingesetzt hat, hat man nicht nur beim Jahn erkannt und wertgeschätzt. Eines Tages kam ein Anruf aus Hamburg. Ob er nicht zum HSV wechseln wolle, als stellvertretender Pressesprecher, in seine eigentliche Heimat. Logisch, dass er diesen Schritt gehen musste, auch wenn er wohl nie vorgehabt hatte, den Jahn zu verlassen. Nach fast sechs Jahren beim SSV ging Till Müller in die Bundesliga. Ein Aufstieg, den er sich beim Jahn verdient hatte, den er mit Herzblut und Leidenschaft mit den für den SSV typischen geringen Mitteln enorm weiterentwickelt hat.

51. GRUND

Weil auch Lateinlehrer Jahnfans sind

Viele Lehrer sind Fußballfans. Logisch, sind ja auch nur Menschen! Dass das aber vor 80 Jahren genauso war, erscheint auf den ersten Blick unrealistisch. Der stereotypische Lehrer in der ersten Hälfte des 20. Jahrhunderts war wohl eher die Kategorie »Pauker«. Humorlos, alt, streng. Wie gesagt, zumindest der stereotypische Lehrer. Aber es gab auch andere, vor allem gab es auch schon Fußballfans. Einer davon war Professor P. Amadeus Wolf (im Folgenden: Herr Wolf), der in Augsburg Latein unterrichtete.

Einer seiner Schüler war Fritz Müller, der Hans Jakob in den 1930er-Jahren einen Dankesbrief schrieb. Für den Gymnasiasten und Fußballfan stand eine schwierige Latein-Schulaufgabe an, eine Übersetzung, die er mit großen Sorge erwartete. Doch der junge Müller hatte Glück: Wie es der Zufall so wollte, war Jakob mit der Jahnelf zuvor bei Schwaben Augsburg zu einem Erstligaspiel zu Gast. Die Partie der Saison 1934/35 endete 0:0, und offenbar hatte es der SSV seinem Torhüter zu verdanken. Müller schrieb: »Unser Professor [...] war wahrscheinlich am Sonntag auf dem Schwabenplatz bei der Partie Schwaben – Jahn Regensburg (0:0) gewesen und da hatte er Ihre bezaubernden und mitreißenden Leistungen gesehen und sich daran begeistert.«[117] Jakob hatte diesen Lateinlehrer sogar so sehr begeistert, dass der Text, den die Schüler daraufhin vom Deutschen ins Lateinische übersetzen sollten, nicht über Cäsar, Karthago, den Gallischen Krieg oder die Varusschlacht ging, sondern tatsächlich über den Jahnkeeper! Und Herr Wolf war voll des Lobes! So war zu lesen: »Die ›Arbeit‹ Jakobs, des Nationaltorwartes, der in zahlreichen heißen Kämpfen schon das Heiligtum der deutschen Elf behütet hat, während eines Spieles aus der Nähe beobachten zu können ist sehr interessant.«[118] Und weiter: »Jakob ist ein für sein Spezialfach (als Torwart) sehr begabter Spieler, der ein sicheres Auge, eine sichere Hand, die notwendige rasche Entschlußkraft und kühnen Mut zum beherzten Eingreifen besitzt. Seine größte Stärke aber ist zweifellos die unerschütterliche Ruhe, die ihn auch in den gefährlichsten Augenblicken nicht verläßt. Die Behauptung, daß manche Stürmer vor solch einem Meister seines Faches ihr Selbstvertrauen verlieren, ist nicht unrichtig.«[119] Eine höchst interessante Sichtweise auf einen modernen Torhüter der 1930er-Jahre! Schließlich verriet der findige, fußballbegeisterte Lateinlehrer Herr Wolf noch das größte Geheimnis des Nationaltorwarts: »Neben Jakob am Tor kann man beobachten, daß der lange Tormann dem herankommenden Stürmer scharf ins Auge sieht, während man annehmen sollte, daß sein Hauptaugenmerk auf den

Ball gerichtet ist. Diesen jedoch berechnet er – und das ist wohl das Zeichen des großen Könners – aus dem Gesicht des Stürmers. Nur sehr kaltblütige Stürmer wissen um das Geheimnis, wie man einem solchen Tormann beikommen kann.«[120] Puh, Hans Jakob muss den Schwaben wohl wirklich jegliche Nerven gekostet haben! Herr Wolf half bei den Fußball-Vokabeln sogar mit Fußnoten aus: So gab er an, dass Torhüter mit *portarius* übersetzt werden sollte (zu Deutsch: Pförtner, Türhüter) und Stürmer wortwörtlich mit *oppugantor* (Angreifer).[121] »Die meisten haben diese Aufgabe glänzend gelöst«[122], schrieb der junge Schüler seinem Retter. Na, dann hat es sich ja gelohnt!

52. GRUND

Weil die Fans wirklich der 12. Mann sind

Die besten Fans der Welt! Wer hat sie nicht alles? Die Bayern? Dortmund oder Schalke? Vielleicht Sporting Lissabon? Nun, da diese Frage eh rein subjektive Antworten zur Folge hat, kann man das schlicht nicht beantworten, ohne dass es in einer Kneipenschlägerei endet. Darum wollen wir diplomatisch sein: Für Regensburg und Ostbayern sind selbstverständlich die Jahnfans die besten der Welt! Sie sind nicht die zahlreichsten, vielleicht nicht die lautesten. Aber sie sind definitiv der 12. Mann!

Der Jahn war nie Deutscher Fußball-Meister und hey, mal ehrlich, er wird es auch nie sein. Vielleicht gewinnt der SSV mal den DFB-Pokal und ist einmal international dabei, wenn es das Losglück zulässt. Mit noch mehr Glück springt vielleicht auch mal ein Jahr Bundesliga bei herum, in den kommenden 50 Jahren oder so etwas. Aber was soll das. Pokalsieg, Bundesliga … Europa! Von solchen Dingen können Jahnfans allenfalls nur träumen. Es ist für den Sport- und Schwimmverein ja schon ein Erfolg, zwei Jahre in

Folge in der 2. Bundesliga zu spielen. Nein, der Jahn braucht keine großen Titel. Während andere Vereine ihre Ziele an solchen Dingen wie Titel oder Europa festmachen, blieben die Regensburger Fans bodenständig und messen den Erfolg ihres Herzensvereins an den Möglichkeiten. Und das ist auch gut so!

Denn nur so können sie Situationen auch richtig einschätzen. Was das ausmachen kann, hat sich erst in der Saison 2017/18 wieder gezeigt. In der zweiten Runde des DFB-Pokals gab es eine böse 2:5-Schlappe gegen den Ligakonkurrenten 1. FC Heidenheim. Nun, es war ja schon mal etwas Tolles, überhaupt diese zweite Runde spielen zu dürfen, das hatte es 14 Jahre nicht mehr gegeben! Etwas Hoffnung war dabei, dass vielleicht sogar das Achtelfinale herausspringen könnte, aber nur ganz leicht. Zumindest bis zum Spiel an jenem 25. Oktober 2017. Puh, 2:5 … Mehr als vier Gegentore in einem Pokalspiel gab es das letzte Mal 1955! Damals unterlag die Jahnelf dem späteren Finalisten FC Schalke 04 mit 4:6 im Wiederholungsspiel der ersten Runde. Das 2:5 war schon eine herbe Schlappe, eine historische Niederlage gegen den Klassenkameraden. Zudem lief es zu der Zeit in der Liga auch nicht wirklich rund, die letzten drei Partien verlor die Elf von Trainer Achim Beierlorzer ohne einen einzigen Treffer, selbst mit vielen, vielen Überzahlminuten … Drohte die Stimmung nach dieser Klatsche nun zu kippen? War die Aufstiegseuphorie verpufft?

Mitnichten.

Die Fans auf der Hans-Jakob-Tribüne wussten die Situation richtig einzuordnen. Die Jahnfans wussten, wo der SSV herkam – nämlich auf direktem Wege aus der Regionalliga! Buchbach und Illertissen hießen die Gegner noch gut anderthalb Jahre zuvor. Und so gab es keine Pfiffe, wie man vielleicht erwartet hatte. Nein: Die Fans sangen! Die Jahnelf stand wie bedröppelt vor der Kurve, erwartete Kritik nach der hohen Niederlage. Doch das kam nicht, der gesamte Block S2 blieb im Stadion, schwenkte seine Fahnen und sang. Unterstützte die Jahnelf. »Wir haben mit allem gerechnet, nur nicht mit dem, was dann passiert ist«, erzählt Kapitän Marco Grüttner im Nachgang und fügt hinzu, dass er sehr berührt war in diesem Moment.[123]

Und es war ein Moment, der Folgen haben sollte, wie Grüttner glaubt: »Das hat uns zusammengeschweißt! Das war ein sensationeller Gänsehautmoment für uns Spieler, wir sind für den Moment sehr dankbar!«[124] Die Folge war eine starke Serie in der Liga: In den folgenden sieben Spielen bis zur Winterpause holte der SSV fünf Siege, insgesamt satte 16 Punkte, was ihn in der Tabelle von Rang 15 auf Platz acht katapultierte. Die sensationelle Unterstützung des 12. Mannes auf der Hans-Jakob-Tribüne hat der Mannschaft enorm viel Kraft gegeben und war die Initialzündung für eine starke zweite Hälfte der Hinrunde. Die Fans wussten: Es zählt die Liga, der Klassenerhalt in der 2. Bundesliga ist ein Traum, ein Ziel, für das gekämpft werden muss. Und das nur gemeinsam erreicht werden kann!

53. GRUND

Weil der Jahn Brücken baut

Jeder große Profiverein einer Stadt ist in der Gesellschaft verankert, in den meisten Fällen seit mehreren Jahrzehnten. Der Fußball verbindet die Menschen einer Region, er steht teilweise im Mittelpunkt des Diskurses. Der SSV Jahn Regensburg ist sich dessen bewusst – und übernimmt Verantwortung. Er möchte nach eigener Definition »Hindernisse überbrücken«[125] und hat deswegen eine eigene Sozialinitiative mit dem Namen *Brücken für Regensburg* ins Leben gerufen.

Brücken für Regensburg wird den meisten unbekannt sein, weil es den Spielbetrieb der Profis an sich nicht betrifft. Zu Beginn der Saison 2015/16, als es noch keinen neuen Hauptsponsor gab, war der Name der Initiative auf den Trikots zu lesen, hier wird er möglicherweise dem einen oder anderen aufgefallen sein. Aber ansonsten weiß der eine oder andere eher nicht, was sich darunter verbirgt. Oder zumindest nicht, dass sich die ganzen sozialen Aktionen unter dem Dach von *BfR* befinden. Der SSV Jahn kann natürlich eines tun: Er kann als Fußballverein die Hand aufhalten, und gut ist. Macht er aber nicht! Der Jahn kann mehr als nur Fußball, und das möchte er auch zeigen: Der Verein engagiert sich sozial in der Region und möchte seine öffentliche Strahlkraft dafür einsetzen, dass benachteiligte Randgruppen ebenfalls mediale Aufmerksamkeit und im Idealfall Hilfe bekommen. Eine absolut tolle Sache!

Drei Zielgruppen hat der SSV bei seiner Sozialinitiative: Kinder, behinderte Menschen und sozial Benachteiligte. Neben den Gruppen gibt es noch drei Zielthemen, die für den Traditionsverein wichtig sind: Bildung, Gesundheit und Integration. Jede Gruppe hat ein entsprechendes Sozialprojekt zu jedem Thema, was insgesamt nach Adam Riese neun Projekte macht, die Jahn Regensburg regelmäßig durchführt.

Ein Projekt davon, das als Beispiel dienen soll, ist das Projekt »Jahn-Motivation«, in dem die Zielgruppe »Kinder« mit dem Zielthema »Bildung« kombiniert wird. Hierbei sind Jahnprofis an Schulen in der Region zu Gast und tauschen sich mit ihnen über Motivation aus. Was bedeutete Motivation für einen? Woher bezieht man die Motivation? Vor allem als Profifußballer, bei dem die Motivation eine große Rolle spielt, kann man da natürlich aus dem Nähkästchen plaudern. Anschließend führen die Jahnspieler noch eine Trainingseinheit mit der entsprechenden Schulklasse durch. Ein kleines, aber feines Programm, über das natürlich entsprechend berichtet wird. Zudem können die Schüler durch die Parallelen ihres Alltags und dem der Fußballer etwas über die Bedeutung der Motivation in ihrem eigenen Leben lernen, auch was die Schule betrifft.

54. GRUND

Weil es einfach zu einfach ist, Bayern-Fan zu sein

Jaja, die Bayern. Der größte und beste Verein Deutschlands. Ein Vorzeigeclub! Hier wurde in den vergangenen 55 Jahren viel richtig gemacht, ein Blick auf den Briefkopf verrät schon alles. X-mal Meister, x-mal Pokalsieger, immer Champions League, Trippe ... eh, Triple geholt. Die Arena zum x-ten Mal hintereinander ausverkauft (zumindest offiziell) und jetzt bald ja auch – dank der Jahnelf! – rote Sitze. Was, bitte schön, gibt es Geileres, als FC-Bayern-Fan zu sein?!!? Nun, ungefähr alles ist besser, als Fan von Bayern München zu sein. Und das ist auch ohne die Vereinsbrille so.

Kein Bayern-Fan kennt das bittere Gefühl eines Abstiegs, keiner von denen weiß, was es bedeutet, aufzusteigen. Oder nach vielen Jahren wieder aufzusteigen! Kein Bayern-Fan kennt die Angst eines Abstiegskampfes, das Zittern und Beben, und die anschließende Freude, das pure Glück, wenn die Liga gehalten wurde. Gut, vielleicht möchte das ein Bayern-Fan auch gar nicht. Aber, ehrlich jetzt, wie kann man sich als Bayern-Fan denn über einen Sieg über den HSV freuen? Das ist ja, als wenn man sich freut, dass heute schon wieder die Sonne aufgegangen ist. Juhuu, wieder Licht an diesem Tag? Seit Jahren wird der FCB Meister, hat seit sechs Jahren nie weniger als 80 Tore erzielt und nie mehr als 23 bekommen. Das Punkteminimum betrug 79 Zähler. Ist das nicht langweilig? Nutzt sich die Freude nicht irgendwann ab?

Wie sollen Kinder etwas fürs Leben lernen, wenn sie zu den Bayern gehen? Für sie ist der Sieg doch etwas, was als gegeben hingenommen wird. Nein, das ist einfach zu einfach. Anders gefragt: Warum sollten Kinder ihren Herzensverein beim Jahn suchen? Weil es in Oberisling Gefühle gibt, die man in Fröttmaning nicht kennenlernt. Kinder lernen hier, dass jeder Sieg harte Arbeit bedeutet, dass einem nichts geschenkt wird. Kinder lernen mit Niederlagen umzugehen, durch Täler im Leben zu gehen – und sie lernen die Freuden des Sieges wertzuschätzen! Ja, als Jahnfan muss man leiden können, und ja, es tut weh. Und vor allem wird einen keiner beneiden. Doch diese Schmerzen, die man erleidet, die verbinden einen auf ewig mit dem Verein. Leidenschaft! Emotionen! Beim Jahn steckt Herzblut mit drin.

55. GRUND

Weil der Jahn eine Familie ist

Dienstag, 28. August 2012. Am Wochenende bestreitet der SSV ein Heimspiel in der 2. Bundesliga, Gegner ist der VfL Bochum. Jan (Name geändert) braucht noch eine Karte für das Spiel und geht in die Geschäftsstelle, die »Container-Burg« südlich der Haupttribüne. Der Fan- und Ticketshop ist ein kleiner Raum im obersten Stockwerk, um dorthin zu gelangen, muss Jan zunächst das Büro des Geschäftsführers, dann das des Pressesprechers passieren. Jan freut sich, er klopft immer an, um mit Franz Gerber einen kurzen Plausch zu halten. Doch Gerber trifft er schon vorher: Der sitzt in der Lobby, durch die Jan geht, und sprich unter anderem mit einem großen jungen Mann. Einem potenziellen Neuzugang, der sich später als Wilson Kamavuaka entpuppen sollte. Der 22-jährige Innenverteidiger kommt beim 1. FC Nürnberg nicht so zum Zug, wie er es gerne hätte – und sitzt mit dem Regensburger Sportchef am Vertrag für die laufende Saison, er wird vom Club ausgeliehen. Schon am Sonntag wird er im Kader stehen. Jan stört nicht weiter und spricht stattdessen mit dem anderen Geschäftsführer, Johannes Baumeister, ehe er in das Fanshop-Zimmer geht.

Die einen nennen es familiär, die anderen provinziell. Gut, es ist wohl wirklich ein Stück weit unprofessionell, aber die angesprochene Szene zeigt, wie es im alten Jahnstadion zugegangen ist. Die Tür stand immer offen, jeder konnte kommen und gehen. Der Kontakt von Fans zu Offiziellen war da, genauso wie zu den Spielern, die nach dem Spiel hinter der Haupttribüne abgefangen werden konnten. Man kannte sich, war per Du. Nach dem Spiel saß man dann gemeinsam in der Gaststätte unter der Tribüne – das waren noch Zeiten …

Dass der familiäre Charakter durch den Stadionumzug ein wenig gelitten hat, liegt auf der Hand. Um zum Fanshop zu kommen, muss man nicht mehr am Büro des Geschäftsführers vorbei, und durch die Gestaltung der Hans-Jakob-Tribüne ist der Austausch zwischen Spielern und Fans, wie er vorher stattfand, nicht mehr so intensiv möglich – dazwischen liegen nun einfach 2,10 Meter, man begegnet sich nicht mehr auf Augenhöhe. Dennoch bleibt man beim SSV so familiär, wie es eben geht.

56. GRUND

Weil wir den Jahn jeden Tag aufs Neue lieben

Der Duisburger *Zebra-Twist* gilt als die älteste Vereinshymne Deutschlands. 1964 hat Henry Valentino (*Im Wagen vor mir*) den berühmten Song für den damaligen Bundesligisten Meidericher SV geschrieben, der heute immer noch bei jedem Tor durchs Wedaustadion hallt.[126] Ein traditionsreiches Lied mit viel Charme! *Wir lieben den SSV Jahn*, die Hymne des Sport- und Schwimmvereins, ist zwar um einiges jünger – sie stammt aus dem Jahr 1983 –, gehört aber sicherlich ebenso zu den kultigsten Fußballliedern der Bundesrepublik und wurde ebenfalls von einem überregional erfolgreichen Musikproduzenten verfasst. Der Regensburger Günther Behrle (*Santa Maria*, *Patrona Bavariae*), seit Kindesbeinen Jahnfan, hat es mit der Mannschaft des Bayernligaaufsteigers aufgenommen. Damit hat es die Jahnelf der Nationalmannschaft gleichgemacht und den Song selbst eingesungen. *Fußball ist unser Leben* 2.0 quasi. Das Team von Coach Klaus Sturm, das 1983 nach fünf Jahren endlich wieder in die Bayernliga aufgestiegen war, versammelte sich im Sommer nach der Rückkehr in die Drittklassigkeit im Prüfeninger Schloss, wo Produzent Behrle sein Studio hatte. Sturm erinnert sich: »Es hatte eine Außentemperatur von 30 Grad, im Studio war es sogar noch heißer.«[127] Einer seiner Spieler, Alois Kindler, der als Jugendlicher bei den weltberühmten Domspatzen war, hat die Strophen gesungen, die gesamte Mannschaft dann den Refrain. Dass das Ganze bis ein Uhr in der Nacht ging, konnte dabei keiner ahnen. Behrle ließ die Sänger, die eben nur Fußballer waren, einzelne Teile so oft singen, bis sie gepasst haben. Ganz so schlimm war es um die Gesangskünste der Bayernligaaufsteiger nicht bestellt, dass sie fünf Stunden brauchten, um ein Lied aufzunehmen. Zu ihrer Verteidigung: Es waren zwei, denn als B-Seite wurde ein Lied mit dem wunderschönen Titel *Denn am Sonntag bist du allein* aufgenommen. »Es war trotzdem schön, auch wenn es so lange gedauert hat. Das hat zusammengeschweißt!«[128], so Sturm. Eine Teambuilding-Maßnahme, die funktioniert hat: In der Saison darauf hat die Sturm-Elf einen beachtenswerten achten Platz in der 3. Liga erreicht.

Und das ist der Text der Jahnhymne, den jeder Fan kennen sollte:

Refrain:
Wir lieben den SSV Jahn. Wir lieben den SSV Jahn.
Wir lieben den SSV Jahn. Immer zu und jeder Zeit.
Wir lieben den SSV Jahn. Und lieben ihn jeden Tag aufs Neue.
Wir lieben den SSV Jahn. Dem SSV, dem SSV hält man die Treue.
Wir fahren raus in die Prüfeninger Straße, denn da steht das
  Jahnstadion.
Dorthin gehen wir jeden freien Sonntag, seit vielen Jahren schon.
Und fällt im Jahnstadion ein Tor, dann rufen wir im Chor:
Refrain

Die treuen Fans von der Prüfeninger Straße, ja die ziehen immer mit.
Und sie tragen die rot-weißen Fahnen, immer hoch von Sieg zu Sieg.
Doch sind sie auch in schlechter Zeit für ihren Jahn bereit!
3x Refrain

Absolut klasse ist aber auch das zweite Lied auf der Veröffentlichung, *Denn am Sonntag bist du allein*. In diesem teilt ein Fan seiner Ehefrau mit, dass sie dazu verdammt ist, am Sonntag alleine und einsam daheim zu sitzen, während er ins Fußballstadion geht. Das ist natürlich Sexismus in Reinform, schon Ende der 1980er waren bis zu zwölf Prozent der Stadionbesucher Frauen, aber damals war der Inhalt wohl nicht so schlimm, und heute sollte der Song auch nicht mehr wörtlich genommen werden. Er ist einfach kultig! »Sei nicht traurig, schönes Mädel, denn am Sonntag bist du allein …«[129] Ach, schön! Als Cover für diese Platte wurde schließlich das erste »Tor des Monats« von Gerd Faltermeier gewählt, auch wenn das schon ein paar Jahre zurücklag. Ein Foto des ehemaligen Sportjournalisten Kurt Schauppmeier, der auch die allererste Jahnchronik veröffentlicht hat.

Die Melodie von *Wir lieben den SSV Jahn* geht übrigens auf einen der bekanntesten Militärmärsche von John Philip Sousa zurück, den *The Stars and Stripes Forever* aus dem Jahr 1896, der heute der US-amerikanische Nationalmarsch ist. Aber auch anderweitig ist diese Melodie bekannt, sie wird auf vielfältigste Weise genutzt. Im deutschen Sprachraum kennt man sie vor allem auch durch das Trinklied *Wir trinken das schäumende Bier* der »3 Besoffskis«: »Wir trinken das schäumende Bier und schei**n dem Wirt auf die Theke …«[130] Kennt man, oder? Richtig witzig wurde es so beim Zweiliga-Heimspiel der Jahnelf gegen Union Berlin in der Saison 2017/18: Während die Jahnfans vor Anpfiff ihre Schals in die Höhe hielten und die SSV-Hymne mitsangen, grölten die Anhänger von

Union Berlin zur gleichen Melodie das Sauflied.[131] Kann man das schon als Kanon bezeichnen?

Es war aber auch nicht das erste Mal, dass der SSV zusammen mit Behrle Jahnlieder aufnahm. Die Kooperation gab schon 1969 mit der Veröffentlichung vom *Jahn-Lied*, das also fast so alt wie der *Zebra-Twist*, heute aber in Vergessenheit geraten ist. Das hätte sich auch gut als Hymne gemacht: »SSV! SSV! So klingt es immerzu im Jahnstadion!«[132]

Neben dem *Jahn-Lied* war auf der Platte noch *Ich bin die Feuerwehr* zu finden, eingesungen vom SSV-Keeper Gyula Tóth. Und allein dieses Liedgut ist purer Fußballkult und sollte am Spieltag im Jahnstadion eigentlich rauf und runter laufen! Es ist einfach zu schön, wie der junge Ungar mit dem für seine Sprachfamilie typischen Akzent singt: »Wenn die Zuschauer mit Nerven fertig, dann weil das Spiel genau wie Kriminalroman. Dann hat Gänsehaut wirklich keinen Zweck, ich nehm Ball in Arm, Gefahr ist weg. Ich bin die Feuerwehr, wenn's mal im Strafraum brennt. Dann saus ich hin und her mit Happy End.«[133] Göttlich!

Auf alle Fälle wird diese Hymne bis heute gespielt, sie hat sich gegen mehrere Versuche einer neuen Hymne durchsetzen können. Die Münchner Band »Stereogarten« hat 2007 den *Jahn-Song* herausgebracht, der, subjektiv gesehen, gar nicht mal schlecht ist. Er ist modern, rockig und hat in den Zeitgeist gepasst. Er hatte *Wir lieben den SSV Jahn* auch eine Zeit lang wirklich verdrängt, erst mit dem Umzug ins neue Jahnstadion ist die alte Hymne wieder richtig aufgeblüht. 2012 gab es schließlich eine Co-Produktion der Regensburger Domspatzen und der regionalen Band »Luis Trinker's Höhenrausch« – mit mäßigem Erfolg. Der Teil der Domspatzen hat noch am ehesten epischen Charakter, war in der Saison 2012/13 teilweise Einlaufmusik. Doch die Kombination kam bei den Jahnfans nicht sonderlich gut an, auch musikalisch. Die Mischung von Kirchenchor, E-Gitarre und Alpenhorn machte den Eindruck von »zu viel gewollt«. Und vor allem auch die sensationellen Reime im

Refrain riefen eher Gelächter als Staunen hervor: »SSV, du bist a Schau […] Rot und Weiß und immer heiß«[134]. Na ja … Viel Fantasie hatte der Texter wohl nicht. Hinzu kam, dass die Jahnelf beim Debüt des Songs in der Saison 2012/13 eine der bittersten Niederlagen der Vereinsgeschichte hinnehmen musste. Es reicht an dieser Stelle das Wort »Köln«.

Besser angenommen wurde die neuste Version eines Vereinsliedes, *SSV, unsre Liebe* von der Regensburger Band »Gewekinder Buam + Madl« aus dem Jahr 2017. Ein schönes Lied mit leichter Dialektfärbung, doch auch das konnte sich (bisher) nicht durchsetzen – die Schals gehen nur beim 35 Jahre alten *Wir lieben den SSV Jahn* in die Höhe. Das ist vielleicht nicht so bekannt wie Bayerns *Stern des Südens*, nicht so alt wie *der Zebra-Twist*, aber dafür definitiv eine der kultigsten Vereinshymnen Deutschlands. Und die Hymne des großartigsten Fußballverein der Welt!

57. GRUND

Weil ohne das Team hinter dem Team nichts geht

Im Fokus stehen ja immer die Aktiven. Die Fußballstars, die Trainer, die Sportchefs. Doch Fakt ist, dass ohne das Team hinter dem Team gar nichts gehen würde. Gemeint sind die Betreuer einer Mannschaft, meist namenlose Personen, die man an den Spieltagen herumflitzen sieht. Die Fans können den Anteil der Betreuer am Erfolg meist nicht einschätzen – die Mannschaft kann das sehr wohl, wie Oli Hein verrät: »Das ist Weltklasse! Wir können uns echt glücklich schätzen!«[135]

Dabei geht die Arbeit der Betreuer beim Jahn über deren normales Aufgabengebiet hinaus. Sie sind an Spieltagen für die Dinge drumherum zuständig, angefangen beim Herrichten der Kabine mehrere Stunden vor Anpfiff bis zum Aufräumen, mehrere danach.

Aber die Jahnbetreuer sind für ihre Schützlinge Tag und Nacht erreichbar – und sorgen dafür, dass die Jahnelf einen freien Rücken hat, um sich auf den Fußball zu konzentrieren. Die Spieler können sich am und neben dem Spielfeld zu 100 Prozent auf die Betreuer verlassen. Reinhold Reisinger, der aktuelle Betreuer der Rothosen, wäscht auch schon mal die Wäsche für Spieler, die eine Zeit lang keine Waschmaschine haben. »Er würde nie auf den Gedanken kommen, dass er das nicht macht. Er ist so ein gutmütiger Mensch, wir können uns da als Mannschaft glücklich schätzen«[136], wiederholt sich Hein.

Mersad Selimbegović, eine Spielergeneration älter, weiß, was die Voraussetzung dafür ist: »Das schaffen die nur, wenn man sie voll ins Team integriert. Sie haben so viel zu tun, ständig möchte jemand was von ihnen.«[137] Und das, so der Co-Trainer der Jahnelf, müssen auch die jungen Spieler erst lernen: »Die denken, dass alles und jeder nur für sie da sind. Das geht nicht«[138], so der erfahrene Trainer. Der Betreuer ist eine Personalie, die unbezahlbar für die Jahnelf ist!

6. KAPITEL

RIVALITÄTEN

58. GRUND

Weil der Jahn die Nummer eins der Stadt ist

Um überregional einigermaßen erfolgreich dazustehen, muss sich ein Verein in der Regel immer erst regional durchsetzen. Um die Region hinter sich zu bringen und Sponsoren zu gewinnen, ist es von Vorteil, die Nummer eins der Stadt zu sein. So können sich die Kräfte auf eine Aufgabe konzentrieren. In der heutigen Zeit ist der Nummer-eins-Status sogar überlebenswichtig, das Beispiel Ingolstadt schreckt ab: Die oberbayerische Nachbarstadt hatte mit dem MTV und dem ESV zwei traditionelle Fußballteams, die beide schon in der 2. Bundesliga spielten, aber sich nicht mehr entscheidend nach oben absetzen konnten. Den Fußballabteilungen wurde schließlich der Garaus gemacht und der FC aus der Taufe gehoben. Sportlicher Erfolg auf Kosten zweier Vereine – dieses Schicksal ist dem SSV Jahn zum Glück erspart geblieben, denn er hat es geschafft, die Konkurrenz in der Domstadt abzuhängen und diesen Status auch über 100 Jahre lang zu behalten.

Nachdem die Jahnelf 1908 in den Spielbetrieb startete, war der erste städtische Konkurrent natürlich der TV 1861 Regensburg (später 1. FC Regensburg), der Vorläufer der heutigen Regensburger Turnerschaft, der zusammen mit dem Jahn in der C-Klasse des bayerischen Ostkreises gegen Hertha Nürnberg, den TB Erlangen und den FC Hersbruck spielte. Damals hatten die Rot-Blauen allerdings einen kleinen Vorsprung von vier Jahren auf den Jahn, der sich auch bemerkbar machte: Der TV war die Nummer eins der Stadt, obgleich die innerstädtischen Duelle die Regensburger begeisterten. Schon das erste Duell ging mit 5:3 zugunsten des Turnvereins aus. Erst mit dem erstmaligen Aufstieg in die 1. Liga 1921 lief der Jahn dem Turnverein den Rang ab. Auch wenn Letzterer bis über 50 Jahre lang der ärgste Konkurrent bleiben sollte, strahlte er keine Gefahr mehr aus, dem Jahn den Nummer-eins-Status streitig zu machen.

Es gab in der Folgezeit ein paar Konkurrenten, die in derselben Liga kickten wie die Jahnelf, doch erst ab 1982 gab es wieder eine ernst zu nehmende innerstädtische Gefahr für den Sport- und Schwimmverein: Der Post-SV Regensburg trat auf den Plan, der Post/Süd-Vorläufer, mit dem es auch erste Gespräche über eine Fusion gab. Der SSV pendelte zwischen Bayern- und Landesliga hin und her, ab 1996 drohte die SG Post/Süd Regensburg dem Jahn dann tatsächlich den Rang abzulaufen. Zum ersten direkten Aufeinandertreffen des SSV mit der SG kam es schon in der Saison 1988/89, auch ein Jahr später waren die Regensburger Teams Ligakonkurrenten. Die Bilanz aus Jahnsicht: makellos! In vier Spielen gab es vier Siege (11:2 Tore). Aber das sollten die einzigen Pflichtspielvergleiche bleiben – und trotzdem war Post/Süd ab 1996 für drei Jahre höherklassiger als der Jahn. Durch den Aufstieg in die Bayernliga und den gleichzeitigen Abstieg der Weiß-Roten in die Landesliga war das Gleichgewicht verschoben. 1998 stand die SG sogar kurz vor dem Aufstieg in die 3. Liga!

Doch auch diesen stadtinternen Kampf überlebte der alte Jahn, nach dem Durchmarsch in die Regionalliga Süd und dem Fast-Aufstieg in die 2. Bundesliga schluckte der SSV 2002 die Fußballabteilung der SG Post/Süd, die ab sofort als Jahns zweite Mannschaft in der Bayernliga spielte. Zudem übernahm er auch den Sportpark Kaulbachweg, das Gelände der SG, das seitdem das Trainingsgelände der Zweitligaprofis und des Nachwuchsleistungszentrums ist.

RT und Post/Süd, beides ernst zu nehmende Stadtrivalen. Beide konnte der SSV Jahn Regensburg auf Distanz halten. Die Rothosen sind weiterhin die klare Nummer eins der Stadt und haben die volle Unterstützung. Das wird sich auch so schnell nicht ändern: Der nächste Regensburger Verein findet sich derzeit in der Landesliga wieder.

59. GRUND

Weil der Jahn Augsburg den Aufstieg versaut hat

Gut 150 Kilometer liegen zwischen der Donaustadt und Augsburg, der SSV Jahn und der FC Augsburg haben sich seit der Gründung des FCA 1969 auch schon oft auf dem Platz gegenübergestanden. Das erste Duell der beiden Vereine stieg 1973 in der zweitklassigen Regionalliga Süd, später begegneten sie sich auch in der 2. Bundesliga oder in der Bayernliga. Meist zog dabei, zugegeben, der Jahn den Kürzeren.

Ein besonders heißes und folgenreiches Duell fand aber in der jüngeren Vergangenheit statt. In der Regionalliga-Spielzeit 2004/05 war der Jahn am letzten Spieltag im Rosenaustadion zu Gast. Und es ging um nichts anderes als um den Aufstieg in die 2. Bundesliga! Die Tabellensituation war wie folgt: Augsburg war Zweiter und dank eines 6:0-Erfolgs über Schlusslicht Nöttingen mit einer klar besseren Tordifferenz vor dem punktgleichen Verfolger Siegen. Ein Dreier gegen den Jahn, und der FCA wäre erstmals seit 22 Jahren wieder im Unterhaus vertreten. Der SSV selbst war Neunter, also jenseits von Gut und Böse. Kein Wunder, dass diese Konstellation die Massen anzog, die Rosenau war mit 27.000 Zuschauern erstmals seit Langem wieder pickepackevoll. Und es sah gut aus: Der FCA war die bessere Mannschaft und führte bis wenige Minuten vor Schluss durch ein Tor von Benda verdient mit 1:0, war zudem in Überzahl durch die gelbrote Karte von Kristjan Glibo. Die letzten zehn Minuten begannen, und die meisten Anwesenden feierten schon den Aufstieg – was sollte da noch schiefgehen? Für den Jahn ging es wie beschrieben eh um nichts mehr.

Doch der SSV mit Trainer Basler sollte den Schwaben noch einmal kräftig in die Suppe spucken! Erst kassierten auch die Hausherren einen Platzverweis, und dann drehte der SSV das Spiel: Grover Gibson in der 86. und Jan Hoffmann in der Nachspielzeit sorgten für Schock und Entsetzen bei den Augsburgern. Da die Sportfreunde Siegen zeitgleich mit 3:2 in Darmstadt gewannen, hatte der Jahn dem Rivalen gerade in fünf Minuten den lang ersehnten Aufstieg vermasselt! Dementsprechend feierte die Jahnelf auf dem Rasen.

Der Schmerz bei den Schwaben saß sogar so tief, dass das Spiel noch in die juristische Nachspielzeit gehen sollte: Der FC Augsburg verklagte den Jahn wegen Spielmanipulation! Angeblich, so die Fuggerstädter, hätte der SSV absichtlich gut gespielt und gewonnen, weil den Spielern von den Sportfreunden Siegen eine Siegprämie versprochen wurde. Die Behauptung fußt auf einer unüberlegten Aussage von Jahntrainer Basler, sollte sich aber natürlich als haltlos herausstellen. Und selbst wenn: Es wäre natürlich eine absolute Katastrophe gewesen, wenn es sich bewahrheitet hätte: Wo kommen wir denn da hin, wenn jetzt hier jeder absichtlich ein Spiel gewinnt??!?!

Noch heute sprechen die FCA-Fans von dieser bitteren Niederlage, die allerdings nur ein Stolperstein auf ihrem rasanten Weg nach oben war. Man muss sich auch eingestehen, dass die Schwaben schon in der kommenden Saison ihre süße Revanche bekamen. Und wie: Sie holten sich früh den Aufstieg, schossen den SSV in beiden Spielen ab und an Ort und Stelle quasi in die 4. Liga ... Nach der 0:2-Niederlage im Nachholspiel im Rosenaustadion fiel die Jahnelf nämlich auf einen Abstiegsplatz, den sie bis zum Ende nicht mehr verlassen konnte. Anderthalb Wochen später war der Abstieg auch rechnerisch besiegelt. »Wir steigen auf, und ihr steigt ab«, ja, Rache ist süß, leider ...

Dieses 0:2 in der Saison 2005/06 war zugleich das letzte Pflichtspiel, in dem sich die beiden langjährigen Kontrahenten gegenüberstanden. Ganz schön lange her! Die Schwaben sind ja dank des Engagements von Walter Seinsch mittlerweile in ganz andere Gefilde eingetaucht. Was aber nicht bedeutet, dass die 2005 begonnene Rivalität aufgehört hat. 2012 wurde sie mit frischem Feuer entfacht, als der Jahn gerade in die 2. Bundesliga aufgestiegen war.

Augsburg, das gerade Aufstiegstrainer Jos Luhukay verloren hatte, streckte seine Fühler nach Markus Weinzierl aus. Aber nicht nur, dass die Schwaben den langjährigen Erfolgstrainer abwarben, sie »bedienten« sich sogar in der Vorstandschaft. Ex-Spieler Tobias Zellner war seit etwas mehr als einem halben Jahr Vorstandsmitglied und wurde ebenfalls vom Bundesligisten ausgelöst und wurde Co-Trainer unter Weinzierl. Mit Außenverteidiger Ronny Philp gab es einen Aufstiegshelden oben drauf. Selbstbedienungsladen SSV Jahn.

60. GRUND

Weil der Jahn schon immer gut gegen die Bayern aussah

Der FC Bayern. Der große deutsche Verein aus dem Süden, die bundesweite Nummer eins. Zuletzt avancierte die Bundesliga zur One-Club-Show; dass der FCB Meister wird, ist nur eine Frage der Zeit. 30. Spieltag? 29.? 28.? Die spannende Frage in Deutschland lautet ja mittlerweile nur noch: »Wer wird Vizemeister?«

Ein Sieg gegen München ist von daher etwas Besonderes. Andere bayerische Profclubs sind dazu gezwungen, einzelne Siege über den großen FC Bayern herauszuheben und zu feiern. So widmen die 111-Kollegen aus Augsburg dem 1:0-Erfolg ein ganzes Kapitel,[139] in der Ingolstädter Ausgabe schwärmt der Kollege gar über einen Testspielsieg seines FC über die Roten.[140] Und der SSV? Hat in allen Liga-Duellen eine positive Bilanz gegen Bayern München – kein Scherz! Mangels Dokumenten aus der Zeit vor dem Zweiten Weltkrieg bezieht sich das nur auf die Gau- und Oberliga, aber immerhin: Nach allen Liga-Spielen seit 1933 lautet die Bilanz: 27 Spiele, 13 Siege, 5 Unentschieden und 12 Niederlagen bei einem Torverhältnis von 58:66. Aus Sicht der Jahnelf! Die 1:10-Pleite in

München in der Saison 1942/43 verzerrt das Torverhältnis natürlich ein bisschen, am Ende steht aber dennoch eine positive Bilanz.

Kritiker könnten jetzt sagen, das war ja früher, lange vor der Bundesliga und vor der großen Dominanz des FCB. Das mag sogar stimmen, allerdings waren die Münchner zu dem Zeitpunkt bereits einmal Deutscher Meister. Aber auch seit Einführung der Bundesliga sah der Jahn eigentlich immer gut gegen die Bayern aus! Natürlich war das jüngste Pflichtspiel eindeutig, als der Rekordmeister in der ersten DFB-Pokal-Hauptrunde 2012/13 zu Gast an der Prüfeninger Straße war. Das Duell des Zweit- gegen den Erstligisten endete standesgemäß mit 0:4, okay. Aber es war nicht das erste Pokalspiel David gegen Goliath.

Das Erstrunden-Duell der Saison 1967/68 zum Beispiel: Der Jahn war Zweitligist, gerade aus der Bayern- in die Regionalliga aufgestiegen. Der FCB spielte natürlich schon in der Bundesliga, war erst im Sommer zuvor zum ersten Mal in der Vereinsgeschichte Europapokalsieger geworden und nun mit Spielern wir Sepp Maier, Katsche Schwarzenbeck, Franz Beckenbauer, Franz Roth und Gerd Müller zu Gast an der Donau. Definitiv keine B-Mannschaft! Doch der Außenseiter setzte dem Favoriten ordentlich zu, bot den 25.000 Zuschauern im Jahnstadion, wie die *Mittelbayerische Zeitung* später schrieb, eine »bundesligareife Leistung«[141]. Der SSV ging auch mit 1:0 durch Georg Braun in Führung, ehe »Bomber« Müller wenig später ausglich. Zum Glück für die Bayern, denn sonst wäre nach 90 Minuten das bittere Aus beim kleinen Jahn perfekt gewesen. So stand es 1:1, es ging in die Verlängerung. Und auch hier hatte die Jahnelf den FC Bayern im Griff. Bis zur 108. Minute: Jahnkapitän Eberl war mit einem sauberen Eigentor zur Stelle: Völlig ungehindert fabrizierte er eine Bogenlampe, die unhaltbar zum 1:2 im eigenen Netz landete ... Bitter!

Dieser Nackenschlag brachte die Münchner schließlich auf die Siegerstraße, nur eine Zeigerumdrehung später besorgte Müller das 3:1. Der Wille des Jahn war gebrochen! SSV-Spieler Pöppel schoss noch einen Strafstoß ans Außennetz (113.), dann war es Roth, der postwendend den Deckel drauf machte (115.). Eine viel zu deutliche Niederlage einer Jahnelf, die die Bayern an den Rand einer Niederlage brachte. Vielleicht lag es auch an den blauen Trikots, dass der SSV mangels Auswärtsdressen damals tragen musste, wer weiß. Der bittere Moment von Eberl hat das Spiel auf jeden Fall auf den Kopf gestellt – dennoch erneut ein Beweis, dass der Jahn auch gegen übermächtige Bayern gut aussah. So deutlich wie 2012 war es eben selten.

Und was die Testspiele gegen den FCB angeht: Hier sahen die Rothosen gleich zweimal so gut aus! Der letzte Freundschaftskick gegen den Rekordmeister am 3. September 2015 gewann der SSV im Jahnstadion vor 15.224 Zuschauern mit 3:1. Kolja Pusch, Jann George und Markus Ziereis schossen die Tore für den Viertligisten gegen eine Guardiola-Truppe um Philipp Lahm und Xabi Alonso. Am 13. Oktober 2009 besiegte die Jahnelf Luca Toni, Mark van Bommel und Co. mit 1:0 – der Torschütze gegen die von van Gaal trainierten Bayern hieß Anton Shynder.

Während sich also Augsburg, Ingolstadt und Co. damit schmücken, einmal in einem Pflicht- bzw. einmal in einem Freundschaftsspiel den großen FCB besiegt zu haben, so kann der SSV Jahn Regensburg ohne Zweifel von sich behaupten, schon immer gut gegen die Bayern ausgesehen zu haben. Und in der ersten Liga sogar eine positive Bilanz!

61. GRUND

Weil die Derbys mit Burghausen immer vorentscheidend waren

Markus Palionis reißt den Mund auf und lässt einen urgewaltigen Schrei los. Die Muskulatur in den Armen ist verkrampft, er ballt die Fäuste und klopft sich auf die Brust, zeigt auf das Traditionslogo des SSV Jahn Regensburg. Die Hände zerdrückten eine unsichtbare Last. Die Augen sind ebenso weit aufgerissen und machen einem fast Angst, sie zeigen Wahnsinn, Wut, Trotz, Druck und Erlösung in einem, aber definitiv noch keine Freude. Der emotionale Blick geht klar in die Richtung der Fans der Jahnelf und sagt: »Es ist vollbracht!« Eine tonnenschwere Last entweicht. Johannes Gatzka, einer der Fotografen im Medienteam des Jahn, sitzt nur knapp zweieinhalb Meter entfernt, genau zwischen dem Innenverteidiger und der Regensburger Fanszene, und kann diesen Moment mit der Kamera festhalten.[142] Wenige Augenblicke später kommen erst Ali Odabas und Marcel Hofrath hinzu, dann die anderen Rothosen. Die Anspannung löst sich langsam bei Palionis, und Erleichterung und Freude machen sich auf dem Gesicht des 28-jährigen Jahnkapitäns breit. Dieses goldene 1:0 war sein letztes von bisher fünf Toren für den SSV, vielleicht das wichtigste seiner Karriere überhaupt. Und das im so wichtigen Derby gegen Wacker Burghausen! Der Grundstein für die Meisterschaft ...

Dieser kurze Augenblick nach dem Siegtreffer im bisher letzten Ostbayern-Derby des SSV Jahn Regensburg gegen den SV Wacker Burghausen in der Saison 2015/16 zeigt äußerst passend, was das Duell Rot gegen Schwarz in den vergangenen 20 Jahren ausgemacht hat: Es war emotionsgeladen, hochspannend und immer auf irgendeine Art und Weise vorentscheidend. Egal ob Sieg oder Niederlage, der Ausgang hatte meistens Folgen. Werfen wir einen Blick auf ausgewählte entschiedensten Duelle, um die Wichtigkeit dieser Paarung zu unterstreichen:

Saison 1994/95, Bayernliga, Abstiegskampf. Der SSV Jahn Regensburg stand auf dem zwölften Tabellenplatz, nur zwei Zähler (bei der 2-Punkte-Regel) vor den Abstiegsplätzen. Am letzten Spieltag stand das Spiel in Burghausen an, beim Spitzenreiter, der in der gesamten Saison bisher nur zwei Niederlagen einstecken musste und gerade mal 21 Gegentore kassiert hatte. Eine Niederlage an der

Salzach könnte den Abstieg bedeuten, es herrschte akute Abstiegsgefahr. Doch mindestens ein Unentschieden würde dem Team von Cheftrainer Josef Beller beim SVW reichen, um den Klassenerhalt am letzten Spieltag einzufahren. Und es klappte, mit 4:0 deklassierte der Jahn die Burghauser und rettete sich in der engen Liga damit sogar noch auf Platz acht. Ein überlebenswichtiger Derbysieg!

Saison 2003/04, 2. Bundesliga, Abstiegskampf. Der SSV war am 32. Spieltag in Oberbayern zu Gast, stand auf Platz 14, punktgleich mit dem einen Rang höher stehenden Rivalen. Nach dem Coup gegen den 1. FC Nürnberg (2:1-Sieg) und dem eigentlich sicher geglaubten Klassenerhalt hatte die Jahnelf nur noch zwei Zähler aus den vergangenen vier Partien geholt – sollte es noch mal spannend werden? Ein Sieg war Pflicht, eine Niederlage an der Salzach zusätzlich absolut verboten! Ein echtes Endspiel im Abstiegskampf gegen einen direkten Konkurrenten. Doch beim Jahn lief nichts zusammen an diesem Tag, durch zwei Treffer noch vor der Pause für die Hausherren war der Kas bissn.[143] Burghausen gewann dieses wichtige Spiel und schoss die Jahnelf auf einen Abstiegsplatz. Den die Brandl-Elf nicht mehr verlassen konnte ... Ein vorentscheidendes Duell!

Saison 2010/11, BFV-Pokal, Finale. Jahn Regensburg war zum zweiten Mal in Folge beim SV Wacker im Endspiel zu Gast und musste das Spiel gewinnen. Denn zum ersten Mal überhaupt waren nicht automatisch beide Finalisten für den DFB-Pokal qualifiziert! Und für beide Teams waren die Einnahmen aus dem Pokal überlebenswichtig: Burghausen war erst vier Tage vorher in die Regionalliga abgestiegen (die rettende Insolvenz von Ahlen kam erst eine Woche später), und dem Jahn drückte – mal wieder – der finanzielle Schuh. Und zwar so arg, dass der Kader bei den Vertragsverhandlungen so lange hingehalten wurde, bis sie das Pokalspiel gewannen. Dass nämlich absolut kein Geld da war, um auch nur einen einzigen weiteren Spieler zu verlängern, wollte man der Mannschaft erst nach dem Finale sagen ... Durch Tore von Marco

Haller und Jürgen Schmid gewann der SSV mit 2:1 und sicherte sich die wichtigen Einnahmen.

Saison 2011/12, 3. Liga, Aufstiegskampf. Die Jahnelf stand zum Zeitpunkt des Derbys auf dem dritten Platz, drei Zähler vor Wacker Burghausen. Ein Heimsieg würde den Rivalen im Aufstiegskampf zurückwerfen und dem SSV eine neue Portion Selbstvertrauen im Saisonfinale geben. Doch das vorentscheidende Duell wurde verloren: Glasner traf für die Salzachstädter kurz nach dem Seitenwechsel – eine Niederlage mit Folgen! Die erste Heimniederlage der Saison zerstörte den Regensburger Heimnimbus so sehr, dass gleich zwei weitere Heimpleite aus den nächsten drei Spielen im Jahnstadion folgen sollten, zudem kassierte der SSV nach der Derbyniederlage gleich zwei weitere Niederlagen in Folge – und fiel auf Platz sechs zurück, mitten im Aufstiegsfinale. Wacker zog vorbei. Ein Spiel, das so wichtig war, dass es nicht hätte verloren gehen dürfen, ging verloren. Wie bitter ... Glücklicherweise sollte es am Ende trotzdem noch für Platz drei reichen, die Jahnelf rappelte sich noch einmal auf und schaffte in der Relegation den Aufstieg. Doch das hätte sie auch einfacher haben können.

Saison 2015/16, Regionalliga Bayern, Aufstiegskampf. Das Hinspiel hatte der SSV mit 3:2 schon knapp gewonnen, im Rückspiel am 29. Spieltag sollte es aber um alles gehen. Eigentlich war die Meisterschaft für die Jahnelf nur Formsache gewesen, zwischenzeitlich hatte sie bereits zwölf Punkte Vorsprung auf den Rivalen. Doch der SSV brach ein – und Burghausen schnappte sich die Herbstmeisterschaft. Unter dem neuen Trainer Heiko Herrlich ging es wieder vorwärts, und nun steht ein richtungsweisendes, und am Ende vorentscheidendes Ostbayern-Derby an: Der SSV führt die Tabelle mit zwei Punkten Vorsprung auf Wacker an – ein Sieg würde, dann fünf Spieltage vor Schluss, einen komfortablen 5-Punkte-Vorsprung bedeuten. Eine Niederlage würde den abermaligen Verlust der Tabellenführung bedeuten ... Wie wichtig dieses Spiel war und wie viel Druck bei der Mannschaft nach Siegtreffer durch Palionis entwich, wurde schon einführend beschrieben. Es sollte tatsächlich der wichtigste Sieg der Saison werden: Burghausen holte aus den letzten fünf Spielen noch ganze 13 (!) Zähler – und beendete die Liga einen Punkt hinter der Jahnelf. Die These dürfte nicht so abwegig sein, dass, wenn der SSV das Derby nicht gewonnen hätte, er auch nicht Meister geworden wäre. Und damit weder an der Relegation teilgenommen hätte, noch aufgestiegen wäre. Abermals war ein Duell Rot gegen Schwarz also emotionsgeladen, hochspannend und vorentscheidend.

Und heute? Der SV Wacker Burghausen ist mittlerweile wieder da, wo er in den 1990er-Jahren hergekommen ist: im Amateurfußball. Im Sommer 2017 hat der Verein dem Profitum ein Ende bereitet, der Fußball in Burghausen wurde offiziell »re-amateurisiert«.[144] Zu Recht, wie man, tatsächlich leider, sagen muss. Die Vorgänge an der Salzach haben heute wenig mit Profitum zu tun. Die Vereinsführung sperrte bereits die gesamte Burghauser Fantribüne als Kollektivstrafe wegen einer Pyroshow Einzelner. Dazu mischt sich das Stadtoberhaut in Vereinsangelegenheiten ein,[145] die Zuschauerzahlen haben sich auf knapp über 1.000 eingependelt. In den nächsten Jahren deutet sich also kein weiteres Ostbayern-Derby an, maximal im Landespokal. Zuletzt wurde aber deutlich, wer die fußballerische Vorherrschaft in Ostbayern hat. Der Turm schlägt eben doch den Bauern!

62. GRUND

Weil das Spiel gegen Ingolstadt kein Derby ist

»Lehren aus dem Derby in Ingolstadt«[146]. So titelte die *Mittelbayerische* nach dem 4:2-Sieg beim FCI in der Saison 2017/18. Ein gewohntes Bild, dass die Presse die Begegnung des SSV Jahn mit dem Oberbayerischen Nachbarn als »Donau-Derby« bezeichnet.

Allerdings ist die Bezeichnung »Derby« für dieses Spiel künstlich und wird von außen herangetragen – denn für den Jahn ist das Spiel gegen Ingolstadt kein Derby.

Aber was macht ein Derby überhaupt aus? Nun, es gibt keine offizielle und allgemeingültige Definition eines Derbys und jeder einzelne Fußballfan interpretiert das anders. Betrachtet man aber die großen Derbys im Fußball und sucht Gemeinsamkeiten, dann gibt es vier Aspekte, die ein Derby ausmachen. Das sind Regionalität, Rivalität, Konkurrenz und Tradition. Anhand derer soll die Begegnung mit Ingolstadt mal analysiert werden.

Erstens: Regionalität. 57 Kilometer Luftlinie beträgt die Entfernung zwischen Regensburg und Ingolstadt, kein einziger (aktueller) Profiklub liegt näher an der Domstadt als der FC Ingolstadt. Nur die Duelle mit Post/Süd Regensburg, dem TSV Straubing oder dem TSV Kareth-Lappersdorf (lang, lang ist's her …) waren geografisch näher. Das Ostbayern-Derby mit dem SV Wacker Burghausen, das für die letzten 18 Jahre das wichtigste Spiel im Rahmenterminplan der Rothosen war, hat eine doppelt so große Distanz. So gesehen wären die Ingolstädter prädestiniert als Derby-Gegner für den Jahn. Mit dem MTV und dem ESV gab es ja auch in früheren Zeiten heiße Derbys, etwa in der 2. Bundesliga oder im Finale des bayerischen Verbandspokals 1947.

Zweitens: Rivalität. Bei der Rivalität spielen die Emotionen eine Rolle, die sich im Laufe der Jahre entwickelt haben, etwa weil beide Vereine ein ähnliches Ziel haben und sich in engen Spielen gegenüberstehen. Das, was auch das Derby mit Burghausen eben ausgemacht hat: Die beiden Teams haben sich in fünf verschiedenen Wettbewerben auf ähnlichem Niveau über Jahre hinweg auf Augenhöhe bewegt. Sind, wie es der Name verrät, Rivalen geworden. Das hängt aber eng mit dem dritten Baustein zusammen. Gut, die Regensburger mögen den FC Ingolstadt nicht. Allerdings aus anderen, weiter unten aufgeführten Gründen, mit natürlich gewachsener Rivalität hat das nichts zu tun.

Drittens: Konkurrenz. Ein Duell der Jahnelf gegen die Regensburger Turnerschaft ist auch kein Derby (mehr). Warum? Weil die RT keine Konkurrenz zum Jahn darstellt, sie spielt mittlerweile nur noch in der B-Klasse. Es kann also keine Derby-Rivalität geben, ohne dass die beiden Teams in Konkurrenz zueinander stehen. Und das ist hier auch nicht der Fall. Ingolstadt hatte schon von Beginn an ganz andere finanzielle Möglichkeiten als der SSV, und das hat sich bis heute nicht geändert: So sind die Oberbayern mit einem Lizenzspieleretat von zwölf Millionen Euro in die Zweitligaspielzeit 2017/18 gegangen[147] – das sind Zahlen, von denen man in Regensburg nur träumen kann! Aus sportlicher Sicht sind Regensburg und Ingolstadt nicht im Ansatz Konkurrenten, die Möglichkeiten und Ziele unterscheiden sich grundlegend. Der SSV ist froh, wenn er die Klasse in der 2. Bundesliga halten kann, die Ingolstädter wollen in die Bundesliga.

Und viertens: Tradition. Eine Rivalität muss sich entwickeln. Man kann doch nicht gleich von Emotionalität sprechen, wenn man in 111 Jahren Fußball-Geschichte (bzw. 14) keine zehn Pflichtspiele gegeneinander ausgetragen hat?! Die Jahnelf hat sich sogar öfter mit Wehen Wiesbaden gemessen, die sogar drei Jahre jünger sind als der FC Ingolstadt, erst 2007 haben diese den Verein in eine andere Stadt verlegt. Die Jahnfans haben zu Ingolstadt genauso eine emotionale Bindung wie zur SV Elversberg. Nämlich gar keine.

Für die Ingolstädter selbst ist offenbar nur der regionale Aspekt wichtig, womit jedes Duell gegen einen bayerischen Vertreter ein Derby ist.[148] Wo ist denn da der Reiz, wenn nahezu jedes Spiel ein besonderes ist? Es gibt ja so fast mehr besondere als normale Spiele. Vor lauter Derbys sieht man ja den Wald kaum … Es gibt sogar Medien, die das Spiel FC Bayern gegen den HSV zum Derby hochstilisieren und es »Nord-Süd-Derby« nennen.[149] Der Begriff »inflationäre Nutzung« wurde in diesem Zusammenhang wahrscheinlich erfunden! Die Anhänger des FC Ingolstadt nennen den Jahn und den FC Augsburg »Hauptfeinde«[150] und gehen hier tatsächlich nur über die Schiene Regionalität. Regionale Nähe ist allerdings das Einzige, was für eine Einordnung in die Kategorie »Derby« spräche. Aber dann hätte der SSV in der Regionalliga Bayern 2015/16 aber 17 Derbys gehabt statt einem. Was schon geschrieben wurde: Wenn alle Spiele besonders sind, wo ist denn da der Reiz: Es bleibt festzuhalten: Das Spiel gegen den FC Ingolstadt ist aus Regensburger Sicht kein Derby! Natürlich sehen das die Ingolstädter anders, aber das ist ja deren Sache.

Abgesehen von den vier Merkmalen eines Derbys, von denen nur ein einziges auf das Nachbarschaftsduell Jahn gegen Ingolstadt zutrifft: Wenn die Jahnfans das Spiel gegen den FCI zum Derby erklären würden, würden sie Ingolstadt als Teil ihrer Fußballwelt annehmen. Und das wollen sie eben nicht. Klar, der FC Ingolstadt ist in Regensburg höchst unbeliebt. Allerdings aus anderen Gründen: Der FC Ingolstadt steht für all das, was die Jahnfans ablehnen. Hier wurden zwei traditionsreiche Fußballmannschaften dem Erdboden gleichgemacht, um den Erfolg zu erzwingen. Den Erfolg, den Aufstieg in die Bundesliga, gab es nur aufgrund der finanziellen Spritzen. Ingolstadt reiht sich in die Namen Leipzig und Hoffenheim ein, selbst erarbeitet hat sich der Club nichts. Den Erfolg kaufen. Das ist ein Schritt, den der Jahn in seiner Vergangenheit nicht gegangen ist und nicht gehen möchte. Das ist eine Sache der Philosophie, der Identität eines Vereines. Der SSV steht für Bodenständigkeit und Glaubwürdigkeit. Nicht umsonst wurde 2017 Philipp Schober vom Hof gejagt!

Aber sogar Ingolstadts Trainer finden den Jahn besser! Vor allem, wenn sie beide Vereine auch vergleichen können, so wie Jürgen Press: Der ehemalige Erfolgs-Co-Trainer der Rothosen (1999 bis 2003, feierte als rechte Hand von Karsten Wettberg und Günter Sebert zwei Aufstiege und saß einmal erfolgreich als Interimscoach auf der Bank) ist neben seiner Tätigkeit als Trainer im höheren Amateurfußball noch häufig im Jahnstadion anzutreffen und war seit 2004 erster Cheftrainer des neu gegründeten Clubs. Am 18. August 2007 kam es zum allerersten Ligaspiel zwischen dem SSV Jahn und dem FC Ingolstadt. Zwei Jahre zuvor hatte es im BFV-Pokal das erste Pflichtspiel gegeben (1:0 für die Guten). Durch den Aufstieg in die Regionalliga kam es so also auch zu einem Duell um Punkte. Im Stadion des ESV Ingolstadt gingen die Rothosen durch ein Tor von Jürgen Schmid auch zu Recht als Sieger vom Platz. Viel bedeutender als der Sieg über Ingolstadt war allerdings, dass sich der SSV durch die drei Punkte die Tabellenführung in der Regionalliga Süd von Wacker Burghausen schnappte. Doch einem hat das nicht gepasst: Ingolstadts Coach Press. Aber ihm ging es weniger um die Niederlage: Er setzte nach dem Spiel im TV-Interview zu einem Wutanfall auf die eigenen Fans an! Und stellte den Jahn als Positivbeispiel dar, als krasser Kontrast zum Ingolstädter FC. Mit folgenden Worten ließ sich Jürgen Press über seinen Club aus:

»Aber wissen Sie, was mich ankotzt? Wir spielen zu Hause! Wir haben zwar heute Zuschauer gehabt, aber wir haben keine Fans, wir haben keine Unterstützung! (…) Wir werden ab der ersten Minute nur kritisiert, wenn ein Ball nicht kommt. So macht es einfach in Ingolstadt, in diesem Scheißstadion, keinen Spaß, ohne Unterstützung. Seit drei Jahren bringen wir eine gute Leistung, bringen den Verein voran, und dann muss man sich so was anhören. Schauen Sie sich die Jahnfans an, wie sie ihre Mannschaft unterstützen, wie sie mitfahren. Und bei uns? Da ist gar nichts da. Dann spielen wir wieder auswärts in Pfullendorf nächste Woche, da haben wir es wieder leichter, dann werden wir gewinnen. Danke!«[151]

Er sollte, auch mit seinem Schlusssatz, recht behalten: In Pfullendorf am nächsten Spieltag gab es keinen Gegner, der von seinen Fans frenetisch nach vorne gepeitscht wurde – und Ingolstadt gewann mit 3:0. Dass dem Ingolstädter Umfeld der Aufstieg in die 2. Bundesliga wirklich nicht schnell genug gehen konnte, hat Press noch in derselben Spielzeit erfahren müssen. Obwohl er den FCI von der Bayern- in die Regionalliga brachte und obwohl sein Team dort nur drei Zähler hinter einem Aufstiegsplatz stand, wurde er am

19. Spieltag entlassen. Er selbst wird vielleicht froh gewesen sein, dass er sich den FC Ingolstadt nicht mehr antun musste, wie er in einem anderen Interview verriet: »Mich persönlich kotzt es an, in diesem Scheißstadion zu spielen. Wir haben von der ersten Minute an zwar viele Zuschauer gehabt, aber keine Unterstützung. Nach zehn Minuten legt die Gegentribüne schon wieder los, beschimpft die Spieler, beschimpft den Trainer. Das kann nicht sein! Und das ist Ingolstadt? Da sage ich nur Dankeschön.«[152] Dankeschön!

63. GRUND

Weil der Jahn die Nummer eins in der Oberpfalz ist

Die SpVgg Weiden. Das war noch ein Gegner! Ein Derby, wie es im Buche steht. Oder stand, denn mittlerweile trennen Weiden und Regensburg ja Welten. Das war aber nicht immer so, zwischen diesen beiden Oberpfälzer Traditionsvereinen liegt eine alte Rivalität. Der Konkurrent hat zwar nie den Sprung in die ganz hohen Ligen geschafft, war seit dem Zweiten Weltkrieg nicht mehr erstklassig, spielte aber die meiste Zeit in den höchsten Amateurligen – wo es zu zig Duellen mit der Jahnelf kam.

Was waren das für Duelle, die die Massen stets anzogen und elektrisierten!? Spiele, bei denen es auch sportlich um etwas ging!? Wie die Saison 1966/67, als sich der Jahn im Aufstiegskampf zur Regionalliga durchsetzte? Wie 1986/87, als beide gegen den Abstieg in die Landesliga kämpften? Weiden, das war noch ein richtiger Derby-Gegner ... Durch das Hoch des SSV und das finanzielle Aus (samt Neubeginn) der SpVgg liegen mittlerweile Welten zwischen den alten Rivalen. Doch knistert es immer noch – und Weiden ist nicht chancenlos: Das letzte Pflichtspiel mit dem alten Rivalen stammt aus der Saison 2014/15, als der SSV als Drittligist im Achtelfinale des Landespokals bei der SpVgg zu Gast war und eine peinliche 0:1-Niederlage beim Fünftligisten einstecken musste. Der letzte Vergleich ging also an Weiden, was der Jahn seitdem als Schmach mit sich herumtragen muss. Sollte der SSV früher oder später wieder in die 3. Liga absteigen, trifft er im Totopokal hoffentlich wieder auf die Schwarz-Blauen. Um am Wasserwerk die Verhältnisse in der Oberpfalz wieder gerade zu rücken.

64. GRUND

Weil die Jahnelf auch den Club geschlagen hat

Der 1. FC Nürnberg. Neunmal Deutscher Meister, viermal Pokalsieger. Zuschauermagnet und einer der letzten echten Vereine im deutschen Profifußball. Der Club ist ein echter Traditionsverein! Und wahrscheinlich Jahn Regensburgs größter Albtraum.

Es ist so eine Sache mit den Angst- oder Lieblingsgegnern. Faktisch ist das natürlich Humbug, denn bei jedem einzelnen Spiel zweier Mannschaften über die Jahrzehnte hinweg stehen meistens andere Menschen auf dem Platz. Betrachtet man aber die nackten Zahlen, dann kann einem als Jahnfan wirklich angst und bange werden: Es gab bisher insgesamt 47 Pflichtspiele zwischen dem Jahn und dem Club, die Bilanz ist zappenduster. Nur fünf Spiele wurden davon gewonnen, sechs weitere endeten unentschieden. Die restlichen Partien, also 36 (!), gewannen die Franken. Und das bei einem Torverhältnis von 43:125! Selbst gegen Bayern München hat der SSV Jahn Regensburg eine positive Bilanz (in Ligaspielen), aber gegen den 1. FC Nürnberg geht der SSV in der Regel als Verlierer vom Platz. Während die Rothosen gegen die Bayern meistens gut aussahen, ist der FCN der Angstgegner.

Es ist kaum zu glauben, dass eine Jahnelf Nürnberg überhaupt schon einmal geschlagen hat. Aber es ist tatsächlich so! Und die Jahnfans dürfen sich über jeden Erfolg freuen – falls sie denn einen erlebt haben. Fünf an der Zahl in 88 Jahren, das heißt alle 18 Jahre einen. Statistisch gesehen! Denn 60 Prozent dieser Siege wurden eingefahren, als Hans Jakob noch im Kasten von Jahn Regensburg stand. Seit 1942 gab es also erst zwei weitere – nach dem Zweiten Weltkrieg gibt es also, wieder statistisch gesehen, nur alle 37 Jahre einen Sieg über den Rivalen im Nordosten. Der letzte war 2004, der nächste dürfte also ins Jahr 2041 fallen. Au weia!

Fast jeder dieser fünf Siege gegen den FCN hatte allerdings nahezu historische Ausmaße und ist somit doppelt schön: Gleich den allerersten Vergleich der Jahnelf gegen Nürnberg, am 9. Februar 1930 bei der Endrunde um die Süddeutsche Meisterschaft, gewannen die Regensburger – und wie! 3:0 hieß es am Ende gegen den fünffachen Deutschen und Rekordmeister. Einer, der besonders hervorstach, war natürlich Jahnkeeper Jakob. In diesem Spiel, ausgerechnet gegen den Club mit Jakobs Idol Heiner Stuhlfauth, wurde der spätere Rekordnationaltorhüter entdeckt. 8.000 Zuschauer sahen damals die Partie an der Prüfeninger Straße; übrigens einer der Gründe, warum man sich bald mit dem Bau einer Tribüne beschäftigte.

Sieg Nummer zwei war ein absoluter Rekordsieg, wieder im Februar, diesmal der fünfte, neun Jahre später. In der Gauliga Bayern spielte der SSV ganz oben mit, bezwang schon den einen oder anderen Favoriten Auch gegen den (mittlerweile) sechsfachen Meister brannte der Jahn ein Feuerwerk ab und deklassierte den Club mit nicht weniger als 7:0! Natürlich wieder mit Hans Jakob im Kasten. Am Ende landete die Jahnelf wie schon im Vorjahr auf Rang drei.

Der dritte Sieg war der erste und – bis heute – einzige Sieg des SSV Jahn Regensburg in Nürnberg. In der Rückrunde der Gauliga-Spielzeit 1940/41 gewannen die Rothosen mit 3:2. Das muss man sich mal auf der Zunge zergehen lassen: Seit 88 Jahren fährt Jahn Regensburg mehr oder weniger regelmäßig nach Nürnberg. 23-mal war die Jahnelf schon dort. Und nur ein einziges Mal gab es einen Auswärtssieg! Das ist mittlerweile stolze 77 Jahre her …

Der letzte Sieg gegen den 1. FC Nürnberg war in der Zweitligasaison 2003/04 und ein echter Sensationscoup. 2:1 endete das Spiel im Jahnstadion gegen den damaligen Spitzenreiter, für die Jahnfans war das, sieben Spieltage vor Schluss, der sichere Klassenerhalt. Doch der Sieg sollte wie ein Fluch sein – anschließend holte der SSV keinen einzigen Dreier mehr in der Saison. Und stieg noch ab! Wieder also ein Sieg für die Geschichtsbücher.

Der Jahn hat also eine Horror-Bilanz gegen den Club. Aber zumindest gab es tatsächlich Siege! Jeder Sieg gegen den Angstgegner ist von daher etwas Besonderes.

65. GRUND

Weil Siege am Ronhof gute Omen sind

Die SpVgg Fürth, der ewige Gegner der Jahnelf. Gegen kaum eine Mannschaft haben die Rothosen im Laufe ihrer Geschichte so oft gespielt wie gegen das Kleeblatt. Und wie schon bei den Duellen mit dem Club haben sich auch Besuche im Fürther Ronhof kaum gelohnt. In 85 Jahren stehen aber deutlich mehr Erfolge in Fürth zu Buche als in Nürnberg. Und jeder Sieg bei den Grün-Weißen war ein gutes Omen! Wenn der SSV Jahn Regensburg mal bei der Spielvereinigung gewann, ging es am Ende immer gut aus! Schon der erste Erfolg, ein 2:1 in der Gauliga-Saison 1937/38, verhieß einen positiven Saisonausgang: Am Ende belegte der SSV als Aufsteiger Rang drei! Es war das beste Ergebnis der Jahnelf in sieben Jahren erstklassiger, bayernweiter Gauliga.

Auch Sieg Nummer zwei am Ronhof zeichnete den Weg vor: Der SSV bezwang 1948/49 die Hausherren mit 3:2 in der Landesliga – und stieg am Ende in die Oberliga auf! Der Jahn schnappte sich die Meisterschaft vor dem Kleeblatt und setzte sich anschließend auch in der Relegation durch – Regensburg hatte seine Oberliga. Oder ein Blick in die Gegenwart: Am 16. Mai 2016 war die Jahnelf bei der U23 von Fürth zu Gast, das Regionalliga-Spiel am 33. Spieltag wurde im Ronhof ausgetragen. Trotz Rückstand gewann die Elf von Trainer Herrlich in der Schlussphase noch mit 2:1 – und besiegelte mit diesem Sieg die vorzeitige Meisterschaft!

Könnte ein Sieg bei den Fürthern in der Saison 2017/18 das Zeichen für den erstmaligen Klassenerhalt in der 2. Bundesliga sein?

Es gab viele Duelle, enge Duelle. So ist es wenig verwunderlich, dass es stets eine Rivalität mit dem Fürther Kleeblatt gab, auch wenn sich die beiden Traditionsvereine im aktuellen Jahrtausend noch nicht so oft auf dem Feld gegenüber standen. Hoffentlich wird das jetzt wieder öfter der Fall sein! Doch auch die wenigen Spiele hatten es durchaus in sich, auch auf den Rängen. Ein alter Gegner, dessen Name einen Hauch von alter Zeit mit sich trägt. Und eine jung gebliebene Rivalität.

7. KAPITEL

HELDEN IN FARBE

66. GRUND
Weil Vereinstreue noch wichtig ist

Es gibt sie auch heute noch, die Spieler, die nicht nur wegen des Geldes bei einem Verein sind oder aufgrund der Ligazugehörigkeit. Es gibt Spieler, die auch bei Abstiegen bleiben oder nach der Karriere. Zu diesen Spielern gehörte Harald Gfreiter, von allen nur Harry gerufen. Harry Gfreiter begann das Fußballspielen 1992 beim FC Memmingen in der Bayernliga. Über die Drittliga-Stationen Burghausen (1995-1999) und VfR Mannheim (1999/2000) kam er 2000 in die Oberpfalz.

Das Heimspiel gegen Schweinfurt am 29. Juli 2000 (1:1) war der Beginn einer 17 Jahre andauernden Beziehung, wie es sie nur selten gab beim SSV, neun davon als Spieler, acht als Trainer und Funktionär. Es funktionierte von Anfang an, Gfreiter war Stammspieler und Publikumsliebling und gehörte 2003 zu der Mannschaft, die den Aufstieg in die 2. Bundesliga schaffte. Erst dort bekam die große Liebe einen kleinen Knacks – er konnte sich nicht ganz durchsetzen. In der Zweitligasaison 2003/04 ist vieles schiefgelaufen, die Vereinsführung hat den wohl einfachsten Klassenerhalt für den Jahn leichtfertig hergegeben. Ein Aspekt war auch, dass man nicht auf die Aufstiegself mit Gfreiter setzte. Mehr noch, als es nicht lief, wurde Gfreiter aufs Abstellgleis geschoben. Trotz der Reservistenrolle wollte der damals 30-Jährige bleiben, doch vom Verein kam kein Signal. Obwohl er vor Jahresfrist noch zu den Aufstiegshelden gehörte, wollte man ihn in der neuen Regionalliga-Saison nach dem Abstieg nicht mehr haben, Harry Gfreiter ging nach Feucht.

Dort wurde der Regensburger nicht glücklich, spielte nur ein halbes Jahr für die Franken. Schon im Winter kehrte er zum Jahn zurück, diesmal wusste es die Vereinsführung besser, und der Publikumsliebling blieb auch beim Abstieg in die Bayernliga 2006, wo er als Stammspieler beim direkten Wiederaufstieg half. Der mittlerweile 33-Jährige wechselte nun in die zweite Mannschaft. Für die erste war er mittlerweile zu alt, doch dem Verein blieb er treu, führte die U23 des SSV Jahn in der Landesliga, ehe er seine Schuhe 2009 endgültig an den Nagel hängte – nach neun Jahren im weißen Trikot der Jahnelf. Doch damit kehrte Harry Gfreiter dem Verein nicht den Rücken: Er blieb, machte seine Trainerscheine und begann in der Jugend zu arbeiten. Ab 2010 begann dann seine Karriere bei den Profis: Erst als Teamkoordinator, dann als Co-Trainer in der 2. Bundesliga und 3. Liga. Zur Saison 2016/17 wechselte Gfreiter dann ins erste Glied: Nachdem der SSV den bisherigen Trainer der U21 zum Chef-Scout beförderte, übernahm der Ex-Spieler das Team in der Bayernliga. Leider schaffte er mit der zweiten Jahnelf nicht den Klassenerhalt. So griffen auch die Fußballmechanismen bei Harry Gfreiter, er musste den Verein nach dem Abstieg verlassen – nach 17 Jahren Treue.

Er wäre dem Jahn sicher auch weiterhin treu geblieben, in welcher Position auch immer. Das ist und bleibt sein Verein. Anfragen von Vereinen schlug er während seiner Zeit als Co-Trainer beim Jahn aus, selbst als zu seiner aktiven Zeit die Bundesliga auf ihn aufmerksam wurde, blieb er. Eintracht Frankfurt klopfte damals beim Mittelfeldmotor an, doch der schlug aus – er wollte lieber 3. Liga mit dem Jahn spielen, als bei der Eintracht fürs Auf-der-Bank-Sitzen bezahlt zu werden. Auch das ist heute oftmals anders. Harry Gfreiter steht beim Jahn für besondere und seltene Werte, nicht umsonst wurde er auch im Jahr 2007 von den Fans in die Jahrhundertelf gewählt, neben Größen wie Hans Jakob und Gerd Faltermeier.

Vereinstreue ist beim Jahn noch wichtig. Deswegen wurde Gfreiter geliebt, Spieler wie Oli Hein oder Wastl Nachreiner werden nach ihren Karrieren aus demselben Grund ewig in Erinnerung bleiben.

67. GRUND

Weil Andi Geipl die schnellste Gelbe Karte der Bundesligageschichte sah

Was passiert alles in sieben Sekunden? Sieben Sekunden braucht das Essen vom Mund bis in den Magen. Ein gutes Bier braucht sieben Sekunden. Sieben Sekunden braucht ein Mensch, um sich einen ersten Eindruck von einem anderen zu machen. Oder: In sieben Sekunden holt man sich eine Gelbe Karte.

Saison 2017/18, 2. Bundesliga, Abstiegskampf. 13. Spieltag, der SSV Jahn empfängt das Fürther Kleeblatt. Eine wichtige Partie für die beiden bayerischen Zweitligisten, die Jahnelf ist 15., Fürth steht auf Platz 17. Beide hatten zuletzt ihre Spiele gewonnen und wollen den Dreier mit einem weiteren Sieg vergolden, Luft holen im Kampf gegen den Abstieg. Dementsprechend motiviert gehen die Akteure schon beim Aufwärmen zur Sache. Die Gäste gewinnen die Platzwahl, die Jahnelf darf also anstoßen. Der Pfiff von Schiedsrichter Thorben Siewer ertönt, der SSV stößt nach hinten an, das darf man ja mittlerweile. Ein Pass, und der Ball ist weg, Fürth beginnt den schnellen Gegenstoß. Jahns Mittelfeldmotor Andreas Geipl, den alle nur Andi rufen, grätscht hinterher – aber eine Millisekunde zu spät. Er senst Cigerci um, gespielt sind da sieben Sekunden. Siewer zückt Gelb, und Geipl ist verwarnt. So schnell wie noch kein anderer in den ersten beiden Bundesligen vor ihm. Rekord!

Andi Geipl und die Karten, das ist schon eine Geschichte für sich. Neben dem Umstand, dass er immer mit herausgestreckter Zunge agiert – auf nahezu jedem Actionfoto ist sie zu sehen –, fallen vor allem die Statistiken auf: Von Mai 2016 bis November 2017 machte der Defensivakteur der Jahnelf 54 Spiele in Folge, in denen er nicht wegen einer Verletzung oder gar Leistungsgründen fehlte. Bei sieben Spielen musste er dennoch zusehen; es waren sieben Spiele Sperre! Eine Rot-, eine Gelbrot- und drei Gelbsperren. In seinen bisherigen 86 Partien für die Jahnelf sah er 34-mal den einen Karton. In drei von vier Spielzeiten hatte er die meisten Verwarnungen der Mannschaft – in der vierten Spielzeit fehlte er leider lange aufgrund eines Kreuzbandrisses. Weitere Spitzenwerte: Zwischen dem achten und 14. Spieltag der Zweitligasaison 2017/18 kassierte er in sechs (!) aufeinander folgenden Spielen jeweils eine Verwarnung, dazwischen saß er eine seiner Gelbsperren ab.

Andi Geipl und die Karten ... Außenstehende könnten anhand dieser Zahlen meinen, dass er ein unfairer Spieler sei. Das ist er aber tatsächlich gar nicht, wie auch sein Mitspieler anmerkt: »Da ist kein Foul dabei gewesen, das willentlich oder gar böswillig ist. Wir Spieler wissen genau, wenn einer mit Absicht ein Foul macht oder es aus der Aktion heraus passiert. Beim Andi hatte ich noch nie das Gefühl, dass da ein bewusstes Foul dahintersteckte«[153], sagt Oli Hein. Im Gegenteil, diese Zahlen stünden nur für die Mentalität, die Geipl an den Tag legt: Er geht immer all-in, gibt immer alles. »Das passiert dann halt mal, wenn man versucht, jeden einzelnen Zweikampf zu gewinnen«[154], so Hein. Wo gehobelt wird, da fallen Späne. Und genau das lieben den Fans am Sechser mit der Nummer 8: Er geht dahin, wo es wehtut, ist sich für keinen Zweikampf zu schade. Gibt immer 100 Prozent. Von der ersten Sekunde an – und das ist keine Floskel.

68. GRUND

Weil jedes einzelne Gegentor ärgerlich ist

Der Jahn und seine Torhüter, das ist schon immer eine spezielle Beziehung gewesen. Meist machte der SSV mit ihnen einen guten Fang! Ein Keeper, der in jüngerer Vergangenheit das Jahntrikot trug und eine tragende Rolle einnahm, war Michael Hofmann. Ja, der Michael Hofmann, der langjährige Löwen-Schlussmann! 2010 kam er zum SSV, nachdem er beim TSV 1860 zuletzt nur noch Ersatz gewesen war. 14 Jahre war er beim TSV, eine treue Seele und ein Kämpfer vor dem Herrn, der immer alles für seinen Verein tat. Für die 3. Liga war er deshalb eine Topverpflichtung, immerhin kam er mit der Empfehlung von 174 Erst- und Zweitligaspielen sowie mehreren Auftritten im Europapokal an die Donau, auch wenn er bei seiner Unterschrift schon 37 Jahre alt war.

Und er bewies, dass er es immer noch draufhatte, Hofmann gehörte zu den Leistungsträgern in den drei Jahren beim SSV. Nach Platz acht in der ersten Saison stieg er 2011/12 in die 2. Bundesliga auf – dass er da noch mal hinkommen sollte, hat er wohl selbst nicht gedacht, als er in Regensburg unterschrieb! Die Zweitligasaison begann, natürlich, mit einem Auswärtsspiel bei den Löwen. Der Jahn mit dem langjährigen Sechzger im Tor, Hofmann dürfte sich vorgekommen sein wie im Traum. Nur: Die Punkte blieben aus in dieser Zweitligasaison. Nach fünf Spieltagen hatte die Jahnelf nur einen Sieg bei vier Pleiten auf dem Konto, am sechsten Spieltag stand das Heimspiel gegen das ungeschlagene Energie Cottbus auf dem Plan. Das Hofmann mitentschied. Der Jahn machte ein richtig gutes Spiel, hatte viele Chancen, konnte aber keine der vielen Gelegenheiten in etwas Zählbares ummünzen. Zu allem Überfluss kassierte der SSV nach nur drei Minuten ein blödes Gegentor: Ein harmloser Schuss rutschte Hofmann, ausgerechnet dem erfahrenen Michael Hofmann, durch die Finger – 0:1. Dieser Patzer entschied am Ende das Spiel, und Hofmann, der immer alles für den SSV gab, stellte sich anschließend den TV-Interviews. Unter Tränen sagte er dem Moderator: »Ich darf keine Fehler machen, sonst hat Jahn Regensburg keine Chance, in der Liga zu bleiben. Solche einfachen Dinger ... Das ist für mich peinlich, das muss ich heute wirklich sagen. Das hat auch keine privaten Gründe, weil bei mir ist alles bestens geordnet, aber ... das ist bitter! Vor allem, die Mannschaft wird nicht belohnt, die haben alles gegeben. Wir haben Unruhe, die ist ganz klar nach sechs Spielen, aber man kann den Jungs keinen Vorwurf machen. Ich würde jetzt auch anders dastehen, wenn diese Scheißsituation vielleicht mit dem 1:1 noch belohnt worden wäre.«[155]

Nach dem Patzer wägte der Torhüter sogar ein spontanes Karriereende ab: »Mal abwarten, was der Sonntag bringt, ob ich überhaupt nächste Woche mich wieder ins Tor stellen kann. Das tut mir weh ... Den Aufwand, den ich betreibe, und so eine Scheiße da heute abzuliefern, das geht nicht.«[156] Der Moderator versuchte, Hofmann aufzumuntern. Doch der war untröstlich: »Was glauben Sie, wie alt ich bin? Ich habe mich immer wieder rausgekämpft. Solche Sachen, die kann ich nicht verstehen. Ich muss meinen Kindern, meinen Torhütern in der Jugend, Sachen erklären, und wenn man dann solche Sachen selber macht, ... Ich sehe jetzt, dass er noch leicht abgefälscht wurde, aber das ist für mich kein Alibi oder Entschuldigung. Man ist wochenlang top in Form, aber es zählt Samstagnachmittag der Wettkampf. Das ist für mich nicht zu entschuldigen, da muss ich mir Sachen überlegen, wie ich da wieder rauskomme.«[157]

Michael Hofmann war ein Vorbild für seine Kollegen, ein Profi, wie er im Buche steht. Er ging voran, auch was Siegeswillen angeht. DJ Mike, wie er von den Fans gerufen wurde, war ein positiv Verrückter. Ein perfektes Beispiel, wie der DJ so tickte, war das Heimspiel gegen Werder Bremen II in der Saison 2011/12. Die Jahnelf führte gegen die Bremer Bundesligareserve durch Tore von Jimi Müller, Selçuk Alibaz und André Laurito mit 3:1, der Sieg war dingfest. Dennoch gab es in der Nachspielzeit noch mal einen Elfmeter für die Gäste. Und da Hofmann in seiner Zeit beim Jahn keinen einzigen Elfmeter halten konnte, stand es zum Schluss nur noch 3:2. Am Heimdreier hat das zwar nichts geändert, doch das späte Gegentor von Kroos hat den Keeper geärgert. Die Jahnelf hat sich über den Erfolg gefreut – und Hofmann ist schnurstracks in die Kabine marschiert. »Er hat eine Woche lang mit keinem mehr geredet, das hat er uns richtig spüren lassen«[158], erinnert sich sein ehemaliger Mitspieler Oli Hein. Dennoch hat er wie viele andere nur positive Erinnerungen an Hofmann, der den jungen Kollegen viel gegeben hat, auch über den Fußball hinaus. Mit den Spielern der Aufstiegsmannschaft 2012 hält er noch heute den Kontakt. »So einen Verrückten habe ich noch nie erlebt«[159], lacht Hein.

92-mal hütete er das Tor des SSV Jahn. Hofmann hat mit 40 Jahren (!) noch ein Zweitligaspiel für die Jahnelf bestritten, nach der Saison 2012/13 war dann aber Schluss. Zumindest mit der Profikarriere, denn im Amateurbereich ging es für den erfahrenen und fitten Torwart weiter. Nach einem kurzen Gastspiel 2015 bei der SpVgg Bayreuth, bei der er sich nach dem Ausfall des Keepers als Backup zur Verfügung stellte (und beim Regionalliga-Spiel der Bayreuther in Regensburg auch auf der Bank saß), feierte er sein offizielles Comeback beim Bayernligisten SV Pullach. Dort wurde er einmal Vizemeister und einmal Meister, ehe er seine Karriere endgültig beendete. Zumindest vorerst, denn es gab ein zweites Comeback: Hofmann ging als Torwarttrainer zum ambitionierten Landesligisten Türkgücü München, bei dem er in Notsituationen aber selbst noch mal zwischen die Pfosten ging – mittlerweile 45-jährig, ist also immer noch nicht Schluss! Hut ab, DJ Mike!

69. GRUND

Weil Düsseldorf für'n A**** ist

Das ist natürlich nicht böse gemeint, sondern wörtlich. Und aus der Sicht von Dennis Grassow. Der Innenverteidiger kam 2006 von Darmstadt 98 an die Donau, der Jahn war frisch von der Regional- in die Bayernliga abgestiegen. Obwohl man zwei Jahre zuvor noch den Club im Jahnstadion empfing, ging es jetzt plötzlich nur noch gegen Nürnbergs Zweite. Grassow, immerhin 163 Spiele in der 1. und 2. Bundesliga auf dem Buckel, sollte als erfahrener und routinierter Defensivmann für den direkten Wiederaufstieg sorgen. Und der gebürtige Berliner trug seinen Teil bei: Als Spielführer und Aufräumer in der Defensive realisierte er erst den Wiederaufstieg in die Regionalliga, dann die Qualifikation für die 3. Liga tatkräftig mit. In der Saison 2008/09, seiner letzten, sollte der Klassenerhalt in der 3. Liga geschafft werden. Das erste Mal in der Geschichte der Jahnelf sollte der Klassenerhalt in einer Profiliga erreicht werden – ein ambitioniertes Ziel, für das die Rothosen bis zum allerletzten Spieltag kämpften.

Doch am 7. März 2009 war zunächst Fortuna Düsseldorf zu Gast, ein Aufstiegsaspirant und haushoher Favorit. Der nahezu problemlos für die richtigen Verhältnisse sorgte: Durch Tore von Christ und Lambertz lag der SSV nach einer guten Stunde mit 0:2 hinten, und es sah nicht so aus, als würde sich da bald etwas ändern. Bis zur 63. Minute: TSV-Keeper Melka fing eine ungefährliche Flanke ab und wollte das Spiel schnell machen, auf der linken Seite hatte Fortuna-Stürmer Terrode den Turbo angeworfen und hätte gegen die hoch aufgerückte Jahndefensive nahezu freie Bahn gehabt. Doch er hatte nicht mit dem Jahnkapitän gerechnet: Der drehte sich in den Schuss, wurde nirgendwo anders als an seinem Allerwertesten getroffen – und von dort segelte der Ball ins Tor! Der Anschlusstreffer! Ein Tor mit dem Hintern, was für eine Szene!

Natürlich wollte Grassow den schnellen Abwurf absichtlich blocken; wenn der Schiedsrichter die Szene abgepfiffen hätte, hätten sich die Rothosen nicht beschweren dürfen. Aber er tat es nicht, und es stand nur noch 1:2! Oft sind es diese kuriosen Szenen, die einer Mannschaft neuen Auftrieb geben, und so war es auch im Jahnstadion. Der Jahn warf alles nach vorne, aber es sollte beim 1:2 bleiben. Ein Treffer aus dem Lehrbuch gelang an diesem Tag nicht mehr. Das Tor, das später auch zum Tor des Monats nominiert wurde, war das vorletzte seiner Karriere. Drei Tage später traf er erneut, beim 2:2 in Bremen. Grassow wird sich wahrscheinlich gedacht haben, dass dieses Po-Tor nicht sein letztes sein sollte. Das Tor war aber im Endeffekt auch so fürn A****, weil das Spiel bekanntlich mit 1:2 verloren ging.

Grassow war ein bodenständiger und glaubwürdiger Arbeiter in der Jahndefensive. Mit dem Klassenerhalt in der 3. Liga trat er ab, seine Mission war erfüllt. Dennis Grassow beendete nach dem 2:0-Sieg über Braunschweig seine Karriere, nach drei Jahren und 69 Spielen (13 Tore) für den Jahn. 2007 wurde er in die Jahrhundertelf des SSV Jahn gewählt. Für seinen ehemaligen Mitspieler, Mersad Selimbegović, ist es wenig verwunderlich, warum die Fans Grassow mochten: »Wenn man immer mit 100 Prozent in die Zweikämpfe geht und diese meistens auch gewinnt, dann merken das die Zuschauer. Die Fans auf der Tribüne kann man nämlich nicht täuschen! Man kann bei Vertragsverhandlungen irgendwas erzählen, aber wenn man auf dem grünen Rasen steht, kann man keinen täuschen.«[160]

Noch mal zurück zur Fortuna: Vielleicht ist Düsseldorf ja auch im übertragenen Sinn fürn A****, zumindest aus Jahnsicht. Alle drei Vergleiche des SSV mit dem TSV gingen nämlich verloren ... Nichts zu holen für die Rothosen also. Bisher!

70. GRUND

Weil der Trainer Michi Fersch frei gab

Die Saison 2000/01 ist zu Ende. Der SSV Jahn hat nach dem Doppelaufstieg tatsächlich auch den Klassenerhalt in der Regionalliga Süd geschafft, eine Regionalliga, in der er der einzige Aufsteiger war. Wegen der Zusammenführung von vier auf zwei Staffeln setzte sich von allen zehn Oberliga-Meistern nur die Jahnelf durch – und sollte entgegen aller Vermutungen auch in der Liga bleiben. Wegen des Kaders galt der SSV, wie so oft, als Abstiegskandidat Nummer eins. »Wir waren eine der wenigen Mannschaften, bei der noch fast jeder nebenher gearbeitet hat«[161], weiß Karsten Wettberg, der damalige Erfolgscoach. »Und es war eine Mannschaft, die überwiegend aus der Region kam.« Spieler wie Michi Fersch, Torsten Holm oder Tobias Zellner hießen die Leistungsträger dieser Tage. Schon nach 33 von 34 Spielen steht der Sport- und Schwimmverein vier Punkte über dem Strich, am Ende wird es Rang zwölf. Mit 62 Gegentoren stellt die Wettberg-Elf zwar die zweitschlechteste Defensive, aber mit 57 Toren auch die beste Offensive der gesamten Liga. Diese Mannschaft steht für Tore! Alleine Fersch hat als Defensivspieler 14 Tore (in 25 Partien) erzielt und ist damit Dritter der Torschützenliste.

Doch Urlaub ist noch nicht. Ein wichtiges Spiel steht noch bevor: Das Toto-Pokal-Halbfinale gegen den FC Bayern München II. Es geht um den Einzug ins Finale – und damit gleichzeitig um den Einzug in den DFB-Pokal, denn bis einschließlich 2010 wurden beide Pokal-Startplätze des Bayerischen Fußballverbandes von den Landespokal-Finalisten wahrgenommen. Auch die Münchner müssen also die Saison noch um eine Woche verlängern. Wollen das aber nicht.

Nicht nur heutzutage scheint es so, als wäre die Nachwuchsabteilung der Säbener Straße Rekord-Spiele-Verschieber, auch damals wurde schon versucht, jeglichen Vorteil für die jungen Nachwuchskicker des großen FCB herauszukitzeln. Die Münchner klopfen also beim Jahn an. Ob das Halbfinale nicht am Dienstag, also drei Tage nach dem letzten Saisonspiel und vier Tage früher als geplant, stattfinden könne. Nun, einer hat da etwas dagegen: Chefcoach Wettberg. Denn: Einige Spieler, darunter sein Leistungsträger Fersch, müssen arbeiten. Und in so einem wichtigen Spiel möchte er ungern auf sie verzichten. Dass das den FCB-Verantwortlichen nicht schmeckt, liegt auf der Hand. Sie sind es nicht gewohnt, dass ihnen Kontra gegeben wird. Erst recht nicht von dem kleinen Trainer des Drittligisten. »Warum lasst ihr euch denn vom Wettberg reinreden?«[162], wird der Jahnvorstand brüskiert angepflaumt. Nun ja, weil er halt der Trainer ist, vielleicht? Es wird hin und her diskutiert, am Ende steht die Entscheidung: Es wird Freitag gespielt. Zumindest einen Tag konnten die Münchner herausholen, da konnte auch Wettberg nichts mehr machen. Nur: Sein Libero Fersch muss auch am Freitag arbeiten. Was also tun? Der 31-Jährige ist zu wichtig für die Jahnelf. Karsten Wettberg hat die Sache höchstpersönlich in die Hand genommen: Ein Telefonanruf bei Ferschs Arbeitgeber, und der Spieler bekommt tatsächlich für dieses wichtige Spiel ein paar Stunden frei! Natürlich als Minusstunden, aber immerhin. Und es hat sich gelohnt: In diesem engen Spiel, das erst im Elfmeterschießen zugunsten der Jahnelf entschieden wird, spielt Fersch eine tragende Rolle – das Finale ist erreicht und damit die erste Hauptrunde im DFB-Pokal. Zum ersten Mal seit acht Jahren wieder! Gut, dass der Trainer Fersch an diesem Freitagabend frei gegeben hat!

Fersch lief dann natürlich auch im entsprechenden Hauptrundenspiel gegen Bayer Leverkusen auf, konnte nach seiner Einwechslung aber auch nichts mehr an der 0:3-Pleite gegen den Erstligisten ausrichten.

Seine vier Jahre im Jahndress waren durchaus erfolgreich: Insgesamt machte Michi Fersch 85 Spiele für den SSV und traf 32-mal. Noch mal, er war Verteidiger, auch wenn elf Strafstoßtore dabei waren, ist das ein starker Wert! Er begann in der Landesliga und beendete nach Rang drei in der Regionalliga seine Profikarriere. 2007 wurde er in die Jahnjahrhundertelf gewählt.

71. GRUND

Weil Stefan Binder besser ist als Timo Werner

Woho, das ist mal eine Aussage! Ist das nicht ein bisschen zuuu viel Fanbrille? Nein, natürlich sind hier nicht die fußballerischen Fähigkeiten gemeint, die sind beim deutschen Nationalstürmer natürlich um einiges besser. Das kann man als Fan des SSV Jahn auch neidlos anerkennen. Es geht hier aber um das Gesamtpaket. Ein Paket, das zeigt, dass Stefan Binder einfach zum Jahn gepasst hat. Und Werner hier nie glücklich werden würde!

Zunächst: Was haben beide gemeinsam? Auf den ersten Blick nichts. Werner ist Stürmer, Binder war Verteidiger. Werner ist Nationalspieler und kickt in der Bundesliga, Binder ist nicht über die 2. Liga hinausgekommen. Werner spielt seit zwei Jahren für den wohl meistgehassten Club der Bundesrepublik, Binder hat über zehn Jahre beim sympathischen Oberpfälzer Traditionsverein verbracht. Alleine der letzte Vergleich sagt ja schon, dass Binder besser sein muss als Timo Werner. Aber eine kleine Gemeinsamkeit haben beide doch: Sowohl Stefan Binder als auch Timo Werner sorgten deutschlandweit wegen einer Schwalbe für Aufregung.

Tatort A: Jahnstadion. Relegationsspiel SSV Jahn gegen den Karlsruher SC (2011/12) in der 57. Minute. Binder dringt in den Karlsruher Strafraum ein, zieht an Schiek vorbei – und fällt. Strafstoß Alibaz, 1:0!

Tatort B: Zentralstadion. Bundesligaspiel Leipzig gegen den FC Schalke 04 (2016/17) in der ersten Minute. Werner dringt in den Schalker Strafraum ein, legt den Ball an Fährmann vorbei – und fällt. Strafstoß Werner, 1:0!

Zwei zunächst ähnliche Geschehnisse – mit doch gravierenden Unterschieden. »Glaubwürdigkeit« ist einer von drei wichtigen Begriffen beim SSV, eine von drei Eigenschaften, die die Menschen in Ostbayern auszeichnen. Klar, die Schwalbe von Stefan Binder war unfair – aber so etwas passiert im Fußball. Der 33-jährige Linksverteidiger gab im Unterschied zu Werner die Schwalbe aber zu! Während Werner anschließend im TV-Interview davon überzeugt war, dass das ein korrekter Strafstoß war, gab Binder seinen Fehltritt zu: »Es lag sicher kein Foulspiel vor!«[163] Nicht die Schwalbe ist das Problem, sondern der Umgang damit. Und hier zeigte sich der gebürtige Niederbayer klar als Jahnler! Es ging um alles. Der

Jahn, Binders Herzensverein, mit dem er ein ganzes Jahrzehnt verbrachte, könnte zum Abschluss seiner Karriere in die 2. Bundesliga aufsteigen! Zuvor war den Rothosen noch ein regulär erzieltes Tor abgesprochen worden, die Aktion von Stefan Binder war ein Versuch, das Glück wieder auf die Jahnseite zu ziehen.

Werner ist dagegen schon in der allerersten Minute abgehoben mit nichts anderem im Sinn, als in der ersten Minute einen Strafstoß zu schinden – um den Elfmeter dann, sorry, auch noch frech selbst auszuführen. Die Schwalbe, die der langjährige Jahnspieler (254 Spiele in Rot-Weiß) zur »wichtigsten Schwalbe meiner Karriere«[164] erkor, ist sicher kein Ruhmesblatt. Aber der Umgang mit ihr schon!

72. GRUND

Weil Petr Stoilov den Jahn zum Sieg schiss

Nein, das ist kein freudscher Verschreiber, auch wenn *i* und *o* auf der Tastatur nebeneinander liegen. Petr Stoilov hat den SSV Jahn beim Saisonauftakt gegen Unterhaching mit zwei Toren zum 2:1-Sieg geführt und war der Held des Tages. Der Stürmer hatte den Jahn mit 16 Toren nahezu im Alleingang in die Regionalliga geschossen, doch dass er in der 3. Liga ebenso treffsicher sein würde, konnte man nicht ahnen. Das fanden auch die Journalisten – und wollten den Hünen nach dem Spiel als Interviewpartner. Da es damals noch keinen Pressesprecher gab und die Reporter im Endeffekt machen konnten, gab es keinen, der das verhindert hat. Heute würde man das vielleicht anders regeln. Andererseits: So wäre das geniale Interview wahrscheinlich nie zustande gekommen!

Nach dem Spiel äußerte sich Petr Stoilov mit dem typisch-tschechischen Akzent: »Ich freue mich, dass ich Jahn Regensburg zum Sieg geschissen habe. Ich hoffe, dass ich noch viele weitere Tore in der 3. Liga schissen kann.« Die Fans vor den Fernsehgeräten brachen selbstverständlich ab. Aber immerhin behielt der Tscheche recht: Es sollten noch mehr Tore geschissen werden. Schon am Folgespieltag bei den Stuttgarter Kickers traf Stoilov dreifach, insgesamt machte er 13 Tore in der Saison – und war einer der Garanten für die Qualifikation zur eingleisigen 3. Liga.

Petr Stoilov. Das war noch ein echter Typ! Mit seinen gesamten 1,90 Meter Körpergröße und der Glatze hätte man sich vor ihm gefürchtet, wenn man ihm nachts über den Weg gelaufen wäre. Allerdings haben sich die gegnerischen Verteidiger auch nicht gefreut, gegen Stoilov spielen zu müssen. Es kam durchaus vor, dass er sich bei schwierigem Geläuf statt Noppen Schrauben (!) aus dem Baumarkt in die Schuhe drehte, um einen besseren Halt zu haben. Die Köpfe hat er abgezwickt und das Ende mit schwarzem Edding bemalt, damit das nicht entdeckt wird. Sicherlich war jeder Feindkontakt schmerzhaft. Für den Feind.

Stoilov kam 2006 aus Kötzting zum SSV und erfüllte seinen Auftrag, den Jahn zurück in die Regionalliga zu ballern. Am Ende wurden es fünf Jahre, obwohl er eigentlich nur zwei dableiben wollte. In diesen fünf Jahren im Jahntrikot machte der Publikumsliebling zudem 44 Buden in 164 Spielen und gehört damit zu den Leistungsträgern des neuen Jahrtausends schlechthin. Stoilov bewies in drei verschiedenen Ligen seine Treffsicherheit, kein anderer Jahnspieler aus dem neuen Jahrtausend traf öfter. Die Jahnfans widmeten dem Stürmer bei dessen Abschied 2011 eigens eine Choreo: »Dík Petr – Pět let nadšení pro Jahnelf«[165] war am Turm zu lesen (zu deutsch: Danke Petr – Fünf Jahre Begeisterung für die Jahnelf). Stoilov wechselte 35-jährig zurück nach Kötzting und ließ seine Karriere später unterklassig in der Tschechischen Republik ausklingen.

73. GRUND

Weil man Mersad Selimbegović nicht wütend machen sollte

Wir befinden uns in der Saison 2007/08. Der Jahn war Tabellenführer der Regionalliga Süd, konnte aber die letzten beiden Spiele nicht mehr gewinnen. Nun stand das Spitzenspiel beim SV Sandhausen an, zu dem die Jahnelf bereits einen Tag vorher angereist war und im Hotel übernachtet hatte. Am Folgetag sollte die Abfahrt pünktlich um halb zwölf sein, also war als Treffpunkt 20 nach elf ausgemacht.

SSV-Spieler Mersad Selimbegović war pünktlich, wie alle anderen, hat aber noch kurz zwei Minuten genutzt, um auf die Toilette zu gehen. So weit, so gut, nichts Ungewöhnliches. Aber dann passierte etwas, was man keinem wünscht. Selimbegović erzählt: »Als ich wiedergekommen bin, nur zwei Minuten später, waren alle weg! Die haben mich vergessen!«[166] Die Mannschaft ist also ohne ihren Innenverteidiger in Richtung Stadion aufgebrochen! Dabei wäre er so wichtig, beim letzten Spiel gegen den KSC II fehlte er gesperrt – und die Jahnelf fing sich gleich vier Stück.

Der 25-Jährige griff zum Telefon. Der Bus ist nicht mehr umgedreht, das wäre zu umständlich gewesen, also ist Markus Weinzierl zurück zum Hotel gefahren. Der Co-Trainer der Jahnelf war mit dem Auto von Dennis Grassow gesondert unterwegs und hat Selimbegović aufgegabelt. Bloß: Weinzierls Plan, dem Bus zum Hardtwaldstadion zu folgen, konnte natürlich nicht mehr in die Tat umgesetzt werden. Und hey – das ist Sandhausen! Alleine und ohne Navi waren die beiden so natürlich auf verlorenem Posten! »Wir haben hin und her telefoniert, wo wir lang müssen«[167], erinnert sich Selimbegović. Navigation via Telefon, was sich natürlich als schwierig herausgestellt hat, wenn der auf der anderen Leitung selbst ganz woanders ist… Doch, zum Glück, da: die Autobahn! Da wurde das Gespann hingelotst. Also Ende gut, alles gut?

»Irgendwann waren wir dann auf der Autobahn. Und dann haben wir auch den Mannschaftsbus entdeckt – der auf der anderen Seite in die entgegengesetzte Richtung gefahren ist!«[168] Ups ...

Glücklicherweise sind Markus Weinzierl und Mersad Selimbegović nicht am Hockenheimring, sondern irgendwann am Stadion angekommen. »Ich bin dann knapp zum Aufwärmen angekommen und war dann richtig sauer«[169], so Selimbegović. Wer wäre das nicht, wenn er am Hotel vergessen werden würde und eine Odyssee durch Sandhausens Umland hinter sich hätte? Allerdings hatte das auch seinen Vorteil: »Das waren immer meine besten Spiele, wenn ich sauer war.«[170] Es war tatsächlich ein Spiel, in dem vor allem die beiden Defensivreihen positiv herausstachen. Durch das Duo Selimbegović/Grassow gab es kaum ein Durchkommen. War es vielleicht doch ein Vorteil, den Bosnier am Hotel stehen zu lassen? Viellicht sogar ein Trick, weil die Jahnelf um die Qualitäten des Innenverteidigers wusste? Wir wissen es nicht, auf alle Fälle ging das Spiel trotzdem verloren. Durch einen späten Treffer von Leis gewannen die Kurpfälzer das typische 0:0-Spiel.

Dass mit dem Innenverteidiger nicht gut Kirschen essen ist, wusste man schon. »Ich war grundsätzlich nicht beliebt bei Stürmern«[171], so Selimbegović lachend. Unvergessen auch, wie er Wastl Nachreiner zu seinem Debüt verhalf: Im Drittligaheimspiel gegen Braunschweig lag der SSV mit 0:1 hinten, kurz vor der Pause sah Defensivmann Hörnig wegen eines absichtlichen Handspiels die Rote Karte. Passiert! Auch in Unterzahl kann man Spiele drehen, wie auch Co-Trainer Beller in der Kabine verlauten ließ (er ersetzte den erkrankten Markus Weinzierl): »Jungs, es ist egal, dass wir einen weniger haben!«[172] Torwarttrainer Huber hat ihn dann korrigiert: »Zwei weniger.«[173] Was? Stille in der Kabine.

Was war passiert? Nach dem Pausenpfiff sind Braunschweigs Kumbela und Selimbegović aneinandergeraten. Kumbela hat den Jahnverteidiger am Arm gepackt, um ihn zu provozieren – beim Wegschubsen hat Selimbegović ihn im Gesicht erwischt und von

Thomsen die Rote Karte gesehen. Die zweite binnen zwei Minuten! Jaja, Mersad Selimbegović und die Stürmer … Zumindest fiel mit dem jungen Bosnier auch der letzte Innenverteidiger beim Jahn aus, sodass beim nächsten Spiel in Jena ein junger Nachwuchsspieler sein erstes Spiel für den SSV machte: Wastl Nachreiner.

74. GRUND

Weil die Jahnelf auch Doktoren im Team hat

Nils Peterson, Stürmer beim SC Freiburg, war ehrlich: »Salopp gesprochen, verblöde ich seit zehn Jahren«[174]. Die Kritik, die er äußert: Fußballer seien nicht so belesen, hätten keine Ausbildung gemacht.[175] Die Zuschauer seien »insgesamt wohl intelligenter und schlauer«[176]. Dem kann man durchaus zustimmen, denn das Ziel eines jungen Fußballers ist naturgemäß die Bundesliga. Dort verdienen sie ihr Geld mit dem Fußball – und müssen nichts anderes können. Sami Khedira hielt aber passend dagegen: »Es ist niemandem verboten, sich fortzubilden.«[177] Und damit hat auch Khedira recht! Wenn man das Gefühl hat, zu verblöden, kann man ja mal ein Buch in die Hand nehmen. Die Frage liegt natürlich auf der Hand: Für eine richtige Ausbildung oder ein Studium bleibt neben dem Profitum keine Zeit. Oder doch? Der Jahn ist ein schönes Gegenbeispiel, wie Bildung und Profifußball Hand in Hand gehen könnten. Es gab auch schon Doktoren im Team – und weitere könnten folgen! Zwei dieser Doktoren gehörten sogar zu den Aufstiegshelden von 2000: Die Ärzte Dr. Bernd Meyer und Dr. Ralf Weidhaus. Weidhaus erzielte in der Relegation um die Regionalliga ein Tor in den entscheidenden Spielen gegen den SV Sandhausen, Meyer sogar zwei – und ebneten dabei der Jahnelf den Weg zur Rückkehr in die 3. Liga.

Weidhaus kam 1999 aus Stegaurach zum Jahn, machte 22 Spiele (4 Tore) und wechselte später zur SG Post/Süd Regensburg. Meyer spielte insgesamt 34-mal im Trikot des SSV (11 Tore) und kam von Post/Süd. Nach seiner aktiven Karriere, in der er parallel schon als Arzt praktizierte, war er auch Mannschaftsarzt der Rothosen. Zwei Beispiele, die zeigen, dass man Fußball und Bildung durchaus kombinieren kann!

Man könnte nun behaupten, schön und gut, das war ja noch auf Amateurniveau. Okay, das stimmt. Aber der Jahn schafft das auch in der 2. Bundesliga! Wastl Nachreiner ist seit 2010 beim SSV, der Innenverteidiger gehörte, wenn fit, stets zu den Leistungsträgern (174 Spiele für die Jahnelf) – und studiert nebenbei Jura. Das Staatsexamen hat er gerade, derzeit schreibt er seine Doktorarbeit und könnte der nächste Doktor auf dem Spielberichtsbogen werden. Wie er das geschafft hat? »Man muss Disziplin und Organisation mitbringen.«[178] Ohne den eisernen Willen dazu klappt das natürlich nicht, Nils Petersen. Die zweite Komponente ist natürlich der Verein, der das unterstützen muss. »Es ist wichtig, dass Trainerteam und Management Verständnis dafür aufbringen, dass, wenn Prüfungen anstehen, für mich auch mal trainingsfrei sein muss«[179], erklärt Nachreiner. Und der SSV hat dafür offensichtlich Verständnis, wohl weil er sich seiner Verantwortung bewusst ist.

Natürlich muss jetzt nicht jeder gleich eine Doktorarbeit schreiben. Fußball ist ja kein Intellektuellen-Club! Aber Hand aufs Herz: Wie viele Jugendspieler hat Bayern München? Alle sind wohl mehr oder weniger mit das Beste, was Fußballdeutschland im Nachwuchs zu bieten hat. Und wie viele davon werden später einmal vom Fußball leben? Auf jeden Fall nicht alle! Es ist wichtig, dass vor allem junge Sportler sich nicht nur auf den Fußball verlassen und daher ein zweites Standbein haben. Beispiel Sven Kopp: Der junge Defensivakteur konnte seine Mechatroniker-Ausbildung auch nach der Verpflichtung vom Jahn 2014 fortführen – weil der Verein ihm das ermöglicht. Es steht also jedem frei, sich zu bilden. Und wenn es Vereine gibt, wie den SSV Jahn Regensburg, die das unterstützen, umso besser!

8. KAPITEL

TYPISCH JAHN!

75. GRUND

Weil der SSV einen Spieler verpflichtete, den die Liga (noch) nie gesehen hat

Jaja, das Transferfenster. Drei Monate purer Wahnsinn! Alle drehen sie durch im Juli, August und Januar. Die Fans, die Medien, die Berater. Vielleicht auch der eine oder andere junge Spieler. Welcher Superstar wechselt für welche Supersumme zu welchem Superclub? Vor allem in Zeiten von Social Media vergeht in dieser Zeit kein Tag ohne ein Gerücht, das schnell und weit verbreitet wird. Oder ohne einen irren Abschluss, wie 222.000.000 Euro (!) für Neymar im Sommer 2017. Die Menschen sind aber auch absolut empfänglich für diesen Wahnsinn. Das hatte 2014 ein 17-jähriger Junge aus London ausgenutzt und die Welt mit einer falschen Transfermeldung genarrt: Er verkündete über Twitter aus Jux den (erfundenen) Wechsel von Basels Stürmer Mohamed Salah zum FC Liverpool – und ihm wurde geglaubt.[180] (Witzige Nebenbemerkung: Mittlerweile spielt Salah tatsächlich für Liverpool! Als hätte er es geahnt …) Auf alle Fälle werfen in dieser Zeit die (großen) Clubs mit den Scheinen nur so um sich, um ihn zu landen: den Königstransfer.

Auch der Jahn hat schon den einen oder anderen Königstransfer getätigt. Spontan fällt einem da Dimitrios Anastasopoulos ein. Der Grieche wechselte im Sommer 2013 zum Zweitligaabsteiger und war ein wirklich guter Fang für einen Drittligisten. Er kam vom griechischen Erstligisten AEK Athen mit den größten Vorschusslorbeeren, vor allem aus den Reihen der Medien: »Er ist der Königstransfer des SSV Jahn Regensburg«[181], schrieb beispielsweise die *Mittelbayerische Zeitung*, nachdem der 23-Jährige in der Vorbereitung zu überzeugen wusste. Aber eben nur da: Er bekam im kalten Regensburg Heimweh, selbst das Einfliegen der Freundin brachte nicht viel. Nach nur einem halben Jahr und vier Einsätzen war Schluss beim SSV, Anastasopoulos ging wieder nach Griechenland. »Er war ein ganz anständiger und cleverer Junge, total fleißig im Deutschlernen. Aber er hat sich privat wohl einfach nicht wohlgefühlt«[182], so Manager Keller.

Solche Vorschusslorbeeren gab es schon für so manchen Königstransfer, und das sicher nicht nur beim Jahn. Den bisher wohl höchstgepriesenen Regensburger Neuzugang gab es in der Saison 2005/06. Die war bei Weitem nicht die beste in der Geschichte des SSV Jahn. Im Laufe der Spielzeit wurde ein Insolvenzverfahren eröffnet, in der Liga lief es von Beginn an schlecht. Trainer Basler wurde durch Co-Trainer Dariusz Pasieka ersetzt, aber auch der brachte den Motor nicht zum Laufen. Mit Günter Güttler versuchte sich sogar ein dritter Trainer, am Ende stieg die Jahnelf trotzdem ab. Großer Wermutstropfen und wohl auch Knackpunkt war dabei der winterliche Verlust von Toptorjäger Enrico Kern. Der Stürmer, der in seinen 16 Hinrundenspielen 14 Tore machte und die Regensburger Lebensversicherung darstellte, weckte Begehrlichkeiten – und wechselte im Winter für gut 130.000 Euro in die 2. Bundesliga nach Rostock. Kern ist damit bis heute der Rekordtransfer des SSV Jahn – ein ebenfalls ausgehandeltes Freundschaftsspiel gab es allerdings bis heute nicht.

Die Vereinsführung versuchte natürlich alles Mögliche, um den Fall in die 4. Liga zu stoppen, und verpflichtete in der Winterpause fünf neue Spieler. Darunter ein gewisser João Paulo Brito, der den Verlust von Kern auffangen sollte. Der damals 32 Jahre alte (oder 30? Die Quellen sind sich, wenig verwunderlich, uneins) Portugiese kam mit starken Leistungsdaten an die Donau: Für ZSKA Sofia spielte er in der bulgarischen A Grupa, außerdem kam er für den Rekordmeister bereits im UEFA Cup zum Einsatz. Ebenfalls kein schlechter Fang für einen Drittligisten! Sportchef Jenö Rauch verkündete stolz, dass mit Brito ein Spieler verpflichtet worden sei, den die Regionalliga noch nie gesehen habe. Hört, hört! Die Fans waren voller Hoffnung auf eine absolute Granate, auf einen richtigen Königstransfer eben, der vor allem den schmerzhaften Abgang von Kern erträglicher machen sollte. Er bekam einen Vertrag bis zum Saisonende plus Option auf eine weitere Spielzeit.

Schon die Ankündigung hätte allerdings Zweifel aufkommen lassen können, ja fast müssen. Das klang nämlich schon äußerst seltsam, ungefähr so wie die Vita von Cristovao Trombin, einem Brasilianer mit italienischem Pass, der ein halbes Jahr zuvor über Weißrussland, Brunei (!!!) und Pforzheim seinen Weg an die Donau fand. Die Bilanz verheerend: Bei acht Einsätzen in Liga und Pokal für die erste Mannschaft des Sport- und Schwimmvereins sprangen ein Remis und sieben Niederlagen heraus. Kein Wunder, dass er später nach Schwieberdingen ging. (Obgleich das keine Herabsetzung des Stuttgarter Vorortvereins sein soll, immerhin spielte dort auch der spätere Jahnkapitän Marco Grüttner).

Aber zurück zu Brito: Der Offensivmann wurde vollmundig angekündigt, aber von Beginn an, nachdem er im Probetraining überzeugt hatte, gab es Schwierigkeiten. Der Wunderspieler hatte mit Problemen zu kämpfen. Alle warteten beim Rückrundenbeginn zwar sehnsüchtig auf einen Einsatz des Wunderspielers, doch erst hieß es, er müsse sich noch an das Winterwetter in Deutschland gewöhnen, dann, er habe keine Spielgenehmigung. Und schließlich soll er sich noch in der Vorbereitung im Trainingslager verletzt haben. Seltsam, seltsam ... Das Ende vom Lied: Brito fand nie den Weg auf den Spielberichtsbogen der Jahnelf, niemand hat ihn bis zum Saisonende zu Gesicht bekommen. Typisch Jahn! Die Ankündigung »Diesen Spieler hat die Regionalliga noch nie gesehen« wurde so zum Running Gag, denn die Liga hat Brito tatsächlich nie gesehen. Einige Fans haben zwar behauptet, ihn mal auf der Tribüne, bei einem Testspiel im Januar oder im Lauftraining gesehen zu haben. Ob es sich dabei um den echten Brito handelt, ist bisher aber nicht überliefert und sollte natürlich angezweifelt werden.

Gebracht hat es dem SSV nichts. Nachdem Kern nicht ersetzt werden konnte, holten die Rothosen in der gesamten Rückrunde nur noch einen einzigen Sieg. Ungeachtet dessen soll João Paulo Brito aber wirklich etwas draufgehabt haben. Zumindest in Bulgarien, bei seinem Ex-Club ZSKA Sofia, feierte man ihn. Als ein Jahnfan in der bulgarischen Hauptstadt Urlaub machte und mit Einheimischen über seinen Heimatort Regensburg sprach, fingen sie laut an zu rufen: »Brito! Brito!« Ohne dass der Fan den Sport- und Schwimmverein erwähnte, wussten die ZSKA-Anhänger von der Donaustadt, weil Brito zum SSV gewechselt war und man seinen Werdegang immer noch verfolgte. Sachen gibt's!

76. GRUND

Weil Antenne Bayern zwar keinen Spieler finanzierte, aber drei Punkte brachte

Eine 10.000-Euro-Sprize für einen kriselnden Drittligisten? Da hätte wohl niemand etwas dagegen, allzu oft wird sich eine solche Gelegenheit abseits des gewöhnlichen Sponsorings aber wohl nicht bieten. Dem Jahn ist diese Gelegenheit 2005 geboten worden – und er hat sie verpasst ... Allerdings nur, weil eine pflichtbewusste Mitarbeiterin das tat, was man von ihr erwartete. Aber der Reihe nach.

Antenne Bayern ist der meistgehörte Hörfunksender der Republik und bei den Hörern wohl – neben der Musik – vor allem auch deshalb so beliebt, weil er regelmäßig Gewinnspiele durchführt. So gab es vor einigen Jahren folgendes Spiel: Der Radiosender hat wahllos eine beliebige Nummer in Bayern angerufen, und wenn sich der oder die Angerufene mit den Worten »Hallo Antenne Bayern« meldete, gewann er oder sie 10.000 Euro. Und wie es der Teufel so wollte, kam der Moderator des Senders am 20. Oktober 2005 in der Geschäftsstelle des SSV Jahn Regensburg raus! Am Telefon Hildegard Gabler, die sich, wie es sich für einen Profiverein gehört, natürlich nicht mit »Hallo Antenne Bayern«, sondern mit ihrem

Namen und dem des Vereins meldete. Was würden denn sonst die Geschäftskunden denken? Somit gab es eben keine 10.000 Euro für den SSV, der erst wenige Monate zuvor die Insolvenz abwenden konnte.

»Was meinen Sie, wie nötig wir das Geld hätten ...«[183], bedauerte die langjährige Mitarbeiterin beim Telefonat, das in ganz Bayern live ausgestrahlt wurde. »Hat Jahn Regensburg Schulden?«[184], fragte der Moderator. Die richtige Gegenfrage: »Welcher Fußballclub hat keine Schulden, außer Bayern München?«[185] (Die Antwort: Jahn Regensburg im Jahr 2018).

Die Frage blieb am Ende natürlich unbeantwortet, ob sie selbst als Angerufene oder der Verein, wo »Antenne Bayern« eben durchgekommen war, die 10.000 Euro wirklich bekommen hätte. Der finanzschwache Sport- und Schwimmverein hätte durch Antenne Bayern in der Winterpause einen weiteren Spieler teilfinanzieren können, um den Klassenerhalt zu schaffen. Für den Fall, dass Hildegard Gabler beschenkt worden wäre, hat sie spontan einen Wunsch geäußert: »Ich bräuchte einen neuen Lippenstift!«[186] Damit hat sie nicht nur für einen heiteren Moment beim Moderator gesorgt, sondern auch bei vielen Freunden, die das Gespräch live im Auto mitbekommen hatten.

Wäre, wäre, Fahrradkette, dem Jahn entging auf alle Fälle eine belebende Finanzspritze, Hildegard Gabler ihr Lippenstift. Dennoch hatte es etwas Gutes: »Da Sie jetzt beim 10.000-Euro-Anruf verloren haben, vielleicht gewinnt Jahn Regensburg am Wochenende? Das wäre dann ausgleichende Gerechtigkeit?«[187], mutmaßte der Moderator. »Sicher, wenn Sie mir Glück bringen«[188], lachte sie. Er sollte Glück bringen: Der SSV besiegte Kaiserslautern II zwei Tage später mit 2:1. Na wenigstens etwas!

77. GRUND

Weil die Turm-Uhr um exakt 10.35 Uhr stehen blieb

Arm ist sexy. Das ist bekannt. Im Fußball sind es die armen Vereine, die mit wenig Geld viel erreichen, die heutzutage sympathisch rüberkommen. Neureiche Klubs wie die TSG Hoffenheim, der FC Ingolstadt oder Leipzig sind eher unbeliebt. Es gibt einen Fangesang, der häufig erklingt, um das zu verdeutlichen: »Wir haben keinen Strom, wir haben kein Geld, wir sind der geilste Klub der Welt.« Das ist immer symbolisch gemeint, denn jeder Verein hat natürlich Strom, wir leben nicht mehr im Mittelalter! Oder etwa doch nicht?

Am 25. März 2009 gingen beim Jahn die Lichter aus. Wortwörtlich! Am Vormittag hatte der Regensburger Energieversorger dem Verein tatsächlich den Strom abgedreht – im Stadion und an den Trainingsgeländen ging nichts mehr. Kein Strom, kein Telefon, kein Warmwasser. »Seit 10.35 fließt kein Strom mehr!«[189] titelte beispielsweise eine Regensburger Internet-Zeitung. Der Grund, warum man das so genau weiß, ist bizarr: Die Stadionuhr am Turm ist genau zu diesem Zeitpunkt mangels Stromversorgung stehen geblieben. Es war ein notwendiger Schritt, erklärte der verantwortliche Energieversorger. Seit 2005, also in den vergangenen vier Jahren, seien knapp 300 (!) Mahnungen wegen nicht gezahlter Rechnungen an den Jahn geschickt worden, ganze 48-mal (!) sei eine Stromsperrung sogar angedroht worden. Der Jahn hatte nie viel Geld, gehörte immer zu den Vereinen mit einem der niedrigsten Etats in der Liga. Doch was im März 2009 zutage kam, hätte so keiner erwartet. Der Energieversorger verlangte nach Zeitungsberichten 30.000 Euro Sicherheitsleistung, die der Verein nicht erbringen konnte.

Die Folgen waren schwerwiegend: Die Drittligaspieler mussten nach den Trainings ins örtliche Schwimmbad ausweichen, um zu duschen, und das kommende Heimspiel, ausgerechnet das Derby gegen Burghausen, drohte abgesagt zu werden. Der Spielbetrieb war akut gefährdet! Doch die verhärteten Fronten konnten gelöst werden, die Parteien sich einigen. Schon am nächsten Tag floss der Strom wieder – und auch das Spiel gegen den SV Wacker konnte später mit 1:0 gewonnen werden.

Seitdem war der Gesang wahrer, als er wohl je bei einem Verein gewesen ist, er wurde 2012 beim überraschenden Aufstieg in die 2. Bundesliga das Motto der Aufstiegsmannschaft um Kapitän Schweinsteiger: »Wir haben keinen Strom, wir haben kein Geld, wir haben das geilste Team der Welt!« Wie wahr! Der kleine Jahn, der als Abstiegskandidat gehandelt wurde, dem sogar der Strom abgedreht wurde, stieg in die 2. Liga auf. Geschichte, die nur er Fußball erzählt!

Heute ist die Zukunft gesichert, der Jahn hat Strom und mittlerweile sogar ein kleines bisschen Geld (im Vergleich zu den anderen ist es immer noch nichts). Eines ist aber geblieben: Die Jahnelf ist das geilste Team der Welt!

78. GRUND

Weil Tim Erfen nicht Timothée Atouba ist

Tim Erfen war was für Fußballromantiker. Kein Zauberfußballer, aber ein Kämpfer, der mit seiner Art Fußball zu spielen gut in die 1990er gepasst hätte. Böse Zungen behaupten sogar, er gehöre zur Kategorie »Holzer«. Wie auch immer, Erfen spielte zweieinhalb Jahre für die Jahnelf, für die er immerhin 62 Spiele in der 3. und 2. Liga machte. Er kam 2010 aus Wuppertal an die Donau. Doch vor allem im Zuge des Zweitligaaufstiegs 2012 machte der Defensivmann von sich reden. Dem Relegationsrückspiel in Karlsruhe drückte Erfen bereits seinen Stempel auf, als er nach dem Seitenwechsel für Stefan Binder eingewechselt wurde und sich nach 86 Minuten mit Gelb-Rot verabschiedete.

Auf der Aufstiegsfeier am Regensburger Haidplatz wenige Tage später dann der Fauxpas: Erfen hüpfte auf der Bühne im Timothée-Atouba-Style umher, also auf einem Bein, während das andere leicht angehoben war. Dass Tim Erfen kein technisch starker Fußballer war, wurde schon erwähnt – aber auch das sollte nicht funktionieren: Während er also auf der Bühne rumsprang, machte der Torwart-Trainer einen Schritt nach vorne, Erfen trat ihm auf den Fuß – und riss sich jedes einzelne Band im Sprunggelenk. Tja, Tim Erfen ist eben nicht Timothée Atouba.

Das Witzige daran (abgesehen von der Tatsache, dass sich ein Spieler auf der Aufstiegsfeier (!) verletzt hatte): Keiner hatte es zunächst bemerkt! Auf der Bühne war so viel los, dass weder Fans noch Mitspieler etwas von dem Malheur mitbekamen. Und das, obwohl Erfen noch am selben Abend deswegen ins Krankenhaus eingeliefert wurde und später auf Krücken die Stadt unsicher machte.

Mitspieler Oli Hein weiß noch: »Es ist mir erst auf dem Flug nach Mallorca aufgefallen, als er nicht mit dabei war.«[190] Ja, die Jahnelf war damals schon gut im Feiern. So gut, dass sich ein Spieler verletzte – und es seine Kameraden erst auf dem Weg in den gemeinsamen Urlaub bemerkten.

79. GRUND

Weil Vertrag nicht immer gleich Vertrag ist

Die Transfer-Zeit ist eine verrückte Zeit. Das ist einfach so. Was für Vereinswechsel es manchmal gibt, was für Summen gezahlt werden ... Das ist schon unglaublich und nicht mehr schön. Auch die Berater profilieren ja von Vereinswechseln. Und manch einem geht es dabei wohl nicht schnell genug ... Vertrag ist auf alle Fälle nicht immer gleich Vertrag! Vor allem nicht beim Jahn!

Beispiel André Laurito: Der Innenverteidiger kam 2010 aus der Regionalliga zu den Rothosen und gehörte von Beginn an zu den Leistungsträgern. Er war, auch durch sein Kopfballtor zum 2:2 in der Relegation, maßgeblich am Zweitliga-Aufstieg 2012 beteiligt. Sein Vertrag beim SSV lief aus, es gab Verhandlungen mit mehreren Clubs, natürlich auch mit dem Jahn. Am 24. Mai, zehn Tage nach dem Aufstieg, vermeldete dann Mitaufsteiger VfR Aalen offiziell die Verpflichtung von Jahnaufstiegsheld Laurito, der mit einem 2-Jahres-Vertrag ausgestattet die Defensive auf der Ostalb verstärken sollte.[191] Es gab eine Pressemitteilung, und es erschien auf der VfR-Website. Dumm nur: Laurito wollte davon nichts wissen! Er dementierte den Wechsel, er habe keinen Vertrag unterschrieben.[192] Sein Berater, Markus Hettinger, widersprach dagegen Lauritos Widerspruch, sowohl er als auch Laurito hätten Aalen schriftlich und mündlich zugesagt. Das Ende vom Lied: Der Jahn meldete die Vertragsverlängerung von Laurito, und Aalen meldete, dass sie trotz gültigem Arbeitspapier auf den Defensivmann verzichten wollten. Und André Laurito meldete den Wechsel des Beraters.

Beispiel Heiko Herrlich: »Ich bin nächste Saison auf jeden Fall Trainer in Regensburg, am liebsten in der 2. Liga. Mich erfüllt es einfach mit einer großen Dankbarkeit und Demut, dass ich Trainer in diesem Verein sein kann.«[193] Heiko Herrlich war ein Glücksfall für den SSV. In anderthalb Jahren schaffte er den Durchmarsch von der Regional- in die 2. Bundesliga, die Fans hatten große Hoffnungen, dass mit diesem Trainer endlich der Klassenerhalt in der 2. Liga gelingen kann. Herrlich wiederholte öffentlich mehrmals, dass er auch in der Saison 2017/18 beim Jahn bleiben wolle. Doch dann der Schock: Plötzlich kam die Meldung, dass Herrlich bei Bayer Leverkusen unterschrieben hätte. Wie soll das denn gehen? Die Antwort: Der Trainer hatte keinen gültigen Vertrag für die 2. Bundesliga – sein Vertrag, der bis 2019 ging, galt nur für die Regional- und die 3. Liga! Bitter ...

Er selbst hat immer wieder betont, dass er auch im Jahr darauf Jahntrainer sein werde. Jetzt wird es spitzfindig: Ist eine mündliche Zusage schon ein Vertrag? Im Grunde ja – nur beim Fußball gilt ja nicht einmal ein »richtiger« Vertrag mehr etwas. Zumindest bei Heiko Herrlich war es nicht das erste Mal in seiner Karriere, er war quasi Wiederholungstäter. Die Rede ist natürlich von der Wechselaffäre 1995: Der junge Stürmer war bei Borussia Mönchengladbach unter Vertrag und wollte zur anderen Borussia nach Dortmund wechseln. Nur: Er stand beim VfL noch unter Vertrag. Aber er berief sich auf eine mündliche Zusage der Fohlen und streikte. Dembélé 1.0 also. Und Gladbach gab nach, Herrlich wechselte für elf Millionen DM zum BVB. Das lässt die Geschehnisse beim Jahn zu einem Treppenwitz mutieren, wo er sich an seine mündliche Zusage ja nicht mehr erinnern konnte. »Ich habe ein reines Gewissen. Ich war vertragslos«[194], so Herrlich wenige Tage nach der Äußerung im Absatz drüber. Na ja.

Beispiel Albion Vrenezi: Nach dem Zweitliga-Aufstieg 2017 wechselte der Offensivmann zum Jahn. Der quirlige Dribbler kam von der Zweitvertretung des FC Augsburg an die Donau, allerdings fehlte er in den ersten Spielen auf dem Spielberichtsbogen, obwohl er in der Vorbereitung richtig auftrumpfte. Der Grund: Vrenezi fehlte die Spielgenehmigung, weil er keinen gültigen Vertrag beim Jahn besaß. Wie bitte? Er hatte beim SSV doch unterschrieben? Jahns Trainer Beierlorzer erklärte die Sache so: »Es ist allem Anschein nach so, dass der Spieler mit seinen Beratern einen zweiten Vertrag unterschrieben hat, von dem wir nichts wussten – und das ist jetzt aufgetaucht.«[195] Vrenezi hatte vor dem Jahn auch beim Ligakonkurrenten SV Sandhausen unterschrieben. Eine schwierige Angelegenheit! Der SSV konnte nichts dafür, doch irgendwie war auch das wieder typisch Jahn!

Vrenezi hat in Sandhausen unterschrieben, aber nie einen gegengezeichneten Vertrag erhalten. Vrenezi und sein Berater widerriefen daraufhin den mit den Kurpfälzern geschlossenen Vertrag, und der junge Offensivspieler unterschrieb in Regensburg. Dann kam die Meldung – und die hat den Sandhäusern nicht gepasst. Um für Vrenezi aber eine Spielgenehmigung zu bekommen, musste der SVS offiziell betätigen, dass der Vertrag mit dem Kosovaren nichtig sei. Und das haben sie am Ende nur gegen eine kleine Ablösesumme gemacht.

Ganz schön kompliziert, die Sache mit den Verträgen, die keine Verträge sind. Oder andersrum?

80. GRUND

Weil es ohne Pass keine Punkte gibt

Am 1. Dezember 1974 gewann der SSV Jahn Regensburg mit 3:1 bei den Würzburger Kickers und holte zwei verdiente Punkte im Kampf um die Bayernligameisterschaft und den Aufstieg in die 2. Bundesliga. Es war eine enge Sache an der Tabellenspitze, neben dem SSV spielte vor allem auch der FV Würzburg, Kickers Stadtrivale, um den Aufstieg mit. Da tat jeder Auswärtssieg gut!

Am nächsten Tag dann der Schock: Der Jahn wird aller Voraussicht nach das Spiel am grünen Tisch nachträglich verlieren! Was war passiert? Jahns Defensivmann Hans Meichel hatte keinen Spielerpass dabei. Das Problem dabei: In Bayern herrschte zu dieser Zeit der sogenannte Passzwang, das heißt, ein Spieler durfte nur mitwirken, wenn ein gültiger Pass auch vorlag. Nur, wo war Meichels Pass? »Mein Pass steckte immer in meinem Sakko, doch in Würzburg hatte ich ein anderes Sakko an als noch im Spiel zuvor!«[196] Das wussten die Jahnverantwortlichen auch, also hielten sie Rücksprache mit dem Schiedsrichter. Darf Meichel spielen, wenn sie den Pass wenige Tage später vorlegen? Heute ist das so. Und damals? »Ich kenne diesen Spieler. Er soll mitwirken«[197], sagte der hessische Schiedsrichter Gewahl. Er gab grünes Licht, und Meichel lief auf. Der Pass wurde noch am gleichen Abend vorgelegt. Doch eine Mannschaft bekam Wind davon: Der FV Würzburg, der große Konkurrent um den Aufstieg. Der legte Beschwerde ein – und bekam recht! Meichel hatte den Passzwang nicht befolgt, dem Jahn wurden die Punkte aberkannt! Auch ein folgender Rechtsstreit brachte kein anderes Urteil, der SSV verlor das Spiel beim FWK am grünen Tisch. Der Schiedsrichter, der aus Frankfurt kam, wusste schlichtweg nichts von der nur in Bayern gültigen Regel. Tja, Pech gehabt! Am Ende sollte es trotzdem reichen, der Jahn stand nach 34 Spieltagen zwei Punkte vor dem FVW.

Aber auch das, typisch Jahn, kein Einzelfall. Niederlagen am grünen Tisch gab es auch in der jüngeren Vergangenheit. In diesem konkreten Fall geht es um die zweite Mannschaft – und das mehrfach:

Werfen wir einen Blick auf das Saisonfinale der Spielzeit 2009/10 in der Landesliga Mitte. Der Jahn II steht auf Platz zwei der Tabelle, punktgleich mit dem Lokalrivalen Freier TuS Regensburg. Am letzten Spieltag ist der ASV Neumarkt zu Gast, das sollte eine reine Formsache werden. Plötzlich erreicht den Verein eine Meldung: Der 3:0-Sieg über den FC Amberg wird aberkannt! Der SSV hatte mit Sebastian Kreis einen Spieler eingesetzt, der zuvor für die Profis in der 3. Liga gegen Dortmund II dabei war – und das war verboten. Das war nicht alles, zwei Tage darauf die gleiche Nachricht, aus demselben Grund: Beim 2:0-Sieg in Schierling wurde ein Akteur eingesetzt, der am selben Wochenende in der 3. Liga gegen Heidenheim spielte. Drei weitere Punkte futsch ... Das besonders Bittere: Diese Punktabzüge kosteten den SSV Jahn II den Aufstieg in die Bayernliga! Am Ende wurde es nämlich Rang drei ...

Drei Jahre später: Ruben Popa wurde beim Heimspiel gegen Affing (3:0-Sieg) eingewechselt – womit die U23-Regelung verletzt wurde, weil mit Popa ein vierter Spieler über 23 Jahre aktiv wurde. In derselben Saison nur wenige Wochen später hatte die kleine Jahnelf den TSV Kottern zu Gast. Das Spiel gegen den Abstiegskandidaten im Sportpark Kaulbachweg endete standesgemäß 4:1. Wie so oft gab es auch Unterstützung aus dem Profiteam, und einer dieser Spieler war Marius Müller, den der SSV vom FSV Frankfurt II an die Donau gelotst hatte. Den Sprung in die erste Mannschaft hat Müller nie richtig geschafft, weswegen er öfter bei der von Ilija Dzepina trainierten U23 (heute U21) auflief. Wie auch am 9. Spieltag gegen Kottern, Müller schoss sogar ein Tor. Schön! Drei Punkte hat das trotzdem nicht gebracht. Zum wiederholten Mal! Der dafür Verantwortliche hatte vor Spielbeginn nämlich nicht die Passnummer von Marius Müller, sondern von dessen Namensvetter Jimi Müller, der ebenfalls bei Jahn spielte, in den Spielberichtsbogen eingetragen. Das hieß konkret: Marius Müller war ein nicht spielberechtigter Spieler! Und die Partie wurde mit 2:0 für Kottern gewertet … Zudem gab es noch eine 200-Euro-Strafe vom Verband oben drauf. Glücklicherweise entschieden die verloren gewerteten Spiele nicht mehr über den Aufstieg.

81. GRUND

Weil manches Geheimnis besser ungelüftet bleibt

Die Zustände im alten Jahnstadion können als kultig und katastrophal zusammengefasst werden. Das alte Rund an der Prüfeninger Straße hatte Charme, war aber nicht mehr zeitgemäß. An manchen Ecken hatte man Jahre, ach was, Jahrzehnte nichts mehr gemacht. Vor allem waren alle Räumlichkeiten vom Boden bis zur Decke mit Zeug vollgestopft, sodass sich die Geschäftsstelle eines Tages dazu entschloss, auszumisten. Ein riesiger Müllcontainer wurde gemietet, und zwei volle Tage waren die Mitarbeiter damit beschäftigt, alles wegzuwerfen, was nicht mehr genutzt wurde. Nicht nur die »Container-Burg«, auch die Räumlichkeiten unter der Tribüne wurden komplett auf den Kopf gestellt. Manch einer wird sicher davon geträumt haben, den einen oder anderen verschollenen Jahnschatz heben zu können. Im Endeffekt landete das meiste davon aber natürlich auf dem Müll.

Der eine oder andere Raum blieb allerdings unentdeckt. Und offenbarte später bisher ungelüftete Geheimnisse. Da der SSV Jahn 1889 auch eine Kegelabteilung besitzt, gab es im Jahnstadion auch eine Kegelbahn. 1967 wurde diese eingebaut, bis etwa ins Jahr 1989 wurde sie von den Jahnkeglern auch genutzt. Danach verkam sie zur Rumpelkammer. Genau wie der Raum hinter der Kegelbahn, wo die Kegelstellmaschine eingebaut war. Und diese wurde eben nicht geräumt, als die Geschäftsstelle zwei Tage lang alles auf den Kopf stellte.

So trug es sich zu, dass ein paar Mitarbeiter eines Tages dieses spezielle Lager nutzen wollten, in dem auch eine alte Tiefkühltruhe stand. Ein leichter Kontakt genügte – und sie öffnete sich einen Spalt, die Büchse der Pandora. Und plötzlich war es so, als hätte jemand einen Schalter umgedreht. Einen Geruchsschalter, denn von jetzt auf gleich fing es bestialisch an zu stinken in der Kegelbahn. Es wurde versucht, sie wieder zu schließen, was aber nicht klappte. Also ging es nach dem Motto »Aus den Augen, aus dem Sinn« wieder raus, doch schon beim Rausgehen wussten die Mitarbeiter, dass sie diese Truhe entfernen mussten. Sie warfen einen Blick hinein, die Truhe enthielt Fleisch, Kalamari, Pommes und Gemüse. Lecker! An sich ... Allerdings war die Tiefkühltruhe natürlich nicht mehr in Betrieb, das Fleisch war schon in einem enormen Verwesungsstatus, das Eis war längst geschmolzen und der Lebensmittelrest mit dem Wasser in einer undefinierbaren, stinkenden Brühe verbunden. Das reicht schon, um ein angenehmes Bild zu zeichnen? Nun, das war noch nicht alles. Das Zeug da unten, ganz tief unten in der Tiefkühltruhe in dem hintersten Eck des Kellers, das verweste nicht erst seit einem Jahr. Auch nicht seit zwei oder drei. Auch nicht seit zehn Jahren. Nein, der Inhalt der Tiefkühltruhe der Pandora, der in der Saison 2013/14 gefunden wurde, stammte, abzuleiten aus den Haltbarkeitsdaten, aus dem vergangenen Jahrtausend! Hmmm ...

Gut, geistesgegenwärtig wurde die Truhe so schnell wie möglich wieder geschlossen, als der Inhalt bekannt war. Die Mitarbeiter versuchten nun, sie hinauszubefördern, in die Freiheit, um sie zu entsorgen. Und das war mit der kiloschweren Truhe ein richtiger Akt! Man munkelt, dass sich einer der Mitarbeiter während der Entsorgungsaktion übergeben musste. Der arme Tropf ...

Tja, manches Geheimnis bleibt eben besser ungelüftet. Jemand eine Knackersemmel?

82. GRUND

Weil der Jahn ein Chaosverein war

Es war eines der ersten Dinge, die Dr. Christian Keller bemerkte, als er beim Jahn zu arbeiten anfing. Die Stadtgesellschaft möchte den Verein spürbar nicht. Nur wenige, die dem Jahn über viele Jahre treu verbunden waren, haben ihn trotz aller Macken innig geliebt.

Ach ja, die liebenswerten Macken. Andere Leute nannten den Jahn damals auch Chaosverein. Was heißt damals, das ist keine fünf Jahre her! Aber was gab es nicht alles für Geschichten? Die Spieler bekamen monatelang kein Geld, in Spitzenzeiten standen die Gehälter ein halbes Jahr lang aus. »Der Jahn war von allen Beratungsprojekten das Absurdeste. Ich habe mich vom ersten Tag an gefragt, wie es dieser Club geschafft hat, zu überleben«[198], sagt Keller, der 2009 bereits mit einer Beratungsfirma beim Jahn war. Die Frage ist berechtigt: Wie, um Himmels willen, hat der Jahn das geschafft? Als Keller 2013 dann als Geschäftsführer beim SSV einstieg, musste er erst einmal Rechnungen bezahlen. Viele Rechnungen – bis ins Jahr 2004 zurück! Das sind elf Jahre, für alle, die nicht so schnell im Kopfrechnen sind.

Das Image des Jahn im Umfeld war dementsprechend. Das ging so weit, dass dem Verein nicht mal mehr Rechnungen ausgestellt wurden. Bei Bestellungen jeglicher Art musste eine Zeit lang immer ein Mitarbeiter das Geld in bar mitbringen, dann hat er auch etwas bekommen – auf Rechnung hat dem Jahn niemand mehr etwas gegeben.

Den ersten Schritt hin zu einem professionell geführten Verein ging der SSV 2011 mit der Einstellung von Johannes Baumeister als Geschäftsführer. Die erste Abteilung, die auf professioneller Basis stand, war der Bereich Medien. Nicht weil es zuvor keine chaotischen Strukturen gab, sondern weil es überhaupt keine Strukturen gab. In anderen Bereichen war es schwieriger, auf manchen Positionen war aufgrund des Alters von entsprechenden Mitarbeitern keine Professionalisierung möglich. Es gab sogar Fälle, in denen die Arbeitsverträge beim Verein nicht mehr auffindbar waren! Das hieß, dass eine Umbesetzung schwierig war, weil kein Mensch wusste, wie die Vertragsverhältnisse überhaupt aussahen …

»Es war schwierig, den Verein mit diesem Image in der Region wieder zu integrieren«[199], erzählt Till Müller, ehemaliger Pressesprecher. Aber es hat geklappt! Die Zeiten, als dem Chaosverein der Strom abgedreht wurde, sind Gott sei Dank vorbei. Und die Menschen in der Region mögen ihn wieder, ihren SSV. Auch mehrheitlich!

83. GRUND

Weil Komfort überbewertet wird

Kreativität, Spontanität und Geduld. Das sind drei Dinge, die ein Jahnspieler noch vor ein paar Jahren unbedingt mitbringen musste, um das Abenteuer Regensburg zu überleben. Der Jahn hatte bekanntlich nie viel Geld, dementsprechend war der Zustand der

Infrastruktur. Im Trainings- und Spielbetrieb war manchmal Erfindungsreichtum angesagt! Es kam nicht selten vor, dass am Trainingsgelände Weinweg das Flutlicht ausfiel oder die Kabinen im Jahnstadion kein warmes Wasser hatten.

Bis zur Saison 2012/13 gab es noch keine eigene Kabine für die Jahnelf am Kaulbachweg, die Spieler haben sich also immer im Jahnstadion umgezogen und sind mit einem kleinen Bus immer zwischen Stadion und Trainingsgelände hin und her gefahren. Dieser kleine Trainingsbus hatte, natürlich, einen ähnlichen Zustand vorzuweisen wie der Rest beim SSV. Der wohl größte Makel war, dass die Seitentür nicht mehr richtig schloss. Während der Fahrt gab es also immer einen Tür-Beauftragten im Bus, der diese festhalten musste. Täglich! Es kam bei schnellen Kurven, vor allem wohl nach den anstrengenden Trainings, auch durchaus vor, dass die Tür auffiel und rausgefallen ist – der Jahntross war also angehalten, kurz rechts ranzufahren und die Tür wieder einzuhängen. Sicherlich ein Bild für die Götter!

Komfort wird beim Jahn eben überbewertet. Wer die Gegebenheiten hier nicht annimmt, wird wohl weniger glücklich werden …

84. GRUND

Weil es manchmal nicht ohne Sauerstoffzelt geht

Zu Beginn gilt das bei Brito Gesagte: Die Transferzeit ist der absolute Wahnsinn! Was die Vereine mit den Geldscheinen wedeln, ist schon fast nicht mehr feierlich. Aber manchmal verständlich, vor allem im Winter. Wenn ein Team abgeschlagen im Tabellenkeller liegt und irgendwer irgendwo noch ein paar Moneten lockermacht, damit der Sportchef noch mal einkaufen gehen kann, um mit irgendwem irgendwie den Klassenerhalt zu schaffen.

Selbstverständlich auch beim Sport- und Schwimmverein. Brito war so ein Exot, ein Notnagel, der im Zuge der Verzweiflung verpflichtet wurde, am Ende aber nichts gebracht hat. Oder Hannes Sigurdsson: Der Isländer kam im Winter 2015, um den Fall in die Regionalliga Bayern zu verhindern. Der Stürmer war Ex-Nationalspieler und Weltenbummler, bei allen hieß er nur »Der Isländer«. Aber er war nicht fit, sodass er nur dreimal zum Einsatz kam und handgestoppte 39 Minuten im Jahntrikot absolvierte. In diesen drei Einsätzen wurde er von den Fans aber gefeiert wie kein Zweiter! Immerhin: 1,90 groß, Glatze, roter Bart – wie kann man den nicht feiern?? Mal davon abgesehen, dass er ein saumäßig netter Typ war, gar nicht so gefährlich, wie er aussah.

Natürlich gibt es auch die Fälle, in denen ein Neuzugang den Kader sportlich aufwertet, Julian De Guzmán ist so ein Beispiel (2013), oder Marvin Knoll (2015). Aber interessanter sind die unfitten Notnägel: Stichwort Koke! Der Stürmer, der mit bürgerlichem Namen Sergio Contreras Pardo heißt, wurde im Januar 2013 an die Donau gelotst. Der Jahn stand mit 13 Punkten auf dem letzten Platz, neue Spieler mussten her. Darunter eben Koke, der zuletzt in Aserbaidschan gespielt hatte und auch davor ganz schön rumgekommen war: Spanien, Frankreich, Portugal, Griechenland und sogar die USA.

Es gab nur ein Problem: Koke hatte seit einem halben Jahr keinen Club mehr, war seit sechs Monaten vereins- und trainingslos. Und das sah man ihm an. Bezeichnend der allererste Auftritt von Koke im Training unter Franz Smuda. Da hat der Spanier gezeigt, wie fein er mit dem Ball umgehen kann (und das ist nicht ironisch gemeint!). In der eigenen Hälfte kam er in Ballbesitz, spielte einen Teamkollegen nach dem anderen aus, dribbelte sich durch das ganze Feld bis in den Strafraum, zog ab und vollendete gekonnt. Um dann sofort wie nach einem Triathlon nach Luft zu hecheln und umzukippen! Dieser Sololauf von 50 Metern hat ihm den Rest gegeben. Ein Bild für die Götter, diese paar Sekunden! Aber allein sein Foto auf Wikipedia sagt alles über seinen körperlichen Zustand bei der Ankunft in der Oberpfalz.[200] Bei ihm ging es leider nicht ohne Sauerstoffzelt.

Mal davon abgesehen, dass er zunächst keine Spielberechtigung hatte (Brito grüßt freundlich), ließ er in der 2. Bundesliga des Öfteren aufblitzen, was er kann. Oder gekonnt hätte, wäre er fit gewesen. Immerhin machte er drei Tore in neun Spielen.

Koke ... Später ging der Wandervogel nach Bolivien und Indien, anschließend (nach neun Monaten Pause) wieder zurück nach Griechenland. 2017 hat er seine Karriere beendet.

85. GRUND

Weil nicht alle wissen, wo das (richtige) Tor steht

Jahntrainer Klaus Sturm schimpft. »So etwas habe ich noch nie erlebt!«[201] Er ist außer sich. Es läuft die 80. Spielminute, der SSV liegt mit 0:1 in Bamberg zurück, und Sturm wechselt den erst kurz zuvor eingewechselten Mittelfeldspieler Otto Baumgartner wütend wieder aus. Der sieht aus wie ein begossener Pudel und weiß noch nicht, ahnt es höchstens, dass er übermorgen mit einem Text (inklusive Foto) in der *Bild*-Zeitung bedacht werden wird. Sturm ist bleich im Gesicht. »Ich dachte, ich falle gleich tot von der Trainerbank!«[202] Aber drehen wir die Uhr sechs Minuten zurück ...

Wir schreiben den 16. April 1985. Bayernliga-Abstiegskampf, der 22. Spieltag der Saison 1984/85. Der SSV Jahn ist beim FC Bamberg zu Gast – und darf nicht verlieren. Die Franken sind 16. und damit auf einem Abstiegsplatz, die Mannschaft von Trainer Klaus Sturm steht nur drei Punkte drüber. Sie ist nicht in Form, konnte zuletzt in fünf Spielen nicht mehr gewinnen. Eine weitere Niederlage würde den SSV wieder direkt in die Abstiegszone bringen, sollte also vermieden werden. In der 74. Minute steht es zwar noch torlos, aber der Jahn war die klar bessere Mannschaft und hatte bereits einige glasklare Torchancen – nur der Ball ging noch nicht rein. Es sieht aber gut aus für die Oberpfälzer im Frankenland, dass endlich wieder ein Sieg geholt werden kann. Sturm entscheidet sich dazu, Baumgartner für den späteren Jahncoach Thomas Kristl einzuwechseln. Der Mittelfeldakteur war zuletzt länger verletzt und wurde geschont, saß nur auf der Bank. Vielleicht konnte er mit einem guten Pass den Goldenen Treffer in der Schlussviertelstunde besorgen?

Baumgartner wird auf alle Fälle gleich mit ins Spiel eingebunden, der ehemalige U-Nationalspieler bekommt am Mittelkreis den Ball von Keeper Harald Mühldorfer zugespielt, nimmt ihn mit der Brust an und marschiert los. Er lässt, den Ball eng am Fuß, einen, zwei, drei Abwehrspieler stehen, und kommt am Strafraum an. Er blickt auf, der Torhüter kommt ihm entgegen. Baumgartner zieht aus 18 Metern ab – und der Ball schlägt ein, flach in die untere rechte Ecke! Es wird mucksmäuschenstill, der 22-Jährige dreht zum Jubel ab. Hat er gerade mit einem spektakulären Solo à la Maradona das vielleicht schnellste Jokertor in der Geschichte des Jahn erzielt? Stopp! Moment mal. Warum kann man gerade eine Stecknadel fallen hören? Warum jubeln die mitgereisten Jahnfans nicht?

Baumgartner schaut sich um und blickt in die Gesichter der Mannschaftskameraden. Er erkennt blankes Entsetzen! Er schaut sich noch mal um, zählt eins und eins zusammen, und langsam wird ihm klar: Er hat soeben das Eigentor des Jahrhunderts erzielt!

Er ist mit dem Ball in Richtung des eigenen Gehäuses marschiert, er hat die Seiten verwechselt! Später sagte Otto Baumgartner, er sei im Tunnel gewesen, habe nichts gehört und nichts gesehen. Die Jahnabwehr hat ihm natürlich keine Gegenwehr geleistet im Glauben, Baumgartner wolle Zeit schinden. Auch Mühldorfer im Tor war ihm ein Stück entgegengegangen, weil er bis zuletzt an einen Rückpass geglaubt hatte (was 1985 noch erlaubt war). So lange, bis er das Leder aus seinem Netz fischen musste. Wie bitter! Aber irgendwie wieder typisch Jahn ... »Bamberg war komplett in der eigenen Hälfte versammelt, ich dachte, der Otto wollte sie herauslocken«[203], erinnert sich Trainer Sturm, »er war beim Warmmachen voller Tatendrang. Ich hatte im Gefühl, er entscheidet heute das Spiel ...«[204] Hat er ja auch, bloß dummerweise nicht so wie gedacht.

Er nimmt Baumgartner auf jeden Fall gleich wieder runter. Die traurige Bilanz: sechs Minuten, ein Eigentor und die daraus resultierende 0:1-Niederlage in Bamberg. Seine Teamkollegen können den Fauxpas in den letzten zehn Minuten nämlich nicht mehr gerade biegen. Baumgartner selbst war nach seinem Eigentor völlig fertig, hat auch seinen Vertrag beim Drittligisten aufgelöst.

Wer den Schaden hat, braucht für den Spott jedoch nicht zu sorgen. Die *Bild* brachte diesen Schnitzer sogar auf der Titelseite: »Der Regensburger Oberliga-Fußballer Otto Baumgartner (22) schoß das Eigentor des Jahrhunderts – mit 50 Metern Anlauf.«[205] Bis nach Asien gelangte die Kunde von Baumgartners Tor, von dem es keine TV-Bilder gibt. Zudem trat er im TV auf: In der Fernsehsendung *Auf Los geht's los* von Blacky Fuchsberger durfte er vor einem Millionenpublikum das Eigentor noch einmal Moment für Moment schildern – fast wie Helmut Rahn nach seinem 3:2 in Bern. Der wusste allerdings, wo das (richtige) Tor steht.

86. GRUND

Weil Heimspiele in der Fremde kein gutes Pflaster sind

Die Jahnfans sind jetzt nicht für Ausschreitungen bekannt. Klar, ab und zu wird auch im Jahnstadion mal der Wut freier Lauf gelassen, es sind immerhin Emotionen im Spiel. Aber übertrieben haben es die Regensburger in der jüngeren Vergangenheit eigentlich nie. Zumindest nicht so, dass sie mit Geisterspielen oder Ähnlichem bestraft worden sind.

Vor 70 Jahren gab es allerdings einen Zwischenfall, der zu einer solchen Strafe führte. Im Fokus, natürlich, ein Schiedsrichter. Es war die Oberliga-Saison 1957/58, der SSV steckte fest im Abstiegskampf, und es drohte, erstmals seit fünf Jahren, der Fall in die zweite Liga. Nach dem Karriereende von Erfolgscoach Pepi Uridil schaffte es sein Nachfolger Béla Sárosi nicht, den Jahn weiter in ruhigen Fahrwassern zu halten. Die Anspannung war natürlich überall zu spüren, auf dem Feld und auf den Rängen. Die Jahnelf kämpfte, wie gewohnt, um jeden Zentimeter Rasen.

Am 5. Januar war Bayern München zu Gast an der Prüfeninger Straße, und das Spiel war vor allem in der Endphase hitzig. Zunächst erwischte der SSV aber einen Sahnetag und führte zur Pause durch ein Tor von Georg Gehring nicht unverdient gegen die Bayern. Nach dem Seitenwechsel schraubten Egon Dirrigl und Rudolf Müller das Ergebnis gar auf 3:0 hoch – winkte hier tatsächlich der höchste Saisonsieg? Vor allem nach der bitteren 1:9-Klatsche in Aschaffenburg vor der Winterpause lief es den Jahnfans noch eiskalt den Rücken herunter. Ein Sieg gegen den FC Bayern würde der geschundenen Jahnseele guttun! Doch die Rothosen zeigten Nerven: Es machte Batsch, Batsch und Batsch, und aus dem 3:0 wurde binnen einer Viertelstunde ein 3:3! Der sicher geglaubte Sieg drohte zu entgleiten! Was wäre das für ein weiterer bitterer Nackenschlag?

Auch die Zuschauer im Jahnstadion flippten jetzt aus. Und einer ließ sich zu einer Tätlichkeit gegenüber dem Unparteiischen hinreißen, der den Gästen aus der Landeshauptstadt einen Foulelfmeter zum Ausgleich zugesprochen hatte. Der Zuschauer war wohl nicht einverstanden … Der SSV gewann durch ein Last-minute-Eigentor am Ende zwar noch mit 4:3, der Schiedsrichter aber musste ins Krankenhaus. Nichts Ernstes, wohl nur eine blutige Nase – aber ein Angriff auf den Schiri ging damals wie heute nicht.

Der Süddeutsche Fußballverband hat den Jahn auf jeden Fall hart bestraft: Er musste für den Krankenhausaufenthalt und den

»Arbeitsunfall« zahlen und durfte die zwei folgenden Heimspiele nicht im Jahnstadion austragen. Also keine Zuschauereinnahmen und kein Heimvorteil! Bitter ...

Das Spiel gegen den KSC wurde im Augsburger Rosenaustadion, das gegen den SSV Reutlingen in Nürnberg im (heutigen) Max-Morlock-Stadion ausgetragen. Und diese Heimspiele in der Fremde brachten kein Glück, die Strafe erzielte ihre Wirkung: Gegen Karlsruhe ging der SSV zwar kurz vor Schluss (in Unterzahl!) mit 1:0 in Führung, kassierte aber nur zwei Minuten später den Ausgleich. Auch in Nürnberg gab es keinen Sieg: 1:1 endete das Spiel gegen den direkten Konkurrenten gegen den Abstieg. Hier wurde ebenfalls eine 1:0-Führung nicht über die Zeit gebracht.

Glücklicherweise musste der Jahn sein Zweitliga-Heimspiel 2012 gegen den MSV Duisburg nicht in Ingolstadt austragen. Sonst dürften wohl mindestens zwei Punkte weniger am Ende auf dem eh schon mageren Konto gestanden haben ...

87. GRUND

Weil der Jahn fast hops gegangen wäre

Und um das gleich hinterherzuschieben: Es wäre absolut verdient gewesen!

Es ist eine der dunkelsten Stunden in der Geschichte von Jahn Regensburg. Wenn nicht die dunkelste, denn um Haaresbreite wäre das Licht ausgegangen. Dass der Jahn nie viel Geld hatte, wurde schon erwähnt. Es gab auch Zeiten, in denen er Schulden hatte, und davon dafür ziemlich viele. Der Höhepunkt war am 26. April 2005 erreicht, als eine Nachricht die Runde machte: »Jahn meldet Insolvenz an!«[206] Dass es nicht gut um den Oberpfälzer Traditionsverein stand, war bekannt, von den finanziellen Problemen wusste man im Umfeld. Erst am Vortag wurde dem Jahnpräsidium auf einer außerordentlichen Mitgliederversammlung die Entlastung verweigert, das daraufhin zurückgetreten war. Dennoch war diese Meldung ein Schock! Bis zuletzt hatte man gehofft, dass es nicht zu einem Insolvenzantrag kommen musste ... Und nun? Der Zwangsabstieg drohte, der Neustart in der Bayernliga, im schlimmsten Fall müsste der Spielbetrieb sofort eingestellt werden. Erst wenige Tage zuvor hatte die Mannschaft eine freiwillige Lohnkürzung um 20 Prozent zur Rettung des Vereins abgelehnt, da diese schon länger nicht einmal mehr Gehalt bekommen hatten.

In Zahlen sah die drohende Katastrophe folgendermaßen aus: Der Etat wies eine Deckungslücke von bis zu 725.000 Euro auf, für die kommende Saison war für den DFB ein Liquiditätsnachweis von 900.000 Euro nötig. Insgesamt hatte der Jahn Schulden in Höhe von drei Millionen Euro! Um den Spielbetrieb fortsetzen zu können, musste beim DFB bis zum 9. Juni, also binnen zwei Wochen, eine knappe Million Euro hinterlegt werden – wo auch immer die herkommen sollte. Außerdem war der Verein auf Unterstützung der Stadt angewiesen, um Investitionen für die zwei Jahre zuvor für die 2. Bundesliga getätigte Aufrüstung des Jahnstadions abzulösen. Das beinhaltete die Vortribüne der Haupttribüne, die Aufrüstung der Flutlichtanlage und die »Container-Burg«, die neue Geschäftsstelle im Stadion. Doch der April ging, der Juni kam – von der Million nichts zu sehen. Der Juni schritt voran, und die Alarmglocken schrillten. Die Hoffnungen schwanden, der Jahn stand vor dem Abgrund. War es das? War das das Ende des Traditionsvereins? Viele hatten sich damit schon abgefunden ... Dann kam der 7. Juni, und erstmals war leise zu hören, dass es möglicherweise einen zahlungskräftigen Sponsor gäbe. Ein noch namenloser Retter!? Hoffnung keimte auf, doch offiziell war noch nichts. Schließlich ging die Sonne am finalen 9. Juni auf. Es war nicht mehr viel Zeit, es gab nur noch wenige Stunden, um das Geld aufzutreiben. Die Medien brachten stündlich neue Wasserstandsmeldungen. Sollte es hier eine Last-minute-Rettung geben?

Ja, die Rettung kam. Am 10. Juni 2005 wurde sie der Öffentlichkeit ganz offiziell präsentiert: Eine Regensburger Immobilienfirma sprang ein, zahlte die geforderte Million, die Insolvenz war abgewendet. Zusätzlich übernahm die Stadt knapp eine drittel Million Euro, die für den Stadionumbau 2003 noch ausstand. Puh! Durchatmen!

Besagte Immobilienfirma betätigte sich die kommenden zwölf Jahre lang als Investor des Traditionsvereins, hielt schlussendlich 90 Prozent der Aktien. Das ist aber eine andere Geschichte. Fakt ist, dass der Jahn im Frühsommer 2005 dem Tod gerade noch von der Klinge sprang. Aber glücklicherweise ist der Jahn nicht hops gegangen, auch wenn er es aufgrund von finanzieller Misswirtschaft verdient gehabt hätte. Doch das war eine Phase, die die Jahnfamilie zusammengeschweißt hat. Die bangen Stunden vor der erlösenden Nachricht waren schlimm, das Überleben des Herzensvereins stand auf dem Spiel. Und es war haarscharf ...

88. GRUND

Weil gelernt gelernt ist

Sprache ist etwas sehr Wichtiges im Fußball, weshalb ausländische Spieler meistens Sprachkurse in einem neuen Land machen. Einfach, weil es das Verständnis und die Integration fördert. Auch Mersad Selimbegović verstand anfangs noch nichts. 2006 kam der Defensivmann aus Bosnien-Herzegowina zum Jahn, wo er unter anderem für den Rekordmeister FK Željesničar Sarajevo in der Premijer Liga zum Einsatz kam. Eine starke Verpflichtung für den Regensburger Bayernliga-Absteiger!

Aber er war eben noch relativ frisch beim SSV. Als die neue Mannschaft im Jahnstadion kurz vor Saisonstart vorgestellt wurde, konnte Selimbegović noch kein Wort Deutsch, allerdings ist es bis heute Tradition, dass die Neuzugänge ein paar Fragen über die Lautsprecher beantworten. »Man hat mich vorher gefragt, ob ich einen Dolmetscher für die Vorstellung möchte«[207], erzählt er heute. Doch der Abwehrspieler wollte selbst sprechen und hat in Absprache mit Christian Sauerer, dem Stadionsprecher, der das Interview später durchgeführt hat, die Antworten zu den Fragen auswendig gelernt. Fleißig! So wurde ausgemacht, dass der Stadionsprecher zuerst fragen solle, wie er als Neuzugang die Mannschaft finde. »Ich habe also gelernt: ›Die Mannschaft ist gut, und wir werden unsere Ziele erreichen!‹«[208] Dumm nur: »Dann sind wir auf die Bühne – und auf einmal stellte er zu Beginn eine andere Frage als ausgemacht! Ich hatte meine Antworten aber drei Tage gelernt, das sollte nicht umsonst sein. Also habe ich ihm auch diese Antworten gegeben. Die ganze Haupttribüne hat gelacht! Da habe ich die ersten Sympathien bekommen«[209], lacht Selimbegović noch heute über diese Situation. Und was hatte der Stadionsprecher gefragt: »Er hat gefragt, wie ich nach Regensburg gekommen bin.«[210] Die Antwort: »Die Mannschaft ist gut und wir werden unsere Ziele erreichen!« Jaja, gelernt ist eben gelernt, da kann keiner was sagen!

Mit dieser Aktion hatte der Innenverteidiger sofort einen Stein im Brett der Jahnfans, wenig verwunderlich, dass er im Laufe der Jahre zum Publikumsliebling avancierte. Das lag eben nicht nur an seinen Leistungen, die aber auch immer gut waren: Selimbegović gehörte zu den Leistungsträgern der Aufstiegsmannschaft 2006/07, war neben Kapitän Grassow Stammspieler in der Innenverteidigung. Er blieb auch in der Regional- und 3. Liga, hatte aber immer wieder mit Verletzungsproblemen zu kämpfen. Nach dem Aufstieg in die 2. Bundesliga 2012 beendete er so gezwungenermaßen seine aktive Karriere, nach genau 99 Einsätzen im Trikot der Jahnelf. Nach der Karriere blieb er dem Jahn erhalten: Zuerst war er Co-Trainer der zweiten Mannschaft, dann übernahm er eigenverantwortlich die A-Jugend des SSV. Seit der Saison 2017/18 ist er Co-Trainer der Zweitligaprofis.

9. KAPITEL

AM TURM

89. GRUND

Weil der Turm im Jahnstadion stand

Der Turm. Sechs Meter hoch, gut viereinhalb Meter breit. Die Farben: Rot und Weiß. Eine große analoge Uhr in der Mitte, daneben rechts und links jeweils die analogen Ziffern, die den aktuellen Zwischenstand anzeigen. Darunter die Worte »Jahn« und »Gäste«. Wohl kein anderes Element steht so sinnbildlich für die traditionsreiche Spielstätte wie der Turm. Bis zuletzt thronte er über dem Block H, fast 70 Jahre lang war er das identitätsstiftende Merkmal des Jahnstadions. Denn: Wenn man sich heute alte Bilder ansieht, kann man anhand des Turms sofort erkennen, dass es sich hier um ein Spiel an der Prüfeninger Straße handelt.

Der SSV Jahn Regensburg, das Jahnstadion und die Fans der Jahnelf sind untrennbar mit dem Turm verbunden, der 1949 im Zuge der Renovierungen entstand, als das Jahnstadion nach dem Oberliga-Aufstieg des SSV erstligatauglich gemacht wurde. »Ich steh am Turm und schrei für den SSV«[211], singt beispielsweise Bäff Piendl in seinem *Jahn-Lied*. Dieser Satz sagt schon alles aus über das Dasein als Jahnfan! Und was hat der Turm nicht alles erlebt!? Aufstiege, Abstiege, Pokalschlachten. Erstliga-Fußball, Fünftklassigkeit. Ja sogar Olympische Spiele! Fanclubs haben sich nach ihm benannt, in vielen Fangesängen und Jahnliedern wird er besungen. Generationen von Fans haben zu Füßen des Turms die Spiele der Jahnelf verfolgt, bis zuletzt war der Turm der Ort der Fanszene. Nicht hinter dem Tor, sondern mittig auf der Gegengeraden. Das Erste, was die Rothosen also vor jedem Spiel sahen, wenn sie aus dem Spielertunnel kamen, waren die Fans unterm Turm.

Und nahezu jeder große Jahnspieler ist einmal zusammen mit dem Turm abgelichtet worden. Gerd Faltermeier, Hans Meichel, Zieberl Popp … Hans Jakob selbst hatte seine aktive Karriere bereits beendet, als das quaderförmige begehbare Bauwerk entstand, selbstverständlich aber gibt es auch Fotos von ihm mit dem legendären Turm: So posierte Jakob 1968 mit der Regensburger Traditionsmannschaft, von keinem Geringeren trainiert als Sepp Herberger, die zu Ehren von Jakobs 60. Geburtstag ein Freundschaftsspiel gegen eine Promi-Auswahl spielte, vor dem Turm.[212]

Nach dem schmerzhaften Abriss des alten Stadions an der Prüfeninger Straße 2017 hofften viele, dass der Turm in das neue Stadion umgesiedelt wird. Dass das nicht geschehen wird, war dann relativ schnell klar, immerhin wird es künftig eine 1:1-Kopie am Gelände in Oberisling geben. Doch dem alten Turm wird deswegen nicht der Garaus gemacht: Als einziger Bestandteil des traditionsreichen Runds bleibt der Turm stehen, als Erinnerung. Und welches Element würde sich besser eignen? Er wird in den Pausenhof der neuen Grundschule integriert, die an Ort und Stelle gebaut wird. Damit nie vergessen wird, wo fast 90 Jahre lang das Herz des Jahn schlug.

90. GRUND

Weil der Jahn einst die modernste Tribüne Deutschlands hatte

Charme, Flair, Tradition. Kult, aber auch Katastrophe. Die Substantive, die einem zum alten Jahnstadion zuletzt einfielen, waren vielfältig. Die einen sprachen von einem heruntergekommenen Sportplatz, die anderen von einer traditionsreichen Spielstätte, einer der letzten ihrer Art. Über Geschmack lässt sich streiten, ob der Zustand des über 80 Jahre alten Stadions peinlich oder nostalgisch war, kann nicht eindeutig geklärt werden. Was klar festgelegt werden kann, ist, dass die Haupttribüne im Jahnstadion bei ihrer Fertigstellung 1931 die modernste Tribüne des Landes war!

1926 zog Jahn Regensburg an das Gelände in der Prüfeninger Straße, das damals noch außerhalb des Stadtgebiets war, gegenüber der Oberrealschule (heute: Goethe-Gymnasium). Bisher war der »Jahnplatz« noch kein Stadion, allerdings zogen die Rothosen immer mehr Zuschauer an, die auf den aufgeschütteten Erdwällen keinen Platz mehr hatten. Eine Tribüne musste her. Das Problem: Schon damals hatte der Jahn kein Geld. Allein die Pacht für die beiden Fußballfelder strapazierte die Vereinskasse bis aufs Letzte. Im November 1930 wurde so zur Finanzierung der Tribünenbauverein ins Leben gerufen. Die Tribüne wurde aus privaten Mitteln von Spendern aus der ganzen Oberpfalz finanziert und in weniger als einem Jahr aus dem Boden gestampft. Das Ergebnis konnte sich sehen lassen, so schrieb beispielsweise der *kicker*: »Daß aber dieser Tribünen-Bau-Verein ein in allen Teilen so vollendet geratenes Bauwerk am Samstag dem Sportbund Jahn übergeben konnte, übertrifft selbst die Erwartungen der Optimisten. Keine Zuschauertribüne im landläufigen Sinne des Wortes präsentiert sich jetzt dem Besucher des an und für sich schön gepflegten Jahnplatzes, sondern ein wahres Schmuckkästchen ist da aus dem Boden geschossen.«[213] Die neue, 600 Zuschauer fassende Tribüne machte aus dem Jahnplatz das Jahnstadion und wurde am 5. September 1931 in Anwesenheit des sogenannten »Fürstenpaares« Albert und Margarethe von Thurn und Taxis eingeweiht.

Es handelte sich aber nicht nur um reine Sitzplätze für Zuschauer, das Innere der Tribüne war ein richtiges Funktionsgebäude: Eine Wirtschaft und Umkleiden in der Tribüne machten das Bauwerk zu einer der modernsten Tribünen des Reiches. Das Eröffnungsspiel wurde zudem gleich gewonnen: Mit 3:0 schlug die Jahnelf den SSV Ulm. Eine Regensburger Erfolgsgeschichte, in der Stadt, Verein und regionale Wirtschaft Hand in Hand zusammenarbeiteten und etwas Großartiges schufen!

Im Laufe der Geschichte hat sich das Bild der Jahntribüne kaum geändert, was genau ihr Flair ausgemacht hat. 1949 wurde die Tribüne um gut 400 Plätze erweitert. Bis 2008 (!) saßen die Zuschauer immer noch auf Holzbänken, die Wirtschaft, die Gaststätte *Jahn-*

tribüne, fungierte bis zum Schluss als Treffpunkt für Fans vor und nach dem Spiel. Bei den Zweitligaspielzeiten 2003/04 und 2010/11 wurde sie je durch eine Stahlrohrtribüne ergänzt, um den gestiegenen Anforderungen einigermaßen gerecht zu werden – Kult und Katastrophe gaben sich hier die Hand. Im Frühjahr 2017 wurde die Tribüne dann abgerissen. Das ging um einiges schneller als der eh schon flotte Bau 86 Jahre zuvor.

91. GRUND

Weil der Jahn auch im Amateurfußball für Zuschauerrekorde gut ist

Die Jahnfans haben es sich etwas anders vorgestellt: Die Eröffnung des neuen Jahnstadions sollte sicher nicht gegen Aschaffenburg in der 4. Liga steigen. Ein modernes Zweitligastadion im Amateurfußball? Das Gastspiel dauerte glücklicherweise nur ein Jahr. Erfreulich war aber nicht nur der sportliche Erfolg: In dieser Saison 2015/16 hat der SSV Jahn gleich zweimal einen neuen Zuschauerrekord für ein Regionalliga-Bayern-Spiel aufgestellt und später auch den Rekord des höchsten Zuschauerschnitts.

Bisher war in der seit 2012 bestehenden Spielklasse das Amateur-Derby zwischen den Zweitvertretungen des FC Bayern und des TSV 1860 das Maß aller Dinge. In den ersten drei Spielzeiten war dieses Spiel stets die Partie mit den meisten Zuschauern im ganzen Jahr, der Rekord stammt aus der Saison 2014/15, als das Grünwalder Stadion mit 12.500 Zuschauern ausverkauft war. Nun war der SSV Jahn mit dem neuen Stadion dort zugegen, und es war nur eine Frage der Zeit, bis diese Marke geknackt werden würde. Bereits das dritte Heimspiel sollte eine neue Bestmarke aufstellen: Am 14. August 2015 war der FC Amberg zu Gast in Regensburg, der Aufsteiger und Oberpfälzer Konkurrent. Um 189 Zuschauer wurde der alte Bestwert übertroffen, 12.689 Fans sahen den verdienten Sieg des SSV über Amberg. Doch die Zahl aus dem Oberpfalz-Derby sollte schon wenige Wochen später erneut gebrochen werden: Das Gastspiel des FC Bayern II, der, zumindest vor der Saison, als größter Konkurrent um die Meisterschaft galt, sollte am 9. Oktober das neue Jahnstadion bis auf den letzten Platz füllen! 15.224 Zuschauer sahen ein spannendes Spiel mit einem Lastminute-Tor durch Oli Hein zum 1:1.

Der Jahn hielt Bayern so auf Distanz, konnte am Ende die Meisterschaft feiern. Am Ende der Saison hatte der SSV auch eine neue Bestmarke aufgestellt, was den Zuschauerschnitt betrifft. Die Bestmarke war erst im Vorjahr von den Würzburger Kickers aufgestellt worden, 2.482 Menschen kamen im Schnitt an den Dallenberg. Den SSV wollten aber nun mehr als doppelt so viele sehen: 6.556 Fans kamen pro Spiel in das neue Jahnstadion, nach Aachen und Essen war das der dritthöchste Schnitt sämtlicher 91 Viertligisten!

Zwar ist in dieser Saison der TSV 1860 (auch dank tatkräftiger Unterstützung der Jahnelf) ein bayerischer Regionalligist und wird wohl aller Voraussicht nach einen neuen Zuschauerschnitt aufstellen. Auch der Zuschauerrekord ging bereits verloren: 21.219 sahen das Heimspiel des FC Augsburg II gegen 1860 in der Augsburger Arena. Doch der Jahn war schon immer für Zuschauerrekorde im Amateurbereich gut, auch wenn sie später alle wieder gebrochen werden sollten. So sahen das Heimspiel in der Bayernliga 1966 gegen die SpVgg Weiden, in der es um nichts anderes als den Aufstieg ging, 22.000 Zuschauer. Ein Rekord für eine Amateurliga, der 22 Jahre halten und erst vom TSV 1860 München gebrochen werden sollte.

92. GRUND

Weil der Jahn mehr Zuschauer als Bayern München hatte

Seit Jahren sind die Zuschauerzahlen in den deutschen Stadien auf einem konstant hohen Niveau. In der letzten Bundesliga-Saison 2016/17 kamen im Schnitt 41.110 Menschen zu einem Erstligaspiel, in der 2. Bundesliga waren es 21.726. Da wirken die Zahlen aus der alten Oberliga, vor Einführung der Bundesliga, zum Teil wie ein Witz. Der Zuschauerschnitt in der letzten Saison der Süd-Staffel 1962/63 betrug zum Beispiel 11.454 – das liegt heute zwischen 2. und 3. Liga in Deutschland. Absoluter Spitzenreiter war damals der TSV 1860 München mit 22.000 Fans pro Spiel.

In der Spitze gab es aber durchaus auch Partien, in denen die Stadien aus allen Nähten platzten. Derbys, Spitzenspiele oder Spiele, in denen es gegen den Abstieg ging, waren auch in der Oberliga schon stark besucht, nur war das eben die Ausnahme. In der Saison 1949/50 stellte der Jahn seine beiden persönlichen Zuschauerrekorde auf, wohl für die Ewigkeit. Zum einen ist da der 5. Februar 1950: Der SSV empfing an der Prüfeninger Straße die SpVgg Fürth, den Mitaufsteiger, der aber eine überragende Saison spielte. Zudem lag eine regionale Rivalität im Raum – eine volle Hütte war vorprogrammiert. Dass es am Ende 30.000 werden sollten, konnte keiner ahnen. Für heutige Verhältnisse sind aber auch 30.000 keine große Zahl, das erreicht jeder Zweitligist mit den entsprechenden Kapazitäten öfter in einer Saison. Für damalige Verhältnisse (und vor allem Jahnverhältnisse) aber war das eine Sensation. Daneben stellte der SSV aber eine weitere vereinsinterne Bestmarke auf: 16.933 Schlachtenbummler im Schnitt sahen die Erstligapartien 1949/50. Das ist der bis heute höchste gemessene Heimspielschnitt in 111 Jahren Fußballgeschichte. Im ligainternen Ranking landete der SSV damit auf Platz fünf – und sogar vor dem FC Bayern München! Seit Jahren ist jedes Heimspiel der Bayern mittlerweile weit im Voraus ausverkauft, damals wollten lediglich 16.067 Menschen die Roten sehen. Der Jahn hatte, trotz des Abstiegs, mehr Zuschauer als der (damals) einfache Deutsche Meister.

Diese 16.933 sollten wohl noch eine Zeit lang unerreichbar sein. Selbst wenn in dieser Saison jedes Spiel ausverkauft wäre und die Jahnelf eine Stadionauslastung von 100 Prozent hätte, betrüge der Schnitt 15.224. Mehr gehen nicht ins neue Jahnstadion rein. Und Kapazitätenüberschreitungen wie vor fast 70 Jahren wird es nicht mehr geben. Knapp 17.000 Jahnfans im Schnitt. Eine sensationelle Marke!

93. GRUND

Weil das alte Jahnstadion auch ein Olympiastadion war

Die Ausrichtung von Olympischen Spielen ist für jede Stadt etwas Besonderes, vielleicht sogar ein Traum. Meistens sind dafür die Metropolen aufgrund ihrer Infrastruktur prädestiniert, doch bei den Sommerspielen 1972 bekam auch die Welterbestadt Regensburg ein Stück vom Kuchen ab. Ein Teil der Olympischen Spiele fand in Regensburg statt!

Das alte Jahnstadion ist also auch ein Olympiastadion, sechs Spiele des olympischen Fußballturniers fanden an der Prüfeninger Straße statt. Neben der Landeshauptstadt und dem Jahnstadion fanden zudem Partien im Max-Morlock-Stadion (Nürnberg), im Dreiflüssestadion (Passau), im ESV-Stadion (Ingolstadt) und im Rosenaustadion (Augsburg) statt. Auch wenn es nur Vor- und Zwischenrundenspiele waren, so gaben doch einige Spieler und Nationen ihre Visitenkarte im Jahnstadion ab, die später als Weltkasse galten.

So war Polen, der spätere Olympiasieger (und zwei Jahre später WM-Dritter), gleich zweimal zu Gast, dabei die beiden Top-Stürmer Grzegorz Lato (WM-Torschützenkönig) und Kazimierz Denya (bester Torschütze der Olympischen Spiele). Auch der amtierende Weltmeister Brasilien spielte im Jahnstadion, verlor aber gegen den Iran mit 0:1 – und schied damit in Regensburg in der Vorrunde aus. Die absolute Turnier-Sensation.

Von den Zuschauern wurde das Turnier allerdings weniger gut angenommen. Das Vorrundenspiel der Brasilianer beispielsweise sahen nur 2.200 Menschen, genauso viele wie die Partie Ghana gegen Polen. Lediglich die Spiele der UdSSR waren am Ende richtig gut besucht: 6.000 kamen gegen Birma, 8.000 gegen Mexiko. Ein Grund könnte gewesen sein, dass die Mannschaften nicht mit Profispielern antreten durften, sondern nur mit Amateuren. So ergab es sich, dass nur die Länder mit kommunistischen Regimen, also die UdSSR, die DDR oder Polen, in Bestbesetzung antraten, weil es dort offiziell noch keine Profis gab. Auch war das kein Regensburger Problem. Außer den Auftritten der BRD und der DDR gab es in den Nebenstadien Münchens selten fünfstellige Zuschauerzahlen. Die Partie Mexiko gegen den Sudan sahen im großen Nürnberger Stadion so nur 500 (!) Personen.

Das Einzige, was also olympischen Flair verbreitete, war der Turm auf der Gegengeraden. Normalerweise zeigte dieser den Spielstand des Jahn an, in dem Fall wurden die Länderkürzel der Olympia-Mannschaften auf Holztäfelchen angebracht. Auf dem Dach wurden gleichzeitig die Zwischenstände aus den anderen Stadien gemeldet.

94. GRUND

Weil sich der Jahn würdig von der Prüfeninger Straße verabschiedete

Wir schreiben den 23. Mai 2015. Ein historischer Tag für den SSV Jahn Regensburg, einmalig in seiner Vereinsgeschichte. Nein, nicht das letzte Drittligaspiel. Auch nicht der höchste Sieg oder so etwas. Es war das allerletzte Pflichtspiel im alten Jahnstadion!

89 Jahre lang war die Prüfeninger Straße die Heimat des Sport- und Schwimmvereins. Alles hatte mit einem 7:0-Sieg am 19. September 1926 über den 1. FC Passau begonnen – und alles sollte an jenem Tag im Mai enden. Die Fans sorgten für einen würdigen Rahmen: Mit der bis dato größten Choreografie auf der gesamten Gegengeraden ehrten sie das alte Jahnstadion und nahmen Abschied. »Für immer Jahnstadion an der Prüfeninger Straße. 89 Jahre Heimat des Sport- und Schwimmvereins Jahn Regensburg von 1889«[214], stand auf den Bannern, dazwischen eine in Rot gehaltene Zeichnung des Stadions, das auch auf T-Shirts abgedruckt wurde. Auch das Ergebnis passte: Die Jahnelf schoss Fortuna Köln zum Abschied mit 4:0 aus dem Stadion. Ob es auch daran lag, dass die Fortuna vor dem Spiel den Klassenerhalt drei Tage lang auf Mallorca feierte, sei mal dahingestellt.

Die einzig unwürdige Rahmenbedingung war die Zuschauerzahl, die mit 3.889 angesichts der sportlichen Ausgangslage aber nicht überraschend war. Der SSV stand bereits als Absteiger in die Regionalliga fest. Historisch natürlich auch der letzte Torschütze des Stadions: Er hieß Uwe Hesse. Und das gleich zweimal: In der 54. und 57. Minute erzielte er das 3:0 und das 4:0 für den Jahn. Tore für die Geschichtsbücher. Übrigens: Der erste Jahntorschütze im neuen Jahnstadion hieß auch Hesse! Der Publikumsliebling traf zum 1:1 im Test-Eröffnungsspiel gegen die Ostbayern-Auswahl. Nach 89 Jahren also der Abpfiff. Das Jahnstadion wurde abgerissen, auf seinen Gebeinen entsteht unter anderem eine Grundschule. Der Abriss ging schnell, viel zu schnell. Schon heute ist es bei einem Blick über das Gelände kaum vorstellbar, dass dort mal ein Fußballstadion stand, in dem fünfstellige Zuschauerzahlen erreicht wurden. Jeder Fan wird sich abseits des Köln-Spiels noch persönlich verabschiedet haben, mit einem Moment der Stille, während er in Erinnerungen geschwelgt hat.

Servus, Jahnstadion!

95. GRUND

Weil der Jahn Oberisling würdig empfing

Im Sommer 2015 stand der große Umzug an: Von der Prüfeninger Straße nach Oberisling. Das alte Stadion wurde mit einem 4:0 über Fortuna Köln würdig verabschiedet, nun stand der Empfang der Franz-Josef-Strauß-Allee an. Klar, die Jahnfamilie hätte sich etwas anderes gewünscht, als mit dem Zweitligastadion in der 4. Liga gegen Schalding-Heining und Buchbach zu kicken. Aber was blieb nun anderes übrig? Das Eröffnungsspiel in der Regionalliga Bayern hieß Jahn Regensburg gegen Viktoria Aschaffenburg. Zumindest ein einigermaßen vernünftiger Name. Ein Eröffnungsspiel gegen den TSV Rain am Lech oder den FV Illertissen wäre ein weiterer Stich ins Herz gewesen ...

Nun also Aschaffenburg, der ehemalige Oberligist. Auf den Rängen gab es, wie schon beim Abschied, eine Choreografie der Jahnfans – und was für eine! Über die gesamt Hans-Jakob-Tribüne hinweg wurde ein riesiges weißes Banner entfaltet, darin in roten Lettern der Name Jahnstadion, flankiert von den Wappen der Stadt und des Vereins. Darunter: »Neue Heimat, alter Name – beständig wie unsere Liebe«[215]. Ein würdiger Empfang, der gleichzeitig zu Beginn eines klarstellt: Der Ort ist neu, doch für die Fans ist und bleibt es das Jahnstadion! Auch wenn im Zuge der Kommerzialisierung natürlich die Namensrechte verkauft sind und das Stadion offiziell mal so und mal so heißen wird – für die Regensburger ist und bleibt es das Jahnstadion.

Auch sportlich gab es gleich zu Beginn einen Sieg: 3:2 wurde Aschaffenburg verdient, wenn auch glücklich geschlagen. Der Beginn einer unglaublichen Erfolgsserie mit der neuen Heimat: Platz eins in der Premierensaison, der Aufstieg in der Relegation und im Folgejahr der Durchmarsch. Zwei Jahre – zwei Aufstiege. Das neue Jahnstadion scheint die Jahnelf zu beflügeln, nicht nur wirtschaftlich, auch sportlich. Die bisherige Bilanz des roten Stadions in zweieinhalb Jahren: 51 Spiele, 29 Siege, acht Remis und 14 Niederlagen. Dazu ein Torverhältnis von 101:64 – der Jahn hat Oberisling würdig empfangen!

96. GRUND

Weil Hansi dafür sorgte, dass der Kasten sauber blieb

Sie gehören heute ins Stadion wie die Knacker zu Regensburg: die Maskottchen. Man kann von ihnen halten, was man möchte, zumindest die Kinder mögen sie, und Vermarktungserlöse bringen sie offenbar auch, sonst würde nicht jeder Verein auf sie bauen. Der MSV Duisburg hat sein Zebra Ennatz, Eintracht Frankfurt Adler Attila, Chemnitz die (sorry ...) furchtbar hässliche Katze Chemcat und der 1. FC Köln hat seinen Geißbock Hennes, mittlerweile der VIII. Und bei den Heimspielen des SSV tanzt seit Sommer 2012 Jahni. Davor gab es kein offizielles Maskottchen, zumindest nicht unmittelbar. Aber vor einem halben Jahrhundert gab es den Hansi.

Eines Tages, Ende der 1960er-Jahre, stand ein Zwergesel im Jahnstadion. Ein echter, lebendiger Zwergesel mit dem schönen bairischen Namen Hansi und dem traditionsreichen Jahnlogo auf einer Decke über seinem Rücken. Vor dem Spiel ging er durch die Reihen, ließ sich von den Fans streicheln. Und während der Spiele stand er hinter dem Jahntor, als Glücksbringer. Und Hansi brachte Glück! Jahnkeeper Gyula Tóth kassierte beispielsweise in der Saison 1968/69 insgesamt nur sechs Gegentore, in sieben aufeinander folgenden Spielen im Jahnstadion spielte der Jahn gar zu null. In dieser Spielzeit ging kein einziges Heimspiel verloren. Der Hansi, der sorgte dafür, dass der Kasten sauber blieb! Es waren erfolgreiche Jahre mit dem Hansi im Stadion, der SSV spielte jahrelang in der 2. Liga, klopfte sogar am Tor der Bundesliga. Wohin er später ging ist nicht überliefert. Wahrscheinlich ist, dass er irgendwann nach einem glücklichen, langen Leben einfach in den Eselhimmel aufgefahren ist.

97. GRUND

Weil 10.000 eben nicht gereicht hätten

»Luxus-Arena«[216] war zu lesen, oder der »Rolls-Royce unter den Stadien«[217]. Es waren die klassischen Argumente: Für 53 Millionen hätte man besser Schulen bauen können! Ja, für die Regensburger war das neue Stadion definitiv zu groß und zu teuer. Und es war nicht mal eine Multifunktionsarena! Viele haben sich in den sozialen Medien kritisch geäußert: So ein großes, teures Stadion für einen Viertligisten? 10.000 hätten doch auch gereicht!

Die Kurzfassung: Nein, 10.000 hätten eben nicht gereicht. Das sieht man allein am Sommer 2017, als der Jahn die überraschende Rückkehr in die 2. Bundesliga geschafft hat. Die DLF schreibt 15.000 Plätze als Mindestkapazität vor – das bedeutet, bei einem 10.000er hätte die Stadt oder der Verein noch mal Geld in die Hand nehmen müssen. Zusätzliches Geld, wie beispielsweise 2003 und 2012 investiert werden musste.

Dass 10.000 nicht gereicht hätten, zeigt sich schon zwei Jahre nach Eröffnung des Jahnstadions an der Franz-Josef-Strauß-Allee. Schon zwölfmal wurden die 10.000 Zuschauer überschritten! Gott sei Dank hatte die Stadt mehr Weitsicht als die meisten Regensburger Bürger.

98. GRUND

**Weil das Jahnstadion
künftig am Turm stehen wird**

Beim neuen Jahnstadion an der Franz-Josef-Strauß-Allee hatten die Jahnfans alle gemeinsam wohl einen Wunsch: dass der alte Turm mit an den neuen Standort zieht. Und dieser Wunsch wird nun, nach ein paar Jahren, endlich Wirklichkeit: Eine detailgetreue Rekonstruktion des Turms soll künftig auf dem Gelände des neuen Jahnstadions entstehen, auf der Südost-Seite, also in der Nähe der Hans-Jakob-Tribüne.

Eine zehnköpfige Projektgruppe, unter anderem der ehemalige (!) Geschäftsführer Johannes Baumeister, hat sich seit Eröffnung regelmäßig getroffen und ein Konzept erstellt. Hierbei soll der Turm einerseits als Identifikation und Markenzeichen wieder am Jahnstadion stehen, zum anderen wird er wieder als Treffpunkt dienen. Neben dem Turm soll es Sitzgelegenheiten geben, die den alten Stufen im Block H des Jahnstadions nachempfunden sind. Die Grafiken sehen vielversprechend aus!

Wann genau das Jahnstadion wieder sichtbar mit dem Turm in Verbindung stehen wird, ist noch nicht sicher. Doch fest steht, dass der Turm kommen wird. Und bis dahin muss eben eine kleine Pappdarstellung des Turms, die seit 2017 über den Fans am Tribünenrücken steht, ausreichen.

99. GRUND

Weil den Fans die Sicht versperrt war

Flutlichtmasten. Man sieht sie von Weitem, und man weiß sofort: Hier ist das Fußballstadion, hier ist der örtliche Fußballverein zu Hause. Viele Flutlichtmasten sind einzigartig, Kenner können ein Stadion schon anhand derer erkennen.

Das alte Jahnstadion hatte seit 1969 sechs davon, eine ungewöhnliche Zahl. Normal stehen die Masten in den vier Ecken (oder sind ganz abenteuerlich – manche kommen heute leider auch ganz ohne aus), doch an der Prüfeninger Straße gab es zwei zusätzliche jeweils auf der Höhe der Mittellinie. Das war allerdings nicht die einzige Besonderheit. Die Flutlichtmasten standen alle genau vor der Nase der Fans! Sie standen nicht außerhalb, sondern zwischen dem Spielfeld und den Rängen. Einer davon stand genau vor dem Turm, vor der Fanszene. Je nachdem, in welchem Winkel man stand, sah man entweder die Mittellinie nicht, oder einen Strafraum. Manche Fans sind auch während des Spiels gewandert, weil sie genau im Schatten standen, den der Masten vor der Nase warf – der Block H war auf der Ostseite des Stadions.

Äußerst unpraktisch, diese Flutlichtmasten, aber kultig. Viele Fans werden sie vermissen! Einzigartige Flutlichtmasten hat das Jahnstadion an der Franz-Josef-Strauß-Allee auch, »Flutlicht-Finger«[218] hat der Architekt sie genannt. Diesmal sind es nicht mehr sechs, diesmal sind es 28. Je 14 auf den beiden Tribünen – und diesmal versperren sie keinem die Sicht.

100. GRUND

Weil jede Sekunde zählt

14. Mai 2012, Karlsruhe, Wildparkstadion. Nach einem 2:2 beim KSC in der Aufstiegs-Relegation steht der kleine Oberpfälzer Verein wieder in der 2. Bundesliga. Der erste Gedanke des Regensburger Geschäftsführers Johannes Baumeister auf der Haupttribüne nach dem Abpfiff? »Scheiße!«[219] Klar, Baumeister freut sich tierisch über den Aufstieg, keine Frage. Doch er ist einer der wenigen, die sofort realisieren, was der Aufstieg bedeutet: Arbeit, Arbeit, Arbeit. Denn: Das altehrwürdige Jahnstadion ist alles – nur mit Sicherheit nicht zweitligatauglich.

Es ist wohl eine der größten Herausforderungen der jüngeren Vergangenheit gewesen: die Prüfeninger Straße für die 2. Bundesliga herzurichten. In nicht mal drei Monaten! Die Jahnfans wissen natürlich um die Umstände, das charmante Rund hatte enorm viele Baustellen. Doch dass es am Ende so knapp war und dass jede Sekunde zählte, ist vielleicht nicht jedem bekannt. Die Arbeiten, die anstanden, waren vielfältig: Rasenheizung, Kapazität, Sicherheitsbestimmungen, DFL-Richtlinien, Umbauarbeiten im Funktionsgebäude ...

Um die Kapazität auf 12.500 zu bekommen (die offiziell geforderten 15.000 konnten nicht erreicht werden, es gab eine Ausnahme von der DFL wegen des bevorstehenden Stadionneubaus) und zeitgleich keine Sitzplätze zu verlieren, wurde in der Kurve in der Prüfeninger Straße eine mobile Stahlrohrtribüne installiert. Eine der wohl größten Veränderungen in der Erscheinung des Jahnstadions seit dem Bau der Haupttribüne! Knapp 1.700 Stehplätze wurden im Unterrang geschaffen, gut 1.200 Sitzplätze gab es im Oberrang. Auch die Pressebereiche mussten an das gestiegene Arbeitsumfeld angepasst werden: Die Presse- und Kommentatorenplätze wurden erweitert, eine überdachte Mixed-Zone errichtet sowie neue Kameratürme aufgestellt. Und was nicht alles für die Sicherheit getan werden musste: Die Flucht- und Rettungswege wurden umgebaut und die Flutlichtanlage aufgerüstet (bzw. allgemein die Beleuchtung in den Sicherheitsbereichen).

1,2 Millionen Euro haben Stadt und Verein in die Hand genommen, um die 2. Bundesliga im Jahnstadion austragen zu können. Und es war eine Punktlandung. Eigentlich hatte die DFL bereits das Schreiben an den Jahn fertig: Das erste Heimspiel muss in Ingolstadt stattfinden, gegen Duisburg ist das Stadion nicht zweitligatauglich. Doch die Mitarbeiter arbeiteten mit Hochdruck an der Realisierbarkeit des Projektes, um das buchstäbliche Wettrennen mit der Zeit doch irgendwie gewinnen zu können. Schlaf? War im Sommer 2012 Mangelware. Als schönes Indiz sind die täglichen (bzw. nächtlichen) E-Mail-Verläufe: Hat Pressesprecher Till Müller eine städtische Mail um zwei Uhr beantwortet, so folgte die Ergänzung von Geschäftsführer Johannes Baumeister um vier Uhr. Die Stadt fand am nächsten Morgen beim Telefonat nur wenige Worte: »Ihr seid doch bekloppt!«[220] Aber ohne diese Bekloppten hätte das nicht geklappt ...

Wenige Tage vor dem Heimspiel gegen die Zebras kam dann aber das O.K. des Verbandes, die endgültige baurechtliche Freigabe: Es darf in Regensburg gespielt werden! Eine sensationelle Leistung aller Beteiligten, es war wirklich denkbar knapp. Deren Einsatz kann nicht hoch genug eingeschätzt werden. Für die Außenstehenden war natürlich nicht sichtbar, wie stark Familie und Privatleben hintanstanden. Aber ohne die Dynamik der Beteiligten wäre es unmöglich gewesen, das alte Stadion für die 2. Bundesliga rechtzeitig aufzuputzen. Das sind die Personen, für die man den Verein schätzt!

Und glücklicherweise haben sich diese Personen rechtzeitig mit den Umbaumaßnahmen auseinandergesetzt. Schon im Zuge der Lizenzierung mussten die Pläne der DFL ja vorgelegt werden, so gesehen konnte gleich nach dem Aufstieg losgelegt werden. Und das ist wörtlich gemeint: Wegen der Ausschreitungen der KSC-Fans mussten die Offiziellen noch lange in den Katakomben des Wildparkstadions verweilen, erst um 7 Uhr am nächsten Tag kamen sie wieder in Regensburg an – und um 8.30 Uhr stand der erste Termin beim Bauordnungsamt zum weiteren Vorgehen beim Stadionumbau an.

101. GRUND

Weil was lange währt, endlich gut wird

Das neue Jahnstadion wurde im Sommer 2015 eröffnet. ENDLICH, das muss man hier klar und deutlich in Majuskeln setzen, stand das Ding. Das alte in der Prüfeninger Straße war eine traditionsreiche Spielstätte, hier schlug das Jahnherz seit jeher. Doch zeitgemäß und konkurrenzfähig war der SSV damit schon lange nicht mehr … Schon ewig stand der Neubau in Regensburg im Raum, die Diskussion ist sogar deutlich älter als der Autor. Fast ein halbes Jahrhundert lang hat es von den ersten Überlegungen bis zum Eröffnungsspiel gedauert! Der Weg war steinig und schwer …

Aufgrund von finanziellen Problemen musste der SSV, der ja Eigentümer des Stadions und des Nebenplatzes war, immer mehr vom Gelände verkaufen: 1959 ging ein Teil des Geländes an eine Tankstelle, 1966 bekam ein Bauunternehmen aus Regensburg den Trainingsplatz östlich vom Stadion. Für 1,4 Millionen DM – die der Jahn dringend nötig hatte, obgleich davon relativ bald nichts mehr übrig sein sollte. Der Bauunternehmer bebaute sein Grundstück natürlich, bis zuletzt stand das große Hochhaus hinter der Gegengeraden. Die Jahnelf ist an den Weinweg umgezogen, wo fortan für die nächsten gut 50 Jahre das Training stattfand.

Anfang der 1970er-Jahre gab es dann bereits erste konkrete Pläne für einen Neubau an anderer Stelle. Geplant war ein Stadion für knapp 20.000 Zuschauer am Oberen Wöhrd, ein Gemeinschaftswerk von SSV Jahn und Regensburger Turnerschaft, dem alten Rivalen, das etwa so aufgebaut sein sollte wie das Jahnstadion an der Prüfeninger Straße. Nur eben größer und mit Bauteilen aus dem alten Rund. Denn auch die RT hatte Schulden, mit einem gemeinsamen Projekt hätte man sich die Finanzierung einer Spielstätte teilen können.

Doch daraus wurde nichts, was zum einen an den Gegebenheiten vor Ort lag, zum anderen an der Vorstandschaft der RT. Mit der TSG Süd Regensburg hatte der SSV Jahn aber bald schon einen neuen möglichen Partner im Visier, was ein gemeinsames Stadionprojekt angeht. Ziel diesmal: der Kaulbachweg und ein Stadion für 15.000 Zuschauer. Auch eine Fusion war Mitte der 1970er-Jahre bereits angedacht worden – zu der es in dieser Form aber glücklicherweise ebenfalls nie kam! (2002 fusionierten offiziell die Fußballabteilungen, faktisch hat der SSV die Post/Süd aber geschluckt. Name und Farben blieben – Gott sei Dank! – gleich, der SSV übernahm lediglich das Trainingsgelände am Kaulbachweg. Post/Süd, der letzte, große Stadtrivale, wurde die zweite Mannschaft des SSV.) Als der Schuldenberg immer größer wurde sah sich der Jahn gezwungen, das Stadion 1975 der Stadt zu verkaufen, und wurde vom Eigentümer zum Mieter.

Ende der 1980er-Jahre stand man wieder vor einer Entscheidung: Neubau oder Sanierung? Das Jahnstadion war in einem katastrophalen Zustand, so konnte es auf alle Fälle nicht bleiben. Aufgrund fehlender finanzieller Mittel entschied man sich erneut für eine Sanierung. Die größten Diskussionen kamen dann 2003 im Zuge des erneuten Aufstiegs in die 2. Bundesliga auf. Das alte Jahnstadion war alles andere als tauglich für die (wieder mal) gestiegenen Anforderungen, erste Pläne wurden vorgestellt – und nach dem Abstieg in die Bayernliga verworfen. Es war ein Hin und Her: Die Stadt forderte stabile Leistungen vom Verein, ehe man sich um ein neues Stadion bemühte.

2011 dann aber die Entscheidung: Das Stadion kommt! Und zwar in den Stadtteil Oberisling. Mehrere Standorte innerhalb der Stadtgrenzen wurden konkret geprüft, darunter natürlich auch die Prüfeninger Straße. Doch die fiel für einen Neubau als Platzgründen relativ schnell vornüber. Weitere mögliche Standorte waren der Kaulbachweg, das Gelände am Schloss Pürkelgut, Thanhof und Schwabelweis in der Nähe der Armin-Wolf-Arena und der Donau-Arena. Letzteres war mit Oberisling in der Endausscheidung und verlor knapp.

Wie es der Teufel so wollte, stieg der Jahn dann kurz vor der Eröffnung in die Regionalliga ab. Genau das wollte man eigentlich nicht bei der Stadt, dass das Stadion kommt und der SSV irgendwo im Amateurfußball rumgurkt. Aber zum Glück wurde ja alles gut! Auch die jahrzehntelange Suche nach dem neuen Stadion.

102. GRUND

Weil die Gründerväter wieder auftauchten

Es war eine faustdicke Überraschung im März 2017, als die Abrissarbeiten im Jahnstadion an der Prüfeninger Straße fortschritten. In der alten Gaststätte *Jahntribüne* unter der Haupttribüne gab es einen Sensationsfund: Unter der Decke sind Gemälde aufgetaucht, verschollen geglaubte Fresken aus der Zeit des Baus von 1931. Die Gemälde haben sich über die gesamte Decke gezogen und Szenen aus allen Jahnabteilungen gezeigt, natürlich auch aus der Fußballsparte. Max Wissner war wahrscheinlich der Künstler, der neben Szenen der Jahnelf auch die Gründerväter der Tribüne malte.

Die Fresken haben sich seit 70 Jahren unter einer Holzvertäfelung versteckt, die 1949 bei der Renovierung angebracht wurde. Und sind in Vergessenheit geraten! Bis zuletzt glaubte man, dass sie übermalt worden sind: Mitnichten! Beim Abriss dann die freudige

Überraschung, sie sind zum Großteil erhalten. Und sie werden auch der Nachwelt erhalten bleiben und zunächst im Archiv des Historischen Museums in Regensburg untergebracht. Am Ende der historischen Tribüne wurden Zeugen aus der Zeit ihrer Geburt gefunden. Was für eine schöne Geschichte!

10. KAPITEL

DIE SCHLÜSSEL PETRI

103. GRUND

Weil Regensburg die schützenswerteste Bundesligastadt ist

Regensburg ist nicht nur schön. Das alleine würde ja schon reichen, um die geilste Stadt der Welt zu sein. Nein, nicht nur das: Regensburg ist auch Weltkulturerbe und wird damit sogar durch das Bundesgesetz und internationale Übereinkommen besonders geschützt!

Die Organisation der Vereinten Nationen für Bildung, Wissenschaft und Kultur, kurz UNESCO, verleiht den Titel »Welterbe« an Orte, die sie für besonders schützenswert erachtet. 2006 wurde der Regensburger Innenstadt sowie dem nördlich gelegenen Stadtteil Stadtamhof dieser Titel offiziell verliehen. Drei der zehn Kriterien erfüllt Regensburg: Es handelt sich hierbei um die Punkte ii, iii und iv, die da heißen: Regensburg zeigt »einen bedeutenden Schnittpunkt menschlicher Werte in Bezug auf die Entwicklung von Architektur und des Städtebaus«[221] auf, »stellt ein außergewöhnliches Zeugnis kultureller Tradition«[222] sowie »ein hervorragendes Beispiel eines architektonischen Ensembles dar, das einen bedeutsamen Abschnitte der Geschichte der Menschheit versinnbildlichen«[223]. Woah! Nicht schlecht, was? Regensburg ist toll, außergewöhnlich und bedeutsam für die Geschichte der Menschheit! Und das hoch offiziell!

Das war aber noch nicht alles. Viele Bundesligastandorte haben Stätten, die Welterbe sind. Der Kölner Dom zum Beispiel, das Münster in Freiburg oder die Siedlungen der Berliner Moderne in der Bundeshauptstadt. Das ist schön, wirklich! Aber es gibt nur wenige Städte, deren Altstädte komplett als Welterbe gelten – und Regensburg ist davon die einzige in den ersten beiden Ligen. Regensburg ist somit der schützenswerteste Bundesligastandort!

Im Übrigen ist in naher Zukunft sogar mit einer Erweiterung zu rechnen: Von den Grenzanlagen des Römischen Reiches ist (in

Deutschland) bisher nur der Obergermanisch-Raetische Limes Welterbe. Doch seit 2015 steht unter anderem der Donaulimes, und damit auch Regensburg, auf der Erweiterungsliste. Mit einer Nominierung ist ab dem Jahr 2019 zu rechnen.

104. GRUND

Weil Regensburg die nördlichste Stadt Italiens ist

Regensburg und Italien – das passt! Schließlich hat auch die Gründung der heutigen Großstadt mit der Apenninhalbinsel zu tun: Es waren die Römer, die an Ort und Stelle vor rund 2.000 Jahren erstmals ein Legionslager errichteten. Aber auch hat Regensburg mit seinen vielen Gassen, den Cafés und den Restaurants italienisches Flair, mit Ausnahme vielleicht des Wetters. Doch die »nördlichste Stadt Italiens« wird Regensburg aus einem anderen Grund genannt: Hier gibt es die höchste Anzahl von Geschlechtertürmen der Patrizier nördlich der Alpen (circa 60 Stück), die in Italien ihren Ursprung haben, San Gimignano gilt als die Stadt, die heute die meisten erhaltenen Patriziertürme hat. Weitere Spitznamen sind für Regensburg daher auch »Manhattan des Mittelalters« oder »Stadt der Türme« – wie passend, dass der Turm eines der wichtigsten Identifikationsmerkmale des SSV Jahn ist.

105. GRUND

Weil eine Grätsche wichtiger ist als ein Zuckerpass

Das Regensburger Publikum ist speziell. Natürlich hat jede Region ihre Eigenart und jeder Fußballverein seine speziellen Fans, aber in der Oberpfalz ist vor allem die Kategorie »Grantler« bekannt.

Immer am Meckern, quasi! Doch in Regensburg und Umgebung zählen spezielle Werte, die sich der SSV Jahn auf die Fahnen geschrieben hat: Ambition, Bodenständigkeit und Glaubwürdigkeit. Die Menschen in Ostbayern brauchen keine Dribbelkönige. Eine saubere Grätsche, ein vernünftig geführter Zweikampf sind das, was zählt. Ehrliche Arbeit statt Zauberfußball! Schon Hans Jakob, Regensburgs Ausnahmespieler, fand: »In der Bescheidenheit liegt die Größe.«[224] Trotz seiner internationalen Erfolge vergaß der Keeper nie, wo er herkam – nämlich vom Jahn. Bodenständigkeit war also schon vor gut 70 Jahren etwas, was den SSV und seine Spieler ausgezeichnet hat. »Jahn Regensburg war zu allen Zeiten gefürchtet. Dort spielte man nicht nur soliden Fußball, sondern besaß auch kämpferisch gute Eigenschaften«[225], schrieb der ehemalige Rekord-Nationaltorhüter in seiner Biografie. Anders als heute beispielsweise ein Žlatan Ibrahimović nahm sich Jakob also stets zurück und hob seine Mitspieler hervor: »Eines war für meine Kameraden von ›Jahn‹ freilich betrüblich: Sie standen sozusagen in meinem Schatten, und ihr Können wurde durch meine Berufung in die Länderelf nicht immer so gewürdigt, wie es verdient gewesen wäre. […] Ohne ihren vorbildlichen Einsatz wäre mein Bemühen erfolglos geblieben.«[226]

Ein perfektes Beispiel, wie die Menschen in der Region ticken, war auch die 2:5-Klatsche der Jahnelf im DFB-Pokal 2017/18 gegen Heidenheim. Nach Abpfiff feierten die Fans auf der Hans-Jakob-Tribüne die Mannschaft noch minutenlang und gaben Kraft für die kommenden Zweitliga-Aufgaben. Keiner verließ die Tribüne. Co-Trainer Mersad Selimbegović, selbst langjähriger Jahnspieler, war begeistert: »Das muss man erleben! Wir haben fünf kassiert, aber die feiern uns. Warum? Weil die gesehen haben, dass wir Gas gegeben haben. Hier ist eine Grätsche wichtiger als ein Zuckerpass. So ist das in Regensburg, ich mag das. So soll es auch bleiben!«[227] Dem ist nichts hinzuzufügen.

106. GRUND

Weil der Jahn sein eigenes Bier hat und Regensburg das Reinheitsgebot

Bayern und Bier – das passt! Stereotypisch soll man einen Bayern ja täglich in Tracht und mit einem Bierkrug in der Hand antreffen. Was natürlich Schmarrn ist, es sei denn, es ist Mai bzw. September. Richtig ist aber, dass Bier und Bayern zusammengehören. Stichwort Reinheitsgebot und so. Wasser, Hopfen, Malz – Gott erhalt's! Mehr darf nicht rein! Das bayernweite und später deutschlandweite Reinheitsgebot trat 1516 offiziell in Kraft, genauer gesagt in Ingolstadt, wofür sich die Menschen dort auch kräftig feiern. Die Anhänger des dort ansässigen FCI haben 2016 auch eine entsprechende Choreografie präsentiert. Es sei ihnen ein Stück weit gegönnt, Tradition haben sie beim FC Ingolstadt ja nicht so viel, dann dürfen sie sich daran ein bisschen erfreuen. Aber, liebe Ingolstädter, ihr müsst ganz stark sein: Ihr seid nur, salopp formuliert, eine billige Kopie. Man kann es aber auch ganz neutral formulieren: In Regensburg wurde schon viel, viel früher ein Reinheitsgebot erlassen, ein Ur-Reinheitsgebot, wenn man so will. Nämlich am 8. Oktober 1469, knapp 50 Jahre zuvor! Sorry, aber das sind die harten Fakten. Der Grund, warum man in Bayern 1516 feiert und nicht 1469, ist, dass Regensburg zu der Zeit nicht zum Herzogtum gehört hatte, sondern Freie Stadt war.

Aber genug der Geschichtsstunde. Der Jahn und Bier haben ebenfalls eine jahrelange Verbundenheit, immerhin hat der Verein 1926 sein Gelände in direkter Nachbarschaft zu einer traditionsreichen Regensburger Brauerei gepachtet, an dessen Fleck ab 1931 das Jahnstadion entstand. Bis zum Schluss, bis zum Abriss 2017, stand das Stadion an der Prüfeninger Straße neben dieser Brauerei.

Besagte Brauerei und der SSV Jahn haben zum Zweitligaaufstieg 2017 auch ein gemeinsames historisches Projekt gestartet: Sie haben ein eigenes Jahnbier gebraut! Die sogenannte Jahnhalbe ist eine Sonderabfüllung, ein spezielles und einzigartiges Rezept, extra für den SSV. Braumeister Leonhard Resch hat das Bier zusammen mit Andi Geipl, einem Ur-Bayern im Kader der Jahnelf, gebraut. Ein Sondersud, das neben dem Jahnstadion gereift und streng limitiert ist. Wer das Stück Jahnbier-Geschichte jetzt noch nicht probiert hat, sollte schnell zugreifen – wer über 16 ist, natürlich! Prost!

107. GRUND

Weil der Jahn die Nummer eins in Ostbayern ist

Karsten Wettberg, der »König von Giesing« und Jahns Erfolgscoach um die Jahrtausendwende, weiß: »In der Oberpfalz und Niederbayern ist der Jahn der Verein schlechthin!«[228] Der Bereich der beiden bayerischen Bezirke Oberpfalz und Niederbayern werden gemeinhin auch als Ostbayern zusammengefasst. Bis 1954 war Regensburg, heute nur Sitz der Regierung der Oberpfalz, sogar noch die Hauptstadt beider Bezirke. Während viele Vereine um sich herum starke Konkurrenz haben, ist der SSV weit und breit konkurrenzlos – eben in ganz Ostbayern!

Das ist gleichzeitig das Gebiet in Bayern, aus dem die Jahnelf ihre Fans bezieht. Schon in den 1950er-Jahren, als regelmäßig fünfstellige Besucherzahlen erreicht wurden, kamen die Fans aus der ganzen Region Ostbayern – denn außer dem Jahn gibt es hier nichts (mehr). Auf einen ostbayerischen Verein in der Bundesliga warten wir noch, in der 2. Bundesliga gab es bisher nur den Jahn. Die aktuelle Fußball-Landkarte bekräftigt das: Weiden, der alte Rivale, ist schon länger abgeschrieben, heißt aufgrund diverser Finanzprobleme heute ja SpVgg SV Weiden. Die Blau-Schwarzen spielen derzeit nur in der fünftklassigen Bayernliga. Zwei andere Vereine aus Ostbayern spielen derzeit in der Regionalliga, der SV

Seligenporten und der SV Schalding-Heining. Alleine die Namen sagen ja schon aus, dass das keine Konkurrenz zu Regensburg sein kann.

Und die anderen alten Clubs? Der FC Amberg spielte lange Jahre in der Bayernliga, ist aber derzeit im Niedergang. Aus Niederbayern spielen der TSV Straubing und die SpVgg Landshuter mittlerweile nur noch unterklassig.

Der Jahn ist Ostbayern, und Ostbayern ist der Jahn. Man kann es ja mit Marken halten, wie man möchte, aber der SSV hat seinen Slogan mit Bedacht gewählt. »Mia san mia«? »Echte Liebe«? Nein, beim Jahn heißt es »mia spuin fia eich«[229]. Der Jahn weiß, wie verankert er in der Region ist. Er spielt Fußball nicht für sich, nicht für einzelne Personen, sondern für die ganze Region Ostbayern.

108. GRUND

Weil der Jahn aus der Oberpfalz kommt

Das muss noch mal erwähnt werden, denn das ist nicht immer so klar. Regensburg ist die Hauptstadt der Oberpfalz, zu der die Stadt seit Beginn des 19. Jahrhunderts gehört. Das steht so in jedem bekannten Lexikon, und im Internet ist das auch schnell zu finden. In Internetlexika gleich zweimal. Nur wird das eben oft verwechselt. Jahn Regensburg wurde im Zuge diverser Berichterstattungen oder Fanmeinungen bereits nach Niederbayern verschoben, was angesichts der Tatsache, dass Regensburg zumindest vor etwas über 60 Jahren auch noch zusätzlich die Hauptstadt von Niederbayern war, zu erklären ist. Auch in Oberbayern und (tatsächlich!) Franken lag Regensburg angeblich schon … Eieiei.. Ist das wirklich so schwer? Nun, offenbar ist Regensburg für Außenstehende wirklich so tiefe Provinz, dass man sich das entweder nicht merken kann oder nicht nachschlagen muss.

Ein absolutes Schmankerl war auch die Verschiebung Regensburgs in die sogenannte »Ostpfalz«[230] – wo auch immer die liegen soll. Wahrscheinlich vermischte der Kommentator die Oberpfalz und Ostbayern, wie das Gebiet um die beiden Bezirke Oberpfalz und Niederbayern auch zusammengefasst wird. Lustig war es trotzdem. Der einzige bayerische Bezirk, in dem Regensburg (nach den Recherchen des Autors) tatsächlich noch nicht lag, ist Schwaben. Das wär aber auch schlimm ...

109. GRUND

Weil man in Regensburg hängen bleibt

Wie schön Regensburg ist, wurde schon aufgezeigt. Regensburg ist sogar so schön, dass selbst Zugereiste hier hängen bleiben. Es gibt einige Ex-Spieler und -Trainer, die, obwohl ihre Heimat ganz woanders ist, nach der Zeit beim Jahn in Regensburg blieben – oder nach ihrer Karriere in die Donaustadt zurückkehrten.

Einer dieser Spieler ist Armando Zani. Zani spielte drei Jahre für die Jahnelf, der gebürtige Albaner kam 2002 aus Magdeburg in die Domstadt und gehörte zu den tragenden Säulen der Aufstiegsmannschaft 2003. Den Fans dürfte vor allem sein »Tor des Jahnjahrzehnts« noch in Erinnerung bleiben. Allerdings schaffte er in der 2. Bundesliga aber nicht richtig den Sprung und ging so zurück in die Regionalliga, zum FC Augsburg. Nach einer weiteren Station beim FC Ingolstadt kehrte er aber wieder zum Jahn zurück, der inzwischen in der drittklassigen Regionalliga spielte. Nach der Qualifikation für die 3. Liga beendet er seine Profikarriere – und blieb der Domstadt erhalten. Zani schnürte ab 2007 die Schuhe für den SV Fortuna Regensburg und ist seitdem bei diversen Vereinen im Regensburger Umland als Spielertrainer im Amateurbereich tätig.

Die Region ebenso wenig verlassen hat Mario Stieglmair. Der Österreicher kam 2000 unter anderem über die Stationen Leoben, FC Tirol und Linz für ein Jahr zum SSV. Es war seine erste Station im Ausland. Nachdem er im Sommer 2001 zurück in die österreichische Bundesliga ging (Ried), kehrte er 2002 für zwei weitere Spielzeiten zurück. Insgesamt machte Stieglmair 97 Spiele im Jahntrikot (13 Tore). Anschließend beendete er seine Karriere in Unterhaching – aber er kehrte ein zweites Mal zurück in die Oberpfalz. Heute wohnt Mario Stieglmair immer noch im Kreis Regensburg, zuletzt war der Österreicher Sportdirektor beim SV Donaustauf, einem ambitionierten, weil finanzstarken Landesligisten, wenige Kilometer östlich des Jahnstadions. Auch Tim Erfen, Kult-Fußballer der letzten Jahre, blieb der Donaustadt erhalten. Der Rheinländer spielte nach seinem Karriereende auch für Fortuna Regensburg und kehrte nach einem Stelldichein in Düsseldorf wieder zurück – zum SV Donaustauf. In Regensburg kann man also durchaus hängen bleiben!

11. KAPITEL

MEINE JAHNELF

110. GRUND

Weil das Jahnstadion auch aus dem Gästeblock schön ist

Dieses Buch heißt *111 Gründe, den SSV Jahn Regensburg zu lieben*. Wie das Buch nicht heißt, ist *111 Gründe, warum Tobias Braun den SSV Jahn Regensburg liebt*. Aus diesem Grund habe ich viele verschiedene Menschen nach ihrer Meinung gefragt: Warum liebst du den Sport- und Schwimmverein? Was macht er für dich so besonders? Die 111 Gründe sollten sich nicht nur auf meine persönliche Meinung beschränken, die ganze Jahnfamilie kam zu Wort. Es sollte eine bunt gemischte Übersicht von Persönlichkeiten, Geschichten und Momenten werden, die den SSV Jahn ausmachen. Doch jeder hat natürlich auch seine ganz speziellen, persönliche Gründe, am Sport- und Schwimmverein zu hängen, jeder hat seinen eigenen Weg, wie er zum Jahn gekommen ist. Von daher möchte ich zwei Gründe für mich reservieren, um mich selbst auch zu fragen: Warum liebe ich den SSV Jahn?

Die Allermeisten wird das natürlich wenig interessieren, die können diese Gründe gerne überspringen und sich eigene Gedanken machen: zwei Gründe, warum du persönlich den SSV Jahn Regensburg liebst. Notier dir das doch, lieber Leser, und füg die Blätter hier ein. Viel Spaß damit!

Zurück zum eigentlichen Text: Jeder erinnert sich doch an sein erstes Mal. Mein erstes Mal hatte ich am 15. Februar 2004. An diesem Sonntagnachmittag war ich das allererste Mal im Jahnstadion. Der SSV verlor sein Zweitligaspiel gegen den MSV Duisburg klar und deutlich mit 0:5. Eine bittere Heimpleite – allerdings nicht für mich. Für mich war es ein guter Einstand in die neue Stadt. Erst zwei Monate zuvor war ich aus dem Ruhrgebiet an die Donau gezogen, vom Jahn hatte ich zuvor erst zweimal Notiz genommen: Beim 2:2 im Wedaustadion im Hinspiel und beim DFB-Pokal-

Achtelfinalspiel Anfang Dezember 2003, das ich über den Videotext verfolgt hatte.

So stand ich also als 14-Jähriger im Block O, zusammen mit einem Schulkameraden, und bejubelte die fünf Tore von Bugera, Drsek, Ahanfouf und Voss. Mir gefiel das Jahnstadion auch aus dieser Sicht von Anfang an: Die weite Gästekurve, die Tribüne, die Gegengerade mit dem Turm. Die Jahnfans, die zu diesem Zeitpunkt in Block G standen, versuchten sich, so meine Erinnerung, in Galgenhumor.

An mein zweites Mal kann ich mich nicht mehr erinnern. Es war aber in der folgenden Regionalliga-Saison, noch im selben Jahr. Ich weiß auch noch, dass der Jahn verloren hat und dass es kein Abendspiel war. (Es kann in der Nachbetrachtung folglich nur Offenbach oder Pfullendorf gewesen sein.) Ich stand in Block H, in der Nähe vom Turm. 14 Jahre ist das jetzt her. Seit 14 Jahren gehe ich regelmäßig ins Jahnstadion – und der Jahn hat mich nicht mehr losgelassen. Weil er mich von Beginn an begeistert hat. Ich werde nie vergessen, wie faszinierend ich es damals fand, als der Jahn ein Tor erzielt hat. Auf der Gegengeraden lagen sich plötzlich wildfremde Menschen in den Armen, Menschen unterschiedlicher sozialer Schichten, unterschiedlichen Alters, unterschiedlicher Nationalität. Das war alles egal! Mich hat eine wildfremde Frau umarmt, die ich danach nie wiedergesehen habe. Der Typ im schicken Anzug hat zusammen mit dem jungen Schüler und dessen bierbäuchigem Vater gefeiert, als hätten sie gerade im Lotto gewonnen. Weil ihr Jahn ein Tor erzielt hatte. Verrückt!

Diese Verbundenheit der Menschen mit dem einen, zentralen Lebensinhalt (dem Jahn) hat mich so fasziniert, dass ich immer wieder gekommen bin, früher unregelmäßiger, bald jedes Spiel, zusammen mit dem schlaksigen Jahnfan aus meiner Schule. Bald wurde ich Mitglied in diesem einen Fanclub, der sich immer noch nicht aufgelöst hat (Wahnsinn!), dann bekam ich zu Beginn der Saison 2011/12 eine Facebook-Nachricht des Pressesprechers. Ob ich nicht mal was für die Stadionzeitung schreiben wolle. Der Beginn eines weiteren aufregenden Kapitels, in dem ich den Jahn von einer weiteren Seite kennenlernen durfte.

Mittlerweile bin ich tief mit dem Verein verwurzelt. In 14 Jahren habe ich, wie viele andere in der Jahnfamilie auch, Höhen und Tiefen erlebt. Aufstiege, Abstiege, wieder Aufstiege … Ich habe viele verschiedene Menschen persönlich kennenlernen dürfen, Fans, Spieler, Trainer und Mitarbeiter. Ich habe auf unzähligen Kilometern auf den Gleisen und der Autobahn gefachsimpelt, was das Zeug hielt. Ich habe gelitten und gejubelt, mir Sonnenbrände geholt und die Zehen fast abgefroren, für Auswärtsfahrten hier und da die Uni geschwänzt. Und das alles nur für den SSV Jahn Regensburg.

Das ist eine emotionale Verbundenheit, die einem keiner nimmt. Spieler, Trainer, Mitarbeiter … Sie alle kommen und gehen. Was bleibt sind zwei Komponenten: Die Liebe zum SSV und die Fans, die mit ihrer Liebe, ihrer Leidenschaft und ihrem Herzblut den Verein ausmachen.

111. GRUND

Weil ich mich nicht zwischen Frau und Fußball entscheiden muss

Das sagt ja eigentlich schon alles. Ich kann mich überglücklich schätzen, dass ich mich nicht entscheiden muss – denn Angy kommt einfach immer mit! Was gäbe es nicht alles für Situationen, denen ich so aus dem Weg gehen kann? Die samstäglichen Diskussionen: Musst du heute schon wieder zum Jahn? Hat der nicht letzten Samstag erst gespielt? Können wir nicht lieber an einen See fahren? Warum musst du denn unbedingt die weite Fahrt nach Sandhausen machen, da bist du ja ewig weg, und da will doch eh keiner hin!? Und überhaupt, ich möchte mich nicht immer alleine um den Haushalt kümmern! Jaja, dieser Stress wäre nichts für mich, der Jahn regt einen schon genug auf. Obwohl: Ich hätte Angy gerne mal vorgesungen: »Sei nicht traurig, schönes Mädel, denn am Sonntag bist du allein. Doch ich lieb nun mal den Fußball und ohne Fußball kann ich nicht sein. Sei nicht traurig, schönes Mädel, doch ich komm zu dir zurück, denn ich liebe zwar den Fußball, doch du bist mein ganzes Glück.« Ich hätte das unglaublich romantisch gefunden! Okay, sie vielleicht nicht, aber ich musste es auch noch nicht herausfinden.

Angy, ich werde mich nie zwischen dir und dem Jahn entscheiden müssen. Allein das wäre ja schon ein Grund, dich nie wieder herzugeben. Es gibt aber auch dafür mindestens 110 weitere Gründe, die aus Platzgründen nicht alle aufgezählt werden können. Ich kann sie dir gerne bei den kommenden gemeinsamen Fahrten ins Jahnstadion peu à peu aufzählen. Wichtig ist, dass es so ist. Ich liebe dich über alles und bin froh, dass du einen so fußballverrückten Typen wie mich aushältst!

Willst du mich heiraten?

ABPFIFF

DANKE

Mein erster Dank gilt der Jahnelf. Danke für unzählige Stunden Freude und Leid, für pure Emotionen über Jahre hinweg. Danke für München 2017, für Karlsruhe 2012. Danke für acht Derbysiege! Danke aber auch für Halle 2015, für Köln 2013 und für Rostock 2010 und 2013, denn auch das gehört dazu. Ohne den SSV würde meinem Leben etwas fehlen!

Danke an alle, die mir mittlerweile über viele Jahre hinweg tagtäglich Freude bereiten und den Jahn zu dem machen, was er ist. Danke an Till Müller, der mich ins Medienteam geholt hat, danke an das Medienteam um Martin Koch, danke an die Fanszene Regensburg allgemein und speziell RF.

Danke an Johannes Gatzka, für das Foto auf dem Cover und deine Unterstützung für meinen Blog!

Danke auch an alle, die mich im Zuge dieses Buches mit Informationen versorgt haben. Ambition, Bodenständigkeit, Glaubwürdigkeit, für diese Werte steht ja der SSV Jahn Regensburg. Vor allem der Punkt Bodenständigkeit war bei der Entwicklung dieses Buches von Bedeutung.

Da ich dieses Projekt nie von alleine hätten bewältigen können, war ich auf Hilfe angewiesen. Klar, das Studieren von zig Publikationen sowie die vielen Stunden im Stadtarchiv haben mir einiges an Inhalt gegeben, aber nichts hätte die Erfahrungen und Berichte von Zeitzeugen ersetzen können.

Umso dankbarer bin ich für jeden, der bereit war auf, Eitelkeiten zu verzichten und mir zu helfen. Ihr habt damit bewiesen, dass ihr verdientermaßen ein Teil der Jahnfamilie seid, und mir aufgezeigt, wie froh ich bin, Teil der Jahnfamilie zu sein! Ich möchte mich in diesem Sinn besonders bedanken bei Johannes Baumeister, Janni Fuchs, Harry Gfreiter, Oli Hein, Christian Keller, Hans Meichel,

Till Müller, Mersad Selimbegović, Klaus Sturm und Karsten Wettberg.

Danke an meine Freunde, danke an meine Familie, die mich aus der Ferne unterstützt, und besonders Angy, die vor Ort für mich da ist. Für kein Geld der Welt würde ich euch hergeben wollen!

Forza, Jahnelf!

QUELLEN

1. https://de.wikipedia.org/wiki/SSV_Jahn_Regensburg
2. http://www.donaukurier.de/lokales/ingolstadt/Ingolstadt-Bei-jeder-Geburt-gibt-es-Schmerzen;art599,2874736
3. https://www.focus.de/sport/fussball/fussball-regionalliga-sv-wehen-zieht-nach-wiesbaden-um_aid_291050.html
4. https://www.welt.de/sport/article844659/Die-Invasion-der-Dorfklubs.html
5. http://www.spiegel.de/sport/fussball/rb-leipzig-beim-ssv-markranstaedtfing-2009-alles-an-a-1126471.html
6. https://www.youtube.com/watch?v=xU2DuBKT96A
7. Oliver Hein im Gespräch mit dem Autor.
8. Kicker-Sportmagazin, 21. Dezember 2017, S. 41.
9. https://www.fifa.com/fifa-tournaments/players-coaches/do-you-remember/people=174708/index.html
10. Maximilian Randelshofer: 111 Gründe, den FC Ingolstadt 04 zu lieben. Berlin 2015. S. 65f.
11. Gert Oswald: Lexikon der Heraldik. Regenstauf 2006. S. 371.
12. Vgl. bspw. Wolfgang Otto: SSV Jahn 2000 Regensburg. Erfurt 2002. S. 55, S. 82, S. 92 oder S. 116.
13. Oder Rot und Weiß, was die traditionelle Kombination ist. Weiß-Rot ist hingegen laut Satzung die offizielle Reihenfolge. Aber ob die so wichtig ist?
14. Maximilian Randelshofer: 111 Gründe, den FC Ingolstadt 04 zu lieben. Berlin 2015. S. 66.
15. Karsten Wettberg im Gespräch mit dem Autor.
16. Johannes Baumeister im Gespräch m. d. Autor.
17. Vgl. www.zeit.de/2010/09/WOS-Elf-Freunde.
18. Hans Jakob: Durch ganz Europa von Tor zu Tor. Nürnberg 1949. S. 98.
19. Ebd. S. 23.
20. Oliver Hein im Gespräch mit dem Autor.
21. Mersad Selimbegović im Gespräch mit dem Autor.
22. Vgl. Günther Behrle und Ernst Jäger: Das Jahn-Lied. In: Die hisTORische Jahn-CD. Regensburg 2015.
23. http://www.spiegel.de/sport/fussball/das-magazin-11freunde-erklaert-wie-rb-leipzig-die-dfb-statuten-unterwandert-a-823996.html
24. Vgl. bspw. Mittelbayerische Zeitung, 6. Februar 1950 oder Wolfgang Otto: SSV Jahn 2000 Regensburg. Erfurt 2002. S. 66f.
25. Inwieweit es aus heutiger Sicht verwerflich ist, sich auf den alten Turnvater zu stützen, ist nicht Thema dieses Buches. Es gibt viele Diskussionen um dessen Gesinnung. Vgl. u.a. http://www.taz.de/!5110266/ oder http://www.spiegel.de/einestages/turnvater-friedrich-ludwig-jahn-doping-fuers-deutschtum-a-1096246.html. Den großartigsten Fußballverein der Welt sollte man losgelöst davon betrachten.
26. Kurt Schauppmeier: SSV Jahn Regensburg im Wandel der Zeit. Regensburg 1975. S. 67.
27. Hans Meichel im Gespräch mit dem Autor.
28. Mittelbayerische Zeitung, 4. Februar 1950.
29. http://www.hans-jakob-tribuene.de/images/gallery/hans-jakob-tribuene-06.jpg
30. Oliver Hein im Gespräch mit dem Autor.
31. Ebd.
32. Ebd.
33. https://www.facebook.com/ismaik1860/posts/1554413654582714
34. https://www.youtube.com/watch?v=bLm_L0ySUqM
35. http://www.kicker.de/news/fussball/2bundesliga/startseite/679190/artikel_pentke_wir-sind-eine-mannschaft-1860-nicht.html
36. https://www.facebook.com/TSV1860/photos/a.463075534597.252074.133738495971/10155441254274598/?type=3&theater
37. http://www.kicker.de/news/eishockey/startseite/576562/artikel_stanislawski_ich-muss-mich-fast-entschuldigen.html
38. https://www.tvaktuell.com/mediathek/kategorie/sport/fussball/page/68/video/2-bl-ssv-jahn-1-fc-koln/
39. Ebd.
40. https://www.youtube.com/watch?v=QWF-hIyIw7g
41. Ebd.

42 http://www.liga3-online.de/das-wunder-von-regensburg/
43 Hans Meichel im Gespräch mit dem Autor.
44 Ebd.
45 Mittelbayerische Zeitung, 16. Mai 1977.
46 Hans Meichel im Gespräch mit dem Autor.
47 Ebd.
48 Mittelbayerische Zeitung, 16. Mai 1977.
49 https://www.ultras-regensburg.de/fileadmin/Website/Fotos/saison1718/sonstiges/pokal-darmstadt/img_01.jpg
50 Hans Meichel im Gespräch mit dem Autor.
51 Ebd.
52 Karsten Wettberg im Gespräch mit dem Autor.
53 Ebd.
54 Ebd.
55 Ebd.
56 Ebd.
57 Ebd.
58 https://www.onetz.de/deutschland-und-die-welt-r/sport-de-welt/jahn-coach-markus-weinzierl-unsere-mannschaft-ist-die-basis-fuer-eine-gute-nach-dem-anpfiff-ist-man-machtlos-d47532.html
59 Mersad Selimbegović im Gespräch mit dem Autor.
60 http://jahnfans.de/viewtopic.php?f=1&t=8448
61 Vgl. u. a. https://www.welt.de/sport/article114236913/Zehn-Klubs-bei-denen-Matthaeus-nicht-Trainer-wurde.html
62 https://www.tz.de/sport/fussball/basler-hat-keine-zeit-mehr-abgang-bei-rot-weiss-frankfurt-zr-9441503.html
63 http://www.mittelbayerische.de/sport/regional/ssv-jahn-nachrichten/der-ssv-jahn-auferstanden-aus-ruinen-21586-art1519531.html
64 Oliver Hein im Gespräch mit dem Autor.
65 http://www.mittelbayerische.de/sportnachrichten/herrlichs-ansage-moechte-hier-bleiben-21510-art1520323.html
66 Hans Meichel im Gespräch mit dem Autor.
67 https://www.youtube.com/watch?v=xU2DuBKT96A
68 Oliver Hein im Gespräch mit dem Autor.
69 https://www.youtube.com/watch?v=ZoNBwYH734A
70 https://www.youtube.com/watch?v=Kzd5xZe0hHU
71 Klaus Sturm im Gespräch mit dem Autor.
72 Ebd.
73 Ebd.
74 Ebd.
75 https://www.tz.de/sport/fc-bayern/mario-goetze-teuerste-missverstaendnis-fc-bayern-zr-6395707.html
76 https://www.derwesten.de/sport/fussball/s04/so-tickt-schalkes-neuer-cheftrainer-markus-weinzierl-id11923105.html
77 http://www.mittelbayerische.de/sport/regional/ssv-jahn-nachrichten/guenter-guettler-will-zum-jahn-21586-art920463.html
78 Wolfgang Otto: SSV Jahn 2000 Regensburg. Regensburg 2000. S. 71.
79 http://www.mittelbayerische.de/region/regensburg-stadt-nachrichten/hans-meichel-eine-legende-wird-70-21179-art1497514.html
80 Hans Meichel im Gespräch mit dem Autor.
81 Ebd.
82 Hans Jakob: Durch ganz Europa von Tor zu Tor. Nürnberg 1949. S. 73.
83 Wolfgang Otto: Tränen, Träume und Triumphe. Regensburg 2007. S. 29
84 Christian Keller im Gespräch mit dem Autor.
85 https://www.youtube.com/watch?v=Fs9Ti-dY3kw
86 https://www.ssv-jahn.de/media/turmfunk/
87 Vgl. https://www.youtube.com/watch?v=CiMWajvgXFk
88 http://www.mittelbayerische.de/sport/regional/ssv-jahn-nachrichten/der-jahn-spieler-und-das-model-21586-art1001663.html
89 https://www.vip.de/cms/gntm-siegerin-lovelyn-frisch-verliebt-in-einen-fussballer-1756601.html
90 http://www.mittelbayerische.de/bayern-nachrichten/topmodel-mit-sozialer-ader-21705-art1554767.html
91 http://www.cosmopolitan.de/wie-suess-sind-anna-wilken-und-ihr-freund-bitte-69892.html
92 Die Liste ist im Übrigen nicht vollständig, das sei hier explizit erwähnt!
93 http://www.mittelbayerische.de/bayern-nachrichten/muenchner-investor-kauft-jahn-aktien-21705-art1528370.html
94 Vgl. http://www.kicker.de/news/fussball/2bundesliga/startseite/700350/artikel_ssv-investor_jahn-ist-ein-schlafender-riese.html

95 Vgl. http://www.mittelbayerische.de/bayern-nachrichten/jahn-investor-baut-gerne-luftschloesser-21705-art1548046.html
96 https://www.ultras-regensburg.de/neuigkeiten/6/7/2017/stop-finger-weg-von-unserem-ssv-jahn/
97 http://www.mittelbayerische.de/sport/regional/ssv-jahn-nachrichten/jahn-ist-kein-laufsteg-der-eitelkeiten-21586-art1535277.html
98 https://www.wochenblatt.de/news-stream/regensburg/artikel/204303/ssv-jahn-protestegegen-investor-philipp-schober-nehmen-zu
99 Ebd.
100 Ebd.
101 Ebd.
102 https://www.ssv-jahn.de/auf-einen-blick/news-im-detail/ev-erwirbt-dank-btt-90-der-aktien-an-gmbh-co-kgaa/
103 https://www.br.de/nachrichten/oberpfalz/inhalt/fussball-jahn-regensburg-auslaendischer-investor-will-aktien-100.html
104 http://www.bild.de/politik/inland/papst/die-geschichte-der-bild-schlagzeile-40593824.bild.html
105 Gerd u. Wolfgang Otto: Servus, Jahnstadion. Eine Regensburger Institution nimmt Abschied. Regensburg 2014. S. 100.
106 http://www.mittelbayerische.de/sport/regional/regensburg-nachrichten/der-gentleman-auf-dem-jahn-presseplatz-21524-art1231156.html
107 https://www.tvaktuell.com/mediathek/video/asoziale-fans-jahn-torwart-loboue-platzt-der-kragen/
108 Hier soll hier unter keinen Umständen Verständnis für die Aktion durchsickern – das war scheiße!
109 http://www.mittelbayerische.de/sport/regional/ssv-jahn-nachrichten/wuetende-jahn-fans-sorgen-fuer-eklat-21586-art1167765.html
110 http://www.mittelbayerische.de/sport/regional/regensburg-nachrichten/jahn-rettet-eisbaeren-lizenz-21524-art101280.html
111 Mittelbayerische Zeitung, 21. Juni 1949.
112 Till Müller im Gespräch mit dem Autor.
113 Ebd.
114 Ebd.
115 Ebd.
116 Ebd.
117 Hans Jakob: Durch ganz Europa von Tor zu Tor. Nürnberg 1949. S. 119.
118 Ebd. S. 121.
119 Ebd.
120 Ebd.
121 Vgl. ebd. S. 121.
122 Ebd. S. 119.
123 https://www.facebook.com/SSVJahn/videos/10155949704872486/
124 Ebd.
125 Vgl. https://www.ssv-jahn.de/jahn-sozial/philosophie/
126 https://www.waz.de/staedte/duisburg/wie-der-zebra-twist-den-weg-ins-msv-stadion-fand-id10160382.html
127 Klaus Sturm im Gespräch mit dem Autor.
128 Ebd.
129 Vgl. Günther Behrle: Denn am Sonntag bist du allein. In: Die hisTORische Jahn-CD. Regensburg 2015.
130 https://www.youtube.com/watch?v=WSTRxGrF1mw
131 https://www.youtube.com/watch?v=yQPKco722P8
132 Vgl. Günther Behrle u Ernst Jäger: Das Jahn-Lied. In: Die hisTORische Jahn-CD. Regensburg 2015.
133 Vgl. Günther Behrle u Ernst Jäger: Ich bin die Feuerwehr. In: Die hisTORische Jahn-CD. Regensburg 2015.
134 https://www.youtube.com/watch?v=ydce3b84M84.
135 Oliver Hein im Gespräch mit dem Autor.
136 Ebd.
137 Mersad Selimbegović im Gespräch mit dem Autor.
138 Ebd.
139 Vgl. W. Sianos, M. Krapf, A. Schäfer, T. Horch und F. Eisele: 111 Gründe, den FC Augsburg zu lieben. Berlin 2016. S. 223-234.
140 Vgl. Maximilian Randelshofer: 111 Gründe, den FC Ingolstadt 04 zu lieben. Berlin 2015. S. 127.
141 Mittelbayerische Zeitung, 29. Januar 1968.
142 Vgl. u. a. SSV Jahn Regensburg: Und wir geben nicht auf … Das Jahn Jahr 2016 in Bildern. Regensburg 2016. S.18f.
143 Zu deutsch: »Der Käse ist gebissen.« Bedeutet dasselbe wie: »Der Dróps ist gelutscht.«
144 https://www.rosenheim24.de/sport/

beinschuss/regionalliga-bayern/fuss-ball-regionalliga-bayern-wacker-burghausen-beendet-zeit-profi-fussballs-beinschuss-7090067.html

145 Vgl. http://www.pnp.de/lokales/landkreis_altoetting/burghausen/2334083_Aus-fuer-Profifussball-in-Burghausen-Buergermeister-spricht-Klartext.html

146 http://www.mittelbayerische.de/sport/regional/ssv-jahn-nachrichten/jahn-lehren-aus-dem-derby-in-ingolstadt-21586-art1554525.html

147 http://www.donaukurier.de/sport/fussball/fcingolstadt04/fc04-berichte/Ingolstadt-DKmobil-Ohne-Altlasten;art19158,3383429

148 Maximilian Randelshofer: 111 Gründe, den FC Ingolstadt 04 zu lieben. Berlin 2015. S. 113.

149 https://www.abendblatt.de/sport/fussball/hsv/article137446850/Die-besten-Nord-Sued-Derbys.html

150 http://www.donaukurier.de/sport/fussball/fcingolstadt04/fc04-berichte/Ingolstadt-aufmacher-fc04-wochennl452012-Es-gibt-eine-aktive-Fanszene;art19158,2678949

151 https://www.youtube.com/watch?v=5ycbU7TscOc

152 http://www.augsburger-allgemeine.de/neuburg/fc-ingolstadt/Trainer-beim-FC-Ingolstadt-ein-Schleudersitz-id33988547.html

153 Oliver Hein Gespräch mit dem Autor.

154 Ebd.

155 https://www.facebook.com/SkySportNewsHD/videos/273065829476697/

156 Ebd.

157 Ebd.

158 Oliver Hein im Gespräch mit dem Autor.

159 Ebd.

160 Mersad Selimbegović im Gespräch mit dem Autor.

161 Karsten Wettberg im Gespräch mit dem Autor.

162 Ebd.

163 https://www.fupa.net/berichte/fc-tittling-stefan-binder-im-fupa-fokus-23494.html

164 http://www.liga3-online.de/das-wunder-von-regensburg/

165 https://www.faszination-fankurve.de/fotos/fanfotos_fussball/deutschland/ssv_jahn_regensburg/saison20102011/liga_37/110.jpg

166 Mersad Selimbegović im Gespräch mit dem Autor.

167 Ebd.
168 Ebd.
169 Ebd.
170 Ebd.
171 Ebd.
172 Ebd.
173 Ebd.

174 http://www.spiegel.de/sport/fussball/nils-petersen-vom-sc-freiburg-ich-verbloede-seit-zehn-jahren-a-1182457.html

175 Ebd.
176 Ebd.

177 http://www.spiegel.de/sport/fussball/sami-khedira-widerspricht-nils-petersen-in-sachen-verbloedung-a-1183305.html

178 JahnZeit Nr. 8/2017, S. 10.

179 Ebd.

180 https://www.11freunde.de/interview/wie-ein-schueler-twitter-sportjournalisten-auf-der-ganzen-welt-narrte

181 http://www.mittelbayerische.de/sport/regional/regensburg-nachrichten/deutsch-lernen-moeglichst-schnell-21524-art938786.html

182 Christian Keller Gespräch mit dem Autor.

183 Mitschnitt von Antenne Bayern.

184 Ebd.
185 Ebd.
186 Ebd.
187 Ebd.
188 Ebd.

189 http://www.regensburg-digital.de/ssv-jahn-seit-1035-fliest-kein-strom-mehr/25032009/.

190 Oliver Hein im Gespräch mit dem Autor.

191 http://www.spox.com/de/sport/fussball/dritte-liga/1205/News/vfr-aalen-ruestet-weiter-auf-michael-klauss-kommt-von-jahn-regensburg.html

192 https://www.liga-zwei.de/vfr-aalen-verpflichtung-von-andre-laurito-noch-nicht-perfekt/

193 http://www.bild.de/sport/fussball/heiko-herrlich/bereitet-herrlich-den-loewen-die-hoelle-51880652.bild.html

194 https://www.welt.de/regionales/bayern/article165534675/Habe-ein-reines-Gewissen.html

195 http://www.mittelbayerische.de/sport/regional/ssv-jahn-nachrichten/jahn-fehlt-spiel-

genehmigung-fuer-vrenezi-21586-art1548657.html
196 Hans Meichel im Gespräch mit dem Autor.
197 Kurt Schauppmeier: SSV Jahn Regensburg im Wandel der Zeit. Regensburg 1975. S. 104.
198 Christian Keller im Gespräch mit dem Autor.
199 Till Müller im Gespräch mit dem Autor.
200 https://de.wikipedia.org/wiki/Datei:Koke_(Pardo,_Sergio_Contreras)_REG_12-13_(1).JPG
201 Mittelbayerische Zeitung, 17. April 1985.
202 Klaus Sturm im Gespräch mit dem Autor.
203 Ebd.
204 Ebd.
205 Wolfgang Otto: SSV Jahn 2000 Regensburg. Regensburg 2002. S. 109.
206 https://www.n-tv.de/sport/Regensburg-ist-pleite-article148704.html
207 Mersad Selimbegović im Gespräch mit dem Autor.
208 Ebd.
209 Ebd.
210 Ebd.
211 Josef Piendl: Bäff's Jahn-Lied. Regensburg 2013.
212 Vgl. Wolfgang Otto: SSV Jahn 2000 Regensburg. Regensburg 2002. S. 51.
213 Vgl. Kurt Schauppmeier: SSV Jahn Regensburg im Wandel der Zeit. Regensburg 1975. S. 18.
214 http://www.regensburg1889.de/uploads/pics/IMG_0601_04.jpg
215 Vgl. https://www.hans-jakob-tribuene.de/images/gallery/hans-jakob-tribuene-01.jpg
216 http://www.mittelbayerische.de/region/regensburg/stadtteile/oberisling-grass/politiker-verteidigen-die-luxus-arena-21361-art1288758.html
217 http://www.mittelbayerische.de/region/regensburg-stadt-nachrichten/arena-schwarzbuch-empoert-regensburg-21179-art1288607.html
218 http://www.mittelbayerische.de/region/regensburg-stadt/stadionbauer-scharren-mit-den-hufen-21178-art1009679.html
219 Johannes Baumeister im Gespräch mit dem Autor.
220 Till Müller im Gespräch mit dem Autor.
221 https://www.regensburg.de/sixcms/media.php/280/STADT_RGBG_MANAGEMENTPLAN_WELTERBE_MAERZ_2012_screen_komp.pdf, S. 17.
222 Ebd.
223 Ebd.
224 Hans Jakob: Durch ganz Europa von Tor zu Tor. Nürnberg 1949. S. 110.
225 Ebd. S. 111f.
226 Ebd. S. 112.
227 Mersad Selimbegović im Gespräch mit dem Autor.
228 Karsten Wettberg im Gespräch mit dem Autor.
229 Zu deutsch: Wir spielen für euch.
230 https://www.youtube.com/watch?v=21l1-1BXp7g14:35.

TOBIAS BRAUN, geboren 1989 in Moers, studiert an der Universität Regensburg Germanistik, Geschichte und Sozialkunde. Nebenher schreibt er als freier Mitarbeiter für diverse regionale Medien über Sport im Allgemeinen und im Speziellen den SSV Jahn, den er aus vielen verschiedenen Perspektiven kennt: Als Fan, Mitarbeiter, Sportjournalist – und aus dem Gästeblock.

Tobias Braun
111 GRÜNDE, DEN SSV JAHN REGENSBURG ZU LIEBEN
Eine Liebeserklärung an den großartigsten Fußballverein der Welt

ISBN 978-3-942665-54-4

ZWÖLFTER MANN – Das Programm für Fußballfans von Schwarzkopf & Schwarzkopf | Die Reihe ZWÖLFTER MANN wird von Martin Brinkmann und Oliver Schwarzkopf herausgegeben | © Schwarzkopf & Schwarzkopf Media GmbH, Berlin 2018 | Alle Rechte vorbehalten. Dieses Werk ist urheberrechtlich geschützt. Jede Verwendung, die über den Rahmen des Zitatrechtes bei korrekter und vollständiger Quellenangabe hinausgeht, ist honorarpflichtig und bedarf der schriftlichen Genehmigung des Verlages. Illustrationen im Innenteil: © Christos Georghiou/www.shutterstock.com | Coverfoto: © Johannes Gatzka

VERLAG
Schwarzkopf & Schwarzkopf Media GmbH
Kastanienallee 32, 10435 Berlin
Telefon: 030 – 44 33 63 00
Fax: 030 – 44 33 63 044

INTERNET | E-MAIL
www.zwoelftermann.de
www.schwarzkopf-schwarzkopf.de
www.facebook.com/schwarzkopfverlag
info@schwarzkopf-schwarzkopf.de